은퇴 후 아름다운 삶을 위한 전략

박보영

교육과학사

추천의 글(1)

마흔에 늦둥이 딸을 얻은 나는, 정년퇴직할 때까지 버텨도 아이를 대학 졸업시킬 수 없다. 딸의 사진을 보며 매일 각오를 다진다. '아빠는 오늘도 너를 생각하며 꿇을 것이다.'

문제는 정년까지 버티는 게 아니다. 퇴직 후 30년을 어떻게 사느냐다.

남들은 창업을 고민할 때, 나는 창직을 결심했다.

드라마 피디 겸 작가 겸 강연자. 작가가 되기 위해 블로그를 시작했고, 매일 아침 5시에 일어나 1년간 글을 한 편씩 썼더니 책 한 권이 나왔다.

〈공짜로 즐기는 세상〉이라고 20대 청춘들을 위해 쓴 책인데, 반응은 신통치 않았다. 2쇄도 채 못 팔았고, 출판사가 문을 닫는 바람에 그마저도 절판되었다. 그 책에 열렬한 반응을 보인 독자가 한 분 있었는데, 바로 박보영 선생님이다.

어떤 삶을 살까, 치열하게 고민하는 사람에게 책은 영감을 주고 길잡이가 된다. 박보영 선생님이 그 책을 읽고 블로그를 시작하고, 지리산 둘레길 종주를 하고, 강연을 다니시는 모습을 보고 깨달았다. 노후의 삶이야말로 배움의 시간이고, 새로운 인생을 시작할 수 있는 최고의 기회라는 것을….

나는 평소 20대 젊은이에게 독서, 여행, 연애 3가지를 즐기라고 말한다. 그러나 생각해보면 정작 독서, 여행, 연애를 할 시간적 물질적 여유가 없는 시절이 바로 20대다.

노후에는 모든 게 가능해진다. 책을 읽고 새로운 직업을 꿈꾸는 것도, 낯선 곳으로 여행을 떠나는 것도, 새로운 인연을 만나는 것도. 박보영 선생님의 책을 읽으며, 퇴직 후의 삶이 더 풍요롭고 즐거우리라는 희망에 들뜬다.

청춘을 부러워하지 않는 노년, 아니 청춘이 부러워하는 노후를 꿈꾸는 모든 분들에게 이 책을 권하고 싶다.

청춘의 에너지로, 제2의 인생을 설계하는 비법이 담겨 있다.

MBC 드라마 PD 김민식

(『영어책 한 권 외워봤니?』, 『매일 아침 써 봤니?』 저자)

추천의 글(2)

선배의 뒷모습은 후배의 미래 지도의 미리 보기 화면과 연결되어 있다. 베이비붐 세대의 맨 끝에 서 있는 내가 줄줄이 현장을 떠난 선배들이 새로 만들어가는 인생 지도를 눈여겨보게 되는 이유이다.

배고픈 어린 시절을 겪고 가정을 돌볼 시간 없이 일해왔던 선배들은 이제 후배들을 위해 자리를 비켜주어야 하거나 청년들의 일자리를 위협한다는 말에 한껏 위축되어 있다. 청년 실업난이 국가적 재난 수준인 현실인지라 시니어를 위한 새로운 일자리 창출을 위한 목소리를 제대로 낼 수도 없다.

이런 세상에서 박보영 선생님은 내게 소중한 인생 선배이다. 인생 마디마디에 터닝포인트를 만들고 자기만의 빛깔로 한 칸씩 채워나가시는 선배의 모습은 정말 아름답고 감동스럽다. 늘 옆에서 선배의 모습을 지켜보고 싶은 나로서는 이번 선배의 출판이 그저 반갑기만 하다.

궁금한 게 있으면 인터넷에서 찾아보면 되고, 유투브에는 수많은 인생 조언이 있다. 밀레니얼 세대의 특징 가운데 하나가 부모를 가르치는 세대라는 점이다. 눈부신 기술발전은 적응문제가 아니다. 삶의 모토나 가치관이 바뀌고 나이 든 사람의 조언은 꼰대의 잔소리가 된 세상이다. 자식들에게 인생 자체가 부정되기도 하고, 어른이란 이제 존경받는 존재라기보다는 젊은 친구들에겐 극복해야 할 대상이 된 건 아닌가 싶은 생각이 들기도 한다. 이제까지 열심히 살아왔던 사람일수록 이런 세상에 분노하고 개탄스러워하는 것 같다. 무엇보다 자녀가 책임져 주던 노후를 이제 스스로 해결해야 한다는 것 자체가 곤혹스러움을 넘어 무거운 현실이라는 점이다.

인공지능이나 빅데이터 기술이 세상의 모든 문제를 해결해 줄 것처럼 말하지만, 정작 우리가 부딪히고 있는 현실에선 이런 기술은 그저 백오피스일 뿐이다. 즉 기술은 내가 선택해서 사용하는 옵션일 뿐, 어떤 인생을 사느냐는 결국 인간 자신의 문제이다.

은퇴 후 어떤 삶을 살 것인가?

박보영 선생님은 이 질문에 대한 답변을 본인의 삶을 통해 보여주셨다. 끊임없이 공부하고 업데이트된 지식을 쏟아내고 함께 모여서 경험을 공유해왔던 열정 가득한 선배님의 사전엔 "은퇴"란 단어는 없었던 것으로 기억한다. 그의 시간이 아름다운 것은 혼자만의 고독한 시간이 아니라 함께여서, 함께 나누고 함께 만들어낸 시간이기 때문이다.

내가 선배님의 맑은 목소리를 들으면서 미래 지도를 미리 만들고 수정해왔던 것처럼 이 책 한 권이 친구들과 후배들에게 인생 좌표가 될 것으로 믿는다.

계획을 세우고 준비하는 세상은 그다지 두렵지 않다. 여지껏 어떤 인생을 살아왔건, 오늘 스스로 내일을 만들어 갈 수 있는 힘을 키운다면 그 자체가 멋진 콘텐츠가 될 것으로 믿는다. 후배 입장에서 바쁘신 와중에도 이렇게 멋진 지침서를 만들어 주신 선배님께 감사드린다.

또한 이미 은퇴를 하셨거나 은퇴를 앞둔 비슷한 상황에 있는 분들에게 일독을 권한다.

조양래 ㈜ 체험팩토리 대표이사
(사) 한국직업진로지도협회 감사
(주) 드림미즈 이사

펴내는 글

은퇴를 두려워만 할 일인가?

은퇴는 누구에게나 닥치는 일이다.

모든 인간이 죽음을 만나는 것처럼 말이다. 은퇴는 나의 선택에 의해서 있을 수 있는 일이기도 하고, 타인에 의해서 예고 없이 닥칠 수 있는 하나의 사건일 수도 있다.

다만 은퇴 후 삶의 기간과 삶의 질은 사람마다 각각 다를 뿐이다. 어떤 사람은 아주 길 것이고, 어떤 사람은 그 기간이 없는 듯 짧을 수도 있다. 또 맞이하는 사람마다 그 기간의 삶의 질은 천태만상이 될 것이다.

AFP는 "노인을 위한 나라는 없다"라는 제목으로 한국의 노인문제를 심각하게 다루었다.

우리 모두가 지금 당면한 문제이기도 하고 아니면 앞으로 당면할 문제이다. 하지만 우리는 현실로 받아들여야 한다.

가까운 나라 일본을 보자. 노인사회에서 심각하게 일어나는 사회현상이 노후의 파산이다. 이 노후의 파산도 머지않은 장래에 우리도 당면할 문제라고 보고 미리 준비를 해야 할 것이다.

은퇴 후의 나의 인생을 어떻게 보내야 할 것인가?

또 그 기간의 삶을 아름다운 삶으로 이끌기 위해서는 어떻게 해야 할 것인가?

이를 놓고 깊이 생각하고 대비하는 삶을 살아가고 있는가에 대하여 독자 여러분에게 질문을 보낸다.

은퇴 후의 아름다운 삶을 위해서, 이 질문에 답을 찾고 현실의 문제를 해결하는 돌파구를 찾아야 할 것이다. 바로 철저한 계획과 준비가 따라야 한다.

류진희의 글 "그럴 리는 없겠지만, 그럴 수도 있겠지만"의 글이 생각난다.

바로 등대 이야기다. 우리나라에서는 1903년 6월 1일 인천 앞 바다에 있는 팔미도 등대가 처음 점등되었고 현재 등대원이 상주하는 38곳의 유인등대를 포함해서 3천 개가 넘는 등대가 전국의 바다를 지키고 있다고 한다. 항로 표지 기술이 나날이 발전하고 웬만한 배에는 자동항법장치가 있어서 등대에 의지하는 의존도는 예전에 비해 줄었지만, 모든 배들이 첨단 장비를 갖추고 있는 것도 아니고 장비가 고장 날 수도 있어서 등대는 꼭 필요한 존재라고 한다.

게다가 컴컴한 밤, 어둠 사이로 보이는 등대의 불빛은 그 존재만으로도 위안이 된다는 게 바닷사람들의 한결같은 이야기. 칠흑 같은 외로움의 바다에서 길을 잃었을 때, 내 마음의 지도가 보이지 않을 때 우리도 등대가 있다는 걸 잊지 말아야 한다는 내용이다.

은퇴 후 삶을 살아가려는 지금 저 멀리서 밝게 반짝이는 등대는 누구인가?

은퇴 후 삶의 등대가 되어드리려고, 또 당면한 여러 문제를 해결하는 방법을 찾아가는 데 도움을 주고자 이 책을 출판하게 되었다.

이 책을 읽어가다 보면 은퇴 후의 아름다운 삶을 위하여 어떻게 계획을 세워야 할 것인가, 준비는 어떻게 하여야 할 것인가를 스스로 찾아가게 될 것이다. 그리고 은퇴 후의 삶이 아름다운 삶으로 살아가도록 이정표를 제시해 줄 것이다.

필자가 직접 경험한 것과 실제로 실천하고 있는 내용을 중심으로 여러분에게 안내를 해 주고 있다.

총 9편으로 내용을 구성하였다.

1부 '아름다운 삶의 이야기'에서는 은퇴 후 아름다운 삶에 대하여 생각해 보는 시간을 갖기 위해서 이야기 나눔의 자리를 마련하였다.

2부에서는 '이렇게 하여 아름다운 삶으로 만들어 가고 있다'라고 하며 필자가 걸어가고 있는 삶의 방식을 조심스럽게 제시하고 있다.

3부는 '은퇴 후의 삶을 준비하는 사람들에게 보내는 글'이다.

4부 '멘토는 아름다운 삶으로 이끌어 준다'의 장에서는 창직이나 창업을 하며 남은 생을 살아가려면 반드시 멘토를 정하여 멘토의 도움을 받으면 크게 도움이 된다는 내용으로 멘토에 대한 이야기를 구성하였다.

5부에서는 전국에서 창직으로 아름다운 삶을 살아가는 15명을 찾아서 그들의 활동 이야기를 소개하였다. 여러 사람들의 자문을 받고 필자의 기준에 따라 어렵게 모신 분들의 삶이다. 선뜻 공개하기 힘든 일이었지만 은퇴 후의 삶을 준비하는 사람들에게 작은 보탬이라도 될 수 있으면 좋겠다는 뜻으로 허락하여 주었다. 자신들의 이야기를 나눌 수 있도록 배려해 주어 소개하게 되었다. 될 수 있는 한 본인들이 직접 안내하는 글을 써서 실으려고 노력하였다.

6부 '황혼에 접어들어 생각해 보니 나의 삶에서 잘한 것 4가지'는 필자의 이야기이다. 74세가 되어 삶을 되돌아보니 그래도 잘했다고 생각되는 것이 있어 공개하는 것이다. 독자들에게 무슨 도움이 될까 망설였지만 필자 자신의 앞으로의 삶에 활력을 찾고자 쑥스럽지만 용기를 내어 지면을 할애하였다.

7부 '은퇴 후 아름다운 삶을 살아간다'에서는 필자는 지금의 삶이 너무 아름다운 삶이라고 생각하여 현재 살아가는 이야기를 엮었다.

8부에서는 앞으로 어떠한 일을 할 것인가를 찾아보았다. 바로 이제 무슨 일에 나를 몰입할 것인가를 정리하여 보았다.

9부에서는 앞으로 창직을 생각하는 사람들을 위해서 해 볼 만한 창직 아이디어를 찾아보았다. 창직을 꿈꾸는 사람들에게 필요할 것이다.

독자가 이 책의 특징을 필자에게 묻는다면 아름다운 삶으로 만들어 가는 삶의 방식을 "SM을 PR하면 ND에 이른다. 그리고?"라고 하는 문장으로 만들어 인생을 암호화 혹은 공식화하여 제시한 듯이 보이는 것이 첫 번째이다. 다음은 은퇴 후의 삶을 준비하는 사람들에게 보내는 글에서 은퇴 후 창직의 6대 원칙과 박보영의 창직 전략, 즉 1:5:10:30의 전략을 공유하는 것이 두 번째 특징이다. 마지막으로 전국에서 창직으로 은퇴 후의 삶을 아름답게 살아가는 15명의 감동적인 사례를 찾아서 소개하는 것이 아마도 이 책의 세 번째 특징이 아닐까 한다. 특징을 찾는 것은 독자의 몫으로 돌린다.

누구에게나 다가올 은퇴, 은퇴를 맞이할 사람이나 이미 은퇴한 사람들에게 은퇴 후 아름다운 삶을 살아가는 데 작은 도움이 되었으면 하는 바람으로 내용을 구성하였다.

이 책의 도움을 받아 은퇴 후의 삶을 잘 설계하여, 아름다운 삶으로 살아간다면 더없는 보람으로 여길 것이다.

필자에게는 멘토 여러분이 있었기에 이렇게 아름다운 삶으로 꿋꿋하게 살아갈 수 있다고 생각한다. 깊은 감사의 뜻을 보낸다. 또 은퇴 후 창직하여 멋진 삶을 살아가면서 활동 모습을 공유해 달라는 부탁에 쾌히 승낙하여 주신 15명의 창직 선후배 여러분에게 감사의 뜻을 표한다. 더구나 시간을 내서 소개의 글을 정성 들여 써 주신 분들에게 훗날 일일이 인사드릴 것이지만 우선 지면을 통해서 감사 인사 드린다.

그리고 저의 글을 모아서 은퇴 후의 삶을 고민하는 사람들을 위하여 책으로 엮어 출판해 주신 도서출판 교육과학사 한

정주 대표님에게 깊은 감사를 드린다.

지금의 작은 일이 창직, 창업으로 이어져서 은퇴 후의 삶의 질을 윤택하게 만드는 데 기여하는 일에 역할을 한다면 더없는 보람으로 생각한다.

2019년 5월 3.1절 100주년에 즈음해서
지리산 자락에서
박보영토론학교 교장 박보영(笑山)

CONTENTS

3부

은퇴 후의 삶을 준비하는 사람들에게 보내는 글 69

4부

멘토는 아름다운 삶으로 이끌어준다 113

5부

창직으로 아름다운 삶을 살아가는 사람들 이야기 131

9부

창직아이디어 및 교육, 안내받을 수 있는 곳 331

1부
아름다운 삶의 이야기

1. 은퇴를 두려워만 할 일인가?

은퇴는 누구에게나 닥치는 일이다.

모든 인간이 죽음을 만나는 것처럼 말이다. 은퇴는 나의 선택에 의해서 있을 수 있는 일이기도 하고, 타인에 의해서 예고 없이 닥칠 수도 있다.

많은 사람들이 은퇴를 두려워한다. 두려워하는 이유는 나의 선택이 아니라 타인에 의해 예고 없이 또 어쩔 수 없이 은퇴를 해야 하는 경우가 나에게 일어나지는 않을까 하는 두려움일 것이다. 이런 두려움을 가진 사람들은 과연 은퇴 후의 삶을 아름답게 할 수 있을까?

은퇴 후의 삶에 대하여 깊이 생각해 보자. 누구나 은퇴를 맞게 된다. '지금 직장 생활을 잘하고 있는데 무슨 소리냐' 하며, '나에게는 은퇴는 멀었다. 아직 은퇴를 걱정할 때는 아니다.'라고 생각한다면 바로 그때가 은퇴를 준비할 시점이라고 본다.

그러면 과연 은퇴를 두려워하고만 있어야 할 일인가?

적극적으로 삶을 살아가는 자세가 필요하다. 은퇴를 두려워하지 않으려면 바로 은퇴 후의 삶의 기간에 어떤 삶을 살아야 하는가에 대한 대처 방법을 찾는 것이 중요하다. 미리미리 준비하는 것이 적극적인 방법이다.

지금은 직장에서 잘나가고 있지만 은퇴 후의 삶은 그 누구도 장담할 수는 없다. 다만 은퇴 후 삶에 대해서 계획을 철저히 세워 준비하는 사람만이 아름다운 삶을 살아갈 것이다.

은퇴 후 삶의 기간은 사람마다 각각 다르다. 어떤 사람은 아주 길 것이고 어떤 사람은 그 기간이 없는 듯 짧을 수도 있다. 또 이 기간을 맞아들이는 사람마다 그 기간의 삶의 질은 천태만상이 될 것이다.

행복한 삶의 연속인 사람도 있고, 어떤 사람은 불행하거나 심지어 참을 수 없는 고통의 긴 터널이 될 수도 있다. 그렇기에 어떤 사람에게는 은퇴는 대수롭지 않은 일이거나 하고 싶은 것만 해도 괜찮은 은퇴의 날을 손꼽아 기다리는 이유로 부각되기도 할 것이다. 혹은 은퇴가 어마어마한 큰 사건으로 다가오기도 할 것이다. 하지만 대부분의 사람들에게는 은퇴를 미리 생각하고 대비해야 하는 문제라는 것은 틀림없다.

은퇴의 사전적 의미를 알아보자.

'직임에서 물러나거나 사회 활동에서 손을 떼고 한가히 지냄'이다. 한가히 지냄에 대하여 생각이 머무른다. 어떻게 한가히 지낼 것인가? 한가히 지냄에 문제가 있을 수 있다. 한가히 지낸다는 것은 여유가 있다는 뜻도 들어있다. 바쁘지 않고 천천히라는 의미도 있겠지만 할 일 없이 시간을 소일한다는 것을 생각하게 한다. 할 일 없이 시간을 소일하는 생활에서 일어나는 문제를 생각하지 않을 수 없다. 아마 이러한 문제들로 인하여 은퇴를 두려워한다고 할 것이다. 일어나는 문제는 경제적인 문제, 가정의 문제, 인간관계의 문제, 시간을 보내는 방법의 문제, 즐길 줄 모르는 문제 등 여러 가지를 생각할 수 있겠다.

그래서 이러한 문제들로 인하여 발생하는 증후군이 있다. 바로 은퇴증후군(隱退症候群)이다.

동산의료원 가정의학과 김대현 교수는 "오랫동안 직장생활을 마치고 은퇴 후에 갑자기 건강이 악화되거나 질병이 생기는 사람들이 있다. 장년기 은퇴 과정에서 역할 변화 스트레스 때문에 은퇴 후 1년 이내에 우울감, 무기력, 감정변화, 소화불량, 두통 등의 신체 증상을 호소하는 것을 '은퇴 증후군'이라고 한다.

자신의 마음이나 가정을 신경 쓰지 않고 바쁘게 일만 하며 지내던 사람에게서 많이 생기며, 은퇴과정을 성숙하게 받아들이고 적응하기 위한 준비가 필요하다."라고 하였다.

심리학자 리카르트는 노화와 은퇴를 잘 못 받아들이는 유형을 4가지로 나누었다.

은퇴 이전의 힘들었던 업무의 책임에서 벗어나 조용하고 차

분한 삶을 살기 위해 쉬려고 하지만 지나치게 외부활동을 회피하고 사람들을 만나지 않는 경우에는 '은둔'형이 아닌지 의심해 볼 필요가 있다. 반면에 은퇴 후 줄어든 역할에서 소외되는 불안을 없애기 위해 끊임없이 활동하려고 지나치게 사회활동을 많이 하려고 노력하는 '무장'형도 있다.

자신의 인생을 돌아보며 목표를 달성하지 못한 것에 대한 분노를 느끼고 실패나 불행의 원인을 외부의 탓으로 돌리고 모든 일에 불평하며 화를 내는 경우에는 '분노'형을 의심할 수 있다. 인생의 목표를 달성하지 못한 것에 대해 후회하며 반대로 원인을 자기 자신에게 돌리며 자책하는 경우는 '자학'형이라고 할 수 있다.

여러분은 어떤 형에 속할까?

한편 심리학자 에릭슨은 인간의 발달주기 중에서, 60대 이후의 노년기에는 자신의 삶과 주위 사람들을 받아들이는 '통합'을 이루는 것이 과제라고 지적하였다.

이러한 통합에 실패하면 '절망감'과 '분노'를 경험한다고 한다.

젊을 때에는 주로 미래를 생각하고 준비하지만, 노년기에는 과거를 많이 회상하게 되며 자기 인생의 가치를 생각하게 된다. 자신의 인생과 나이 듦을 받아들이고 통합에 성공하는 사람은 마음이 편안해지고, 과거에 대한 후회나 미래에 대한 걱정 없이 지내는 '성숙'한 노화를 겪게 되고 자신의 은퇴 스트레스에 잘 적응하게 된다.

반면에 불만족스러웠던 점들에 더 신경 쓰는 사람들은 절망하고 슬퍼하며, 은둔, 무장, 분노, 자학과 같은 잘못된 적응과정을 겪게 된다.

은퇴를 두려워할 일만은 아니다.

은퇴라고 하는 반드시 겪어야 하는 일을 어떻게 받아들이고 이를 준비하느냐에 따라 나의 인생 전체를 정리하는 '나의 삶'이라는 작품의 질을 결정하게 된다.

은퇴 후 노년기의 삶은 그동안 어떻게 살아왔는지, 지난 삶의 태도에 영향을 받기 때문에 젊었을 때부터 '나는 어떻게 늙어갈 것인가'라는 고민을 해볼 필요가 있다. 은퇴라는 삶의 매듭에 자신을 성찰하고 필요한 변화를 준비해야 한다.

그렇게 한다면 시기는 다르지만 누구에게나 다가올 은퇴라고 하는 사건은 어떻게 준비하느냐에 따라 두려워할 일이 아니다.

양경일 다사랑 병원 원장은 가족이나 친지들은 자신의 인생을 돌아보며 삶의 의미를 찾는 은퇴자가 잘못된 적응과정으로 건강을 잃지 않도록 그동안의 노력에 대하여 감사와 존경을 표현해주는 것이 좋다고 한다. 은퇴자 자신의 노력, 주위 사람의 격려와 배려가 성숙한 적응과정을 거쳐 은퇴자가 인생의 '통합'을 이루어 몸과 마음의 평안을 얻고 건강하게 장수하는데 도움이 됨을 중요하게 받아들이도록 노력하자고 강조한다.

2. 아름다운 삶이란?

모든 사람들이 은퇴 후의 삶이 아름답기를 원할 것이다.

행복한 삶을 살아가기를 바랄 것이다. 삶이 아름답기를 원한다면, 행복한 삶을 희망한다면 제일 먼저 나에 대하여 성찰해 보는 것이 필요할 것이다.

물론 철학적인 이야기거나 딱딱한 이야기처럼 들리겠지만 은퇴 후 나를 되돌아보는 시간을 갖는 것도 의미 있는 일이다.

나는 어떤 존재인가?

나는 어떻게 해서 존재하게 되었는가?

나는 어떻게 살아왔나?

나에게는 아름다운 삶이 어떤 삶일까?

사람마다 아름다운 삶의 척도는 모두 다를 것이다. 젊을 때 다를 것이고 나이 들어서 다를 것이다. 은퇴 후에는 어떻게 사는 것이 아름다운 삶일까?

많은 사람들이 건강한 삶, 이웃을 배려하고 서로 돕는 삶, 긍정적인 삶, 감사하는 삶, 일하는 삶 등을 꼽을 수 있다.

한 조사에서 은퇴를 맞는 사람들에게 오래 살고 싶으냐고 물었다. 답을 하는 거의 모두가 그렇다고 대답했다.

그러면 다시 90이 넘어도 살고 싶으냐고 물었을 때 18% 정도만이 그렇다고 했다고 한다.

이는 무엇을 의미하는가? 왜 이런 비율이 나왔을까?

누구나 오래 살고 싶어 한다. 하지만 중요한 것은 의미 있는 일을 하면서 건강하게 오래 사는 것이다. 의미 있는 일을 하면서 건강하게 오래 사는 것은 바로 아름다운 삶이라고 할 수 있다. 그러니 대다수 사람들은 아름다운 삶을 살다가 생을 마감하는 것을 원한다.

필자는 오래전부터 나의 삶의 이정표요, 인생의 교과서로 간직하고 필자의 삶에 영향을 끼치는 인생 이야기가 있다. 앞으로의 남은 삶을 헬렌 니어링 부부와 같은 삶으로 살아가는 것이 희망이며 그렇게 살려고 여기에 소개하면서 마음을 다짐한다.

아름다운 삶을 살다가 간 부부 이야기다.

이들의 이야기를 은퇴 후 나의 삶의 이야기로 만들어 가려고 한다.

헬렌 니어링 부부는 조화로운 삶(Good Life)을 살았다. 바로 그들의 삶은 진정 모두가 공감하는 아름다운 삶이라고 할 수 있다. 이야기[1)]는 은퇴 후의 삶을 아름다운 삶으로 살아가려는 사람들에게 귀감이 되리라고 판단되어 소개한다.

많은 사람들이 아름다운 삶을 살다가 갔지만 헬렌 니어링 부부만큼 나에게 영향을 준 사람은 찾아보기 힘들다. 그래서 은퇴 후 아름다운 삶을 살아가기를 희망하는 사람들과 공유하면 좋을 듯하다.

스콧 니어링은 부유한 광산업자의 아들로 태어났다.

타고난 '비순응주의자'로서 대학 강단에서 두 번씩이나 쫓

1) 헬렌 니어링, "아름다운 삶, 사랑 그리고 마무리" 보리,1997.에서

겨난다. 스콧 니어링은 왕성한 저술과 강연으로 존경받는 교수 출신이었으나, 자본주의에 정면으로 대항하고 반전 운동을 벌인 명목으로 당시 주류사회에서 배척당하고 있었다.

미친 사회라고 규정한 자본주의, 제국주의 사회의 대안으로 '생태적 자치 사회'를 몸소 실천하고자 1932년 도시를 떠나 버몬트의 한 낡은 농가로 이주하여 사탕단풍 농장을 일군다.

바로 그곳에서 자연과 하나 되는 '조화로운 삶'을 시작한다.

미국 최고의 자연주의자로 스콧 니어링(1883~1983)을 꼽는다.

스콧 니어링이 100세 생일을 맞는 날 이웃 사람들이 깃발을 들고 왔는데 그 깃발 하나에 이렇게 쓰여 있었다고 한다.

"스콧 니어링이 백 년 동안 살아서 이 세상이 더 좋은 곳이 되었다."

그는 이미 자신의 사망 계획서를 작성해 놓았다고 한다.

"나는 죽을 때 병원이 아니고 집에 있기를 바란다. 어떤 진통제 마취제도 필요 없다.

가장 가까운 사람들에게서 존경받으며 가고 싶다."

그는 백 살의 생일이 다가오자 죽음을 예감한 듯이 단식을 시작했다.

그리고 3주 만에 눈을 감았다. 오늘 하루 일과를 마치고 휴식을 취하듯이 편안하게 갔다.

헬렌 니어링은 1904년 뉴저지 릿지우드의 중산층 지식인 가정에서 태어났다.

먹고사는 데는 적어도 절반 이상 자급자족한다는 것과 돈을 모으지 않는다는 것과 동물을 키우지 않으며 고기를 먹지 않는 것을 원칙으로 한 '조화로운 삶'을 평생 실천한 그녀는 남편 스콧 니어링과 함께 전 세계적으로 귀농과 채식 붐을 일으킨 장본인이다.

예술과 자연을 사랑하고 채식을 실천한 부모 슬하에서 그녀 역시 자연의 혜택을 흠뻑 받으며 자연스럽게 채식인으로 성장했다.

바이올린을 전공한 그녀는 젊었을 적부터 유럽 여러 나라를 자유롭게 여행하였다고 한다.

미국으로 돌아온 헬렌은 24살에 그녀보다 스물한 살이 위였던 스콧 니어링을 만나 삶의 길을 바꾼다. 1928년 장차 남편이 될 스콧 니어링(Scott Nearing)을 만났다.

그들은 노동 4시간, 지적 활동 4시간, 친교활동 4시간으로 꾸릴 수 있는 '조화로운 삶'(Good Life) 바로 그런 삶을 살았다.

문명화된 현대 사회에서 벗어나 자급자족하며 자연에 해를 끼치지 않고 사는 것, 그리고 많이 가지기보다는 검소하고 단순하게 사는 삶을 실천에 옮겼다.

하루를 온전히 일에만 바치지 않았다.

최소한의 생계를 위한 시간만 노동에 사용하고, 나머지 시간은 독서와 명상 여행처럼 자기 자신의 유익을 위해 사용했다.

현대문명에 대한 의견에서 벗어나기 위해서 기기를 사용하지 않고 가능한 한 손을 이용해 일을 했다.

삶의 매 순간을 명료한 의식과 치열한 각성 속에서 살아갔던 그 두 사람은 이후 세계의 수많은 사람들에게 커다란 영향을 끼쳤다.

헬렌 니어링은 남편이 100세 되던 해에 음식을 서서히 끊음으로써 자신을 붙들고 있던 목숨과 작별을 고했다. 헬렌 니어링 또한 삶의 고마움을 느끼며 또 죽음의 삶을 아름답게 마무리할 수 있는 데 큰 고마움을 느낀다.

우리는 누워서 병을 앓으며 무력한 삶을 계속 살아갈 필요가 없다.

요양원에서 이루어지는 긴 사멸의 공포를 느낄 필요도 없다.

우리가 집에 있고 우리 희망을 알릴 수 있으면, 우리는 먹는 것을 멈출 수 있다.

간단한 일이다. 병구완을 않고 먹는 것을 멈추면, 죽음은 우리 앞에서 두 손을 활짝 벌리는 것이다.

스콧의 죽음은 내게 훌륭한 길, 훌륭한 죽음을 보여 주었다. 고통과 억압이 없는 죽음, 여전히 생명의 흐름에 이어 주는 것을, 그렇기 때문에 슬픔이 없다.

헬렌 니어링 또한 남편과 마찬가지 방식으로 생을 마감하고자 하였으나 불행히도 그 바람은 실현되지 못했다.

1995년 9월 17일 차 사고로 인해 그녀는 갑작스럽게 92세의 일기를 마쳤다.

이 이야기는 헬렌 자신보다도 스콧 니어링의 삶과 반세기에 걸친 두 사람의 사랑에 초점을 맞추고 있다.

탁월한 경제학자이자 사회주의자이며, 교육자이자 생태주의자인 스콧은 스스로 말한 것을 자신의 삶에서 그대로 실천한 보기 드문 사람이었다.

조화로운 삶(Good Life), 아름다운 삶, 즉 참으로 이 세상에 보탬이 되는 삶이란 어떤 삶인지 온몸으로 보여준 두 사람이다.

삶에서 정말 중요한 것이 당신이 갖고 있는 소유물이 아니라 당신 자신이 누구인가 하는 것이다.

그 사람이 어떤 사람이냐? 어떤 행위를 하느냐가 인생의 본질을 이루는 요소라고 생각한다.

단지 생활하고 소유하는 것은 장애물이 될 수 있고 짐일 수도 있다.

이 이야기를 통해서 알 수 있는 것은, 우리가 가지고 있는 것이 아니라 그것으로 우리가 어떤 일을 하느냐가 인생의 진정한 가치를 결정한다는 것이다. 우리가 하는 일에 의해서 창출되는 진정한 가치야말로 아름다운 삶의 원천임을 알고 아름다운 삶이도록 이끌어 주고 있다. 은퇴 후의 아름다운 삶은 바로 이런 삶이 아닐까?

3. 아름다운 삶과 창직

우리가 어떤 일을 하느냐가 인생의 진정한 가치를 결정하기에 은퇴 후의 아름다운 삶을 위해서는 일이 필요하다. 우리 사회는 직장에서 은퇴하면 모든 것으로부터 격리된다고 스스로 생각하며 거리를 둔다. 그래서 하루하루의 시간을 그야말로 소일하고 있다.

서울에 있는 석촌 호숫가를 늘 걷고 있다. 건강을 위해서 걷는다. 걸으면서 생각한다. 호숫가에서는 언제나 많은 사람들을 볼 수 있다. 물론 운동하러 나오는 사람, 휴식을 위해 의자에 앉아서 쉬는 사람, 장기나 바둑을 두는 사람, 할 일 없이 그저 시간을 보내기 위해 나온 사람 등 이러저러한 사정들이 있겠지만 대부분은 그냥 시간을 소일하는 사람들로 보인다.

그동안 열심히 일했기에 이제는 한가한 시간을 보내면서 쉬는 것도 필요하다고 본다. 하지만 그런 시간도 잠시이어야 할 것이다. 은퇴 후 남은 생을 그렇게 할 일 없이 보낼 수는 없는 것 아닌가? 할 일 없이 한가한 시간을 보내는 것은 진정한 가치를 창출하는 아름다운 삶은 아니다. 꼭 아름다운 삶을 보내야 하는가?라고 반문할 수 있다.

할 일 없이 하루하루를 소일하듯 보내는 은퇴자들은 한가한 삶을 살면서 불행을 자초하는 것은 아닌가?

창직 학교 맥아더스쿨 정은상 교장은 "창직은 답이다"에서 은퇴자들 자신이 스스로를 불행하게 생각하는 이유를 4가지를 지적하였다.

불행하게 생각하는 그 첫째는 일을 할 수 없다고 생각하기 때문이고 둘째는 은퇴자 스스로 몸이 허약하다고 생각하기 때문이라고 한다.

셋째는 쾌락적인 삶을 살 수 없다고 생각하기 때문에, 그리고 마지막으로 죽음으로부터 멀지 않았다고 생각하기 때문이라고 한다.

이러한 생각들로 인하여 결국은 아무 일도 없이 그럭저럭 생활하는 삶을 살아가는 사람들을 주위에서 흔히 볼 수 있다. 더구나 점차 노령화가 가속화되어가는 우리 사회의 흐름으로 볼 때 이러한 현상은 더 늘어가는 심각한 문제가 아닐 수 없다.

자신이 스스로를 불행하다고 생각하게 되면 첫 번째 나타나는 현상은 자신감의 상실이다.

자신감이 상실되어 늘 '나는 할 수 없다.'라고 생각하는 사람들에게 하고 싶은 한마디 말은 '마음을 바꿔라!'이다. 바꾸지 않으면 삶의 어려움이 따르고, 대인관계에서, 사회생활에서 일을 처리할 때 자신감을 가지지 못하게 된다. 행동에서는 늘 소극적이고 미온적인 모습들만 보이게 되기 때문이다.

만일, 여러분이 진다고 생각한다면 당신은 질 것이다.

만일, 여러분이 이제 안 된다고 생각하면 정말로 안 될 것이다.

만일, 여러분이 이기고자 하는 마음 한구석에 이건 무리라고 생각한다면, 여러분은 절대로 이기지 못할 것이다.

만일, 여러분이 실패한다고 생각한다면 여러분은 실패할 것이다.

돌이켜 세상을 보면 마지막까지 성공을 소원한 사람만이 성공하지 않았던가?

모든 것은 '사람의 마음'이 결정한다.

만일, 여러분이 이긴다고 생각한다면 여러분은 승리할 것이다.

만일, 여러분이 항상 하고 싶다, 갖고 싶다고 원한다면 여러분은 그대로 될 것이다.

자, 다시 한 번 출발 해 보라.

강한 자만이 승리한다고 정해져 있지 않다.

재빠른 사람만이 이긴다고 정해져 있지 않다.

'나는 할 수 있다.' 그렇게 생각하는 자가 결국 승리하는 것이다.

먼저 생각을 바꾸고 행동으로 옮기려고 노력하여야 한다.

경인교대 정문성 교수 홈페이지에는 '내가 할 수 없는 것들.'이란 글이 올라 있었다.

미국 미시건주의 어느 시골 초등학교에 정년을 앞둔 도나 선생님이 있었다.

어느 날 도나 선생님은 아이들에게 '내가 할 수 없는 것'을 종이에 적게 했다.

그러고 나서 아이들이 적은 종이를 정성스럽게 접어 상자에 담았다.

그는 아이들을 데리고 밖에 나가 땅에 그 상자를 묻었다.

그리고 다음과 같이 추모사를 낭독하였다.

"우리는 '난 할 수 없어'의 죽음을 추모하기 위하여 이 자리에 모였다.

그는 모든 사람들의 삶에 영향을 주었다. 그의 이름은 작은 우리 학교뿐만 아니라 백악관에서도 자주 오르내렸다. 그는 떠났지만 그의 형제인 '난 할 수 있어'와 '난 해낼 거야.' 그리고 '당장 해야지'는 우리 곁에 살아 있다. 아직은 '난 할 수 없어' 만큼 강하지는 못하지만 언젠가는 이제 잠든 그보다 더 큰 일을 할 것이다."

추모사를 다 읽고는 미리 준비한 비석을 세웠다.

거기에는 "'난 할 수 없어' 여기 편안히 잠들다."라고 적혀 있었다.

추모사의 내용과 같이 '난 할 수 없어'를 마음속에서 지워 버려야 한다.

마음을 굳게 하고 자신감을 갖도록 노력해야 한다. 나는 할 수 있다는 결심과 믿음이 절대적으로 필요하다. 어떤 순간에도 약해지지 말고 핑계 대지 말고 그저 하루하루를 다시 못 올 시간이라 여기고 고치며 살아가야 '할 수 있다'는 자신감을 가진 사람으로 변해 가면서 성공적인 삶을 살아갈 수 있게 된다.

우리는 '할 수 있다'는 굳은 믿음을 가지고 노력한다면 그 은퇴 후의 삶을 아름다운 삶으로 바꾸게 될 것이다. 오늘부터 꿈을 가지고 노력하길 바란다.

그 후 삶을 윤택하고 활기차게 하려면 은퇴 후에도 어떤 종류의 일이든 해야 한다고 본다. 또 일을 함으로써 사람으로서의 사는 보람을 느끼게 된다. 사람 자체가 일을 하도록 만들어졌다고 본다. 일을 함으로써 사람다운 사람이 되기 때문에 마땅히 일을 해야 한다. 은퇴 후에는 일의 결과보다는 일을 하는 그 자체에서 의의를 발견하여야 하고 그러기 위해서는 일을 놀이하는 것과 같이 즐겁게 할 수 있으면 좋을 것이다.

오랫동안 일 없이 쉬게 되면 노는 근육이 발달하여 이윽고 아무 일도 하지 못하는 낙오자가 된다는 것을 기억하면 좋겠다.

은퇴 후의 삶을 아름다운 삶으로 이끌기 위해 창직하라고 제안한다.

우리나라에도 2014년 이후부터 창직이라는 말이 나오기 시작하더니 요즈음은 유행어처럼 나돌고 있다.

그 이유는 여러 가지 있겠지만 취업이 어렵고 청년실업자나 정년퇴임이 아니고 중도 퇴직자가 많은 이유이기도 하다. 창업은 어려워도 창직은 쉽고 망할 위험부담이 적다는 이유도 한몫한다. 가장 중요한 것은 창의적인 아이디어가 관건이다. 특히 은퇴 후에 아름다운 삶을 살아갈 수 있는 길은 창직이라고 할 수 있다. 5부에 창직으로 특히 은퇴 후에 창직으로 아름다운 삶을 살아가는 사람들을 소개하였다. 그리고 9부에서 창직 아이템을 안내하였다. 이를 참고로 하여 은퇴 후의 아름다운 삶을 위해서 창직하기 바란다.

4. 창직과 창업

여기서는 창직과 창업을 다루고자 한다. 그렇게 함으로써 창직의 방향을 잡을 수 있고 창직 아이디어를 찾을 수 있으리라고 본다.

창직과 창업은 완전히 다른 개념이다. 창직을 통해서 창업을 할 수 있는 연관성은 가지고 있지만 서로 다른 개념으로 정의된다.

『창직이 미래다』의 저자 이정원은 이 책에서 창직과 창업을 다음과 같이 구분하여 정의하고 있다.

창직은 스스로 적성에 맞는 분야에서 재능과 능력을 바탕으로 창의적 아이디어로 신직업과 직무를 발굴 및 보급하고, 이를 통해 스스로 일자리를 창출하여 노동시장에 진입하고 보급하는 창조적 활동이다.

한편 창업은 기업을 새롭게 설립하는 것으로 창업자가 이익을 얻기 위해 자본을 이용해 사업 아이디어에서 설정한 재화와 서비스를 생산하는 조직 혹은 시스템을 설립하는 행위라고 정의하였다.

이정원은 창직 활동을 하면 반드시 새로운 직업 또는 직무가 발굴되고, 발굴된 직업(직무)을 통해 구현되는 진로의 형태는 창업이나 취업 또는 프리랜서 그리고 사회적 활동으로서 자신이 원하는 진로로 어디든지 진출할 수 있다.

'스마트폰 애플리케이션 개발자'라는 창직의 경우를 예로 들자면, 스마트폰 애플리케이션 개발회사라는 전문기업을 설립하여 창업할 수 있고, 또한 스마트폰 애플리케이션 개발이라는 전문성을 가지고 관련 회사에 취업도 가능하다.

또 다른 길로 창업도 취업도 아닌 프리랜서로서 스마트폰 애플리케이션 개발 관련 용역 등을 수행할 수도 있다. 더 나아가 경제적 이득 없이 사회적 약자나 취약계층을 위해 애플리케이션 개발을 하여 이들에게 이로움을 주는 활동으로 인한 보람을 찾을 수 있는 기부나 NGO 참여 등의 사회적 활동을 할 수도 있다.

이처럼 창직은 창업과 취업 등을 포괄하는 개념으로서, 창직과 창업은 완전히 다른 개념이라고 명확히 구분하고 있다.

필자는 창직과 창업을 좀 더 명확히 구분하기 위해서 표로 정리하였다.

창 직	창 업
1인 중심	2인 이상
유연성 강조	필사적 시도
가치, 보람 중심	이윤 중심
창직가, 창직 아이디어, 지식, 기술	창업가, 창업 아이디어, 자본
시장조사 참조	시장조사 필수
창의성	이익
일하는 보람	자산증식
행복추구	생을 책임짐
망할 위험 부담: 자유롭다	망할 위험 부담: 크다
개인의 취향, 소질, 즐거움, 일함	시간, 장소, 업종 선택

창직으로 만들어진 직업으로 이윤, 일자리, 가치, 삶의 보

람 등을 창출해 낸다고 보면 창직과 창업은 서로 연관성을 가지고 있다.

우리가 생각하지 못하고 있던 것 혹은 당연하게 여겼던 것을 직업으로 가치를 부여하여 창직할 수 있다고 본다면 창직 활동은 무궁무진하다. 그리고 창직은 매력적인 활동이며 누구나 그 분야에 선두주자가 될 수 있다. 바로 이런 이유에서 은퇴자들에게 권하는 것은 다름 아닌 창직이다.

스타트업 창업자나 창직자에게 있어서 가장 절실한 것은 '자신감과 의지'이다. 그것은 사람들이 원하는 것을 만들지 못하면 수많은 고객을 창출해 낼 수 없기 때문이다.

창업 코디네이터 크레이엄은 "흥미롭게도 육성프로그램을 거쳐 간 수많은 스타트업은 한 가지 공통된 패턴을 보인다. 크게 성공한 기업을 보면 언제나 열정적으로 참여한 창업자가 있었다. 성공적인 아이디어 덕분에 성장한 기업은 많지 않다. 하지만 성공한 기업들을 보면 과거에는 늘 형편없었다."

자신감과 의지 그리고 열정은 창업자 창직자에게 꼭 필요한 성공적인 요인이 된다.

창직과 창업에 대하여 살펴보았다. 이를 참고하여 은퇴 후 아름다운 삶을 살기 위해서 창직에 관심을 기울이면 좋겠다.

은퇴자들에게 창직을 권하지만 특히 유의해야 할 점이 있다.

창직학교 맥아더스쿨 정은상 교장은 "창직을 하면서 돈을 벌겠다는 소극적인 욕심보다는 어떻게 하면 다른 사람들의 필요를 채워주며 나아가 인류에 기여하겠다는 마음가짐이 배어 있을 때 그 일은 그야말로 가치 있는 직업이 되는 것이다."라고 말하며 '창직 7계명'을 제안하였다.

1. 돈보다 가치를 먼저 추구해야 한다.
2. 조급하면 안 된다.
3. 독서하고 생각하며 글쓰기는 모든 창직의 기본이다.
4. 남을 따라 하지 말아라.
5. 스마트 세상에 관심을 가져야 한다.
6. 소셜 네트워크를 넓혀야 한다.
7. 중도에 포기하지 말아야 한다.

창직으로 돈을 벌겠다는 생각보다는 은퇴 후 일하는 보람을 얻기 위해서 창직하면 좋겠다.

5. 은퇴 후 아름다운 삶으로…

사람이 태어나서 죽는 날까지 살아가는 시간을 계산해 보았다. 만일 80세까지 계산했을 때 700,800시간 동안 살아간다. 언제부터인가 90세로 계산하기 시작했다.

90세까지 산다면 788,400시간 사는 셈이다. 그러면 여러분은 앞으로 몇 시간 사는지 한번 계산해 보는 것도 의미가 있다. 필자는 책을 쓰면서 계산해 보니 140,160시간이 계산된 삶의 시간이 된다.

시간의 의미를 찾을 수 있고 어떻게 아름다운 삶으로 살아가야 할 것인가를 성찰해 볼 필요가 있다. 계산해 보았듯이 내가 살아갈 시간은 한정되어 있다. 필자는 은퇴 후 이 문제를 놓고 오랫동안 생각하는 기회를 가졌다.

일하는 삶, 공헌하는 삶(사회에 인류에), 자신의 보람을 찾는 삶, 행복한 삶, 이웃에게 베푸는 삶이 아름다운 삶의 방향이 아닐까? 그리고 혼자서는 살 수 없는 세상임을 늘 생각하며 살아가고 있다.

우리는 서로를 살리는 존재들이라고 할 수 있다.

어떤 사람도 그저 받기만 하거나 주기만 하는 사람은 없다. 우리는 자신이 의식을 하든 못 하든 서로 주고받으며 살아간다.

심지어 암에 걸려 병원 침대에 누워만 있는 것 같은 사람도 몸이 건강한 사람들에겐 실로 큰 것을 나눠 주고 있다. 바로 생명을 주고 있는 것이다.

작가 최인호는 자신이 암에 걸려 투병하는 중에 이런 사실을 절절히 깨닫고 이렇게 썼다.

"우리들이 이 순간 행복하게 웃고 있는 것은 이 세상에서 까닭 없이 울고 있는 사람의 눈물 때문입니다. 우리들이 건강한 것은 어딘가에서 까닭 없이 병을 앓고 있는 환자들 덕분입니다.

우리들이 배불리 먹을 수 있는 것은 어딘가에서 까닭 없이 굶주리는 사람들의 희생이 있기 때문입니다."

이 말이 한갓 문학적 수사가 아니라고 생각한다.

이름이 다르고 모습이 다르고 국적이나 성별이 다르고 처한 상황이 다르다는 이유로 우리는 곧잘 서로를 구별하고 판단하고 심지어 차별하기도 하지만, 그것은 우리가 모두 하나로 연결되어 있다는 사실을 모르기 때문이다.

어떤 사람도 혼자서는 살아가지 못한다. 음으로 양으로 모두는 서로에게 의존해서 살아간다. 모두는 그렇게 서로를 살리는 존재들이다. 은퇴 후에 더욱 이런 사실을 느끼게 된다.

스티브카터는 사람들을 네 가지 인간형으로 구분할 수 있다고 했다.

A형 긍정적이며 에너지 넘치는 선수: 즉 사고방식이 긍정적이며 동시에 에너지가 많기 때문에 주변을 밝혀 따뜻하게 만들며 열심히 일하는 분위기를 창조한다.

B형 긍정적이며 에너지가 부족한 구경꾼: 즉 사고방식은 긍정적이지만 실천력이 부족하기에 큰 성과를 내지 못한다.

C형 부정적이며 에너지가 많은 냉소자: 즉 상사에 대한 불평을 늘어놓거나 조직의 방침을 비판하는 일에만 열을 올리며 마침내는 다른 사람의 의욕까지 빼앗는다.

D형 부정적이며 에너지가 없는 걸어 다니는 시체: 즉 매사에 부정적인 사고방식을 가진 데다 에너지마저 없어서 아무 의욕도 없고 희망도 없이 월급이나 축내며 살아간다.

그런데 그 유형은 정해진 것이 아니고 변화된다는 것이 중요하다.

환경과 의지에 따라 바뀌 갈 수 있다는 말이다. 혹시 지금 우리의 마음 밭이 부정과 냉소로 가득 찬 돌밭이나 가시덤불은 아닌가?

우리의 마음 밭을 긍정과 힘이 넘쳐 백배의 열매를 맺는 좋은 땅으로 가꿔 가야 하겠다.

행복지수를 높이는 삶으로, 아름다운 삶의 터전으로, 그래서 은퇴 후 행복하게 살아가길 바란다. 여러분이 행복하다면 필자 또한 행복하고 우리 주위 사람들이 행복하게 될 것이다.

삶의 방식을 바꿔 보자. 은퇴 후의 삶은 더욱 중요하다.

감사하는 마음이 있으면 행복하다. 할 일이 있으면 행복하다. 단순하게 살면 행복하다.

조급하지 않고 느긋하면 행복하다. 허리를 펴고 하늘을 보고 들에 핀 꽃을 보면 행복하다.

결국 행복은 지금 이 순간 어떻게 생각하고 만족하느냐에 달려 있다.

2부
이렇게 하여 아름다운 삶으로 만들어 가고 있다

SM을 PR하면 ND에 이른다. 그리고?

교직생활 40여 년을 은퇴하면서 전국의 40만 초중고 교육자 후배들과 인생 후배들에게 꼭 해주고 싶은 이야기이다.

이것을 잘 실천한다면 인생을 살아가면서 효율적인 시간 관리를 하며 적극적이고 보람찬 삶을 살아갈 수 있을 것이다. 특히 은퇴 후의 생활을 아름답고 윤택하게 살아갈 수 있는 비법이라고 판단하여 공개한다.

"SM을 PR하면 ND에 이른다. 그리고?"라는 문장 속에서 아름다운 삶에 이르는 길을 찾을 수 있다.

요약된 'SM-PR-ND 그리고?'는 일반인들에게, 은퇴자들에게 필요한 이야기다.

늘 공부(Study)하고, 자기를 관리하며(Management), 늘 준비(Prepare)하고 자기성장을 위해 연구(Research)하여야 한다. 그리고 인적 네트워크(Network)을 구축하고, 인생을 설계(Design)하여 설계한 대로 삶을 살아가면 은퇴 후 삶이 뜻 깊고 보람된 생으로 살아갈 수 있다고 판단한다.

좀 더 자세히 풀어서 설명한다.

– Study 공부하여라

끊임없이 공부하라. 이제 평생 학습시대가 열려 있다. 그리고 브랜드를 창출하는 시대가 되었다. 자기 분야의 브랜드를 창출하기 위해서 평생 공부하는 자세로 살아가자.

– Management 관리하여라

관리에는 건강, 이미지, 커뮤니케이션, 약속, 시간, 실력, 재력 등을 관리하는 것을 꼽을 수 있다.

이 일곱 가지 요소는 현대인이 소홀히 해서는 안 된다. 성공의 비결이며 자기 관리의 중대 요소들이 될 수 있다.

– Prepare 준비하여라

기회는 준비된 자에게만 온다.

그러니 준비하여라. 정년을, 노년을, 좋은 직장을, 승진을, 은퇴 후의 삶을…

평범한 사람은 삶이 평범하다.

– Research 연구하여라

자기 분야에 대하여 끊임없이 연구하고, 아이디어를 창출하고 이를 공개하여야 한다.

– Network 과거의 부자는 금맥, 앞으로 미래의 부자는 인맥을 가진 자이다.

우리의 인터넷, 통신기기 발달은 세계에서 최고가 아닌가? 이를 최대한 이용하라. 국내뿐만 아니라 전 세계 여러 나라의 사람들과 소통하면서 정보를 공유할 수 있고 자료를 주고받을 수 있다. 글로벌 시대의 지구촌은 이제 공동체이다. 인적 네트워크를 형성하여 잘 활용하여라.

– Design 인생을 역산하여 설계하여라

만일 사람이 태어나서 80세까지 산다면 700,800시간을 살아간다. 헛되이 미미하게 오늘만을 위해 살아갈 수 있겠는가? 80세 혹은 90세부터 역산하여 자기의 할 일을 정하고 오늘까지 내려오면서 자기의 (할 일)목표를 정하고 꾸준히 노력하라. 하루하루의 삶이 헛되지 않을 것이다. 그러면 보람찬 인생을 살 수 있지 않겠는가?

각각의 단어들의 머리글자를 따서 "SM을 PR하면 ND에 이른다."라는 문장을 만들었다.

거기에 요즈음은 한 가지를 덧붙인다. '그리고?…'를. 그 다음은….

구체적으로 설명하고자 한다.

1. SM=Study & Management 공부하여라, 관리하여라!

"SM을 PR하면 ND에 이른다."에서 S(Study), 즉 공부하여라!!!

지금은 평생 공부하는 시대이다. 그리고 자기의 분야를 위해서 인생을 보람되게 살기 위해서도 끊임없이 공부하는 삶은 얼마나 활기차겠는가? 보람도 있겠고….

모든 삶의 지혜를 얻을 수 있다. 은퇴 후 창직하는 데 도움이 된다.

요즈음 평생학습 제도가 잘되어 있어서 돈 안 들이고, 적게 들이고 배울 것이 너무 많다. 열심히 찾으면 쉽게 그 방법을 찾을 수 있다.

얼마 전 신문에서 90세 되신 분이 외국어 공부를 한다는 이야기를 읽었다.

"그 나이에 왜 외국어 공부를 하십니까?"

말씀인즉 62세에 정년퇴임하고 지금까지 허송세월을 보낸 듯하다. 그래서 나는 105세까지 살 자신 있기에 15년간 써먹기 위해서 공부한다는 것이다.

또 95세에 검도 유단자가 되셨다는 분이 TV에 소개된 바 있다.

92세에 검도를 시작했다는 것이다.

연령의 많고 적음을 논할 때가 아니다.

바로 어느 분야든지 자기 분야를 찾아서 공부하는 것을 권장한다.

그래야 시간을 헛되이 보내지 않고 알찬 삶을 살 수 있음을 강조한다.

좀 쑥스럽기는 하지만 잠시 나의 평생 공부한 삶을 이야기하겠다.

나의 생을 되돌아보면 10년마다 학교 졸업장이 바뀌었음을 새삼 알 수 있었다.

69년도에 2년제 교육대학을 졸업하고 교육자의 길을 걸으면서 인천에서 서울로 어렵게 4년제 야간대학을 졸업하였다. 10년 정도 되었고 그 후 계속 공부해야 하겠다는 마음으로 준비를 해서 교육대학원에서 유아교육을 전공하여 석사학위를 받았다.

대학을 졸업하고 10년 정도….

이에 그치지 않았다.

예정되지 않게 포항에 있는 학교법인 포스코 교육재단 내의 학교를 두 곳 개교하는 기획단에 참여하게 되었다. 개교 후 포항에서 초등학교에 근무하게 되었다.

그 후 승진하여 교감으로 광양에 있는 학교에 근무하게 되었다.

나에게 공부를 계속하라는 암시인 듯하였다.

나는 공부하겠다는 마음의 끈을 놓지 않았다.

진주가 50분 정도에 갈 수 있는 거리여서 국립경상대학교에서 박사과정을 목표로 준비하기로 하고, 쉼 없이 박사과정 공부를 계속하였다. 이렇게 해서 국립경상대학교에서 98년도에 교육학 박사학위를 받았다.

근 10년마다 졸업장이 바뀌게 된 경위이다.

지금도 어학 공부를 끊임없이 하고 있다.

그리고 1992년 이후 지금까지, 아니 앞으로 계속 토론게임(대립토론)교육에 대하여 공부하며 연구하고 교육계에 펼치고 있으며 책도 쓸 것이다.

앞에서 이야기한 것처럼 끊임없이 공부하면서 이 글을 읽는 사람들에게도 공부할 것을 권장하는 것이다.

공부하는 자세는 제도권의 학교공부를 계속하라는 것만은 아니다.

생을 풍요롭게 만들고 시간을 헛되이 보내지 않으며 좀 더 진취적인 삶을 살아가는 데 보탬이 되는 자기 분야의 공부할 거리를 찾아서 공부하는 것을 의미하는 것이다.

"SM을 PR하면 ND에 이른다."에서 M은 "Management 관리하여라"의 앞글자이다.

관리라면 건강, 이미지, 커뮤니케이션, 약속, 시간, 실력, 재력 관리 등을 꼽을 수 있다.

현대를 살아가는 우리는 각각의 자기 자리에서 프로라는 생각을 가지고 살아가야 할 것이다. 흔히 프로, 그러면 운동선수들을 생각할 수 있다. 프로 운동선수들을 생각해 보자. 그들은 끊임없이 자기관리를 한다. 자기관리를 잘하는 선수야말로 많은 팬을 거느리고 프로선수로서 수명이 오래갈 수 있다. 유명 야구선수 K씨는 남들이 자고 있을 때 나와서 수백 개, 수천 개의 배팅 연습을 한다. 실력을 관리하는 것이다. 바로 우리들도 각각의 자기 위치에서 프로 정신을 발휘하여 자기관리를 할 것을 강조한다.

은퇴 후 건강, 이미지, 커뮤니케이션, 약속, 시간, 실력, 재력 관리는 인생 후반기의 삶의 성공 여부가 달려있다. 아름다운 삶으로 이어지는지 여부가 판가름된다. 이에 관심을 가지고 노력할 때 생을 아름답게 살 수 있다.

2. PR=Prepare & Research 준비하여라, 연구하여라!

"SM을 PR하면 ND에 이른다."에서 P(Prepare)는 준비하여라!!!

P는 Prepare, 즉 준비하여라.

준비 그러면 너무 많이 접하는 말이다.

결혼 준비, 퇴직 준비, 승진 준비, 아침밥 준비, 여행 준비, 학습 준비, 수업 준비, 은퇴 준비, 창직 준비….

'준비'라는 말은 좋은 일, 성과를 기대하는 일에만 쓰여야 한다.

싸울 준비, 훔칠 준비, 죽을 준비 등에는 그리 어울리지 않는다.

'준비'를 어떻게 하느냐에 따라 찾아오는 결과는 분명히 차이가 난다.

소홀히 하면 반드시 결과는 미흡해지고, 완벽하게 하면 결과는 만족할 만하다.

준비는 빠를수록 그리고 철저히 할수록 좋다.

독자 여러분!

퇴직 준비를, 은퇴 준비를 하였는가?

살아갈 날은 90년인데 일과 돈이 60년째에 바닥나면 우리 삶은 어떻게 되겠는가?

90층 건물에 엘리베이터가 60층까지만 설치되어 있으면, 남은 30층을 걸어 오르는 우리의 몸이 얼마나 고단하겠는가? 마음에는 얼마나 큰 상처가 생기겠는가?

승진 준비를 생각해 보자.

미리 실력을 갖춘다던지 고과점수를 관리한다던지 승진에 필요한 제반 여건을 미리 준비해 놓지 않고 그때 가서 해결하려고 한다면 기회는 가버린다. 준비된 자만이 기회를 잡을 수 있다는 성인의 교훈을 예로 빌리지 않더라도 준비가 필요하다.

은퇴 준비를 철저히 해야 시기가 와도 우왕좌왕하지 않고 자기 할 일을 할 수 있다.

준비 없이 어떤 일이 닥치면 허둥대고, 하고 난 후에는 후회를 동반하는 행동만 따른다.

은퇴 후에 준비하지, 은퇴 후에 일을 시작하지. 이런 사람들은 90% 이상이 제대로 된 일을 하지 못한다. 창직도 마찬가지요. 봉사 활동도 마찬가지이다.

보람차고 활기 넘치는 삶을 위해서는 준비를 해야 한다. 준비는 철저히 해야 한다.

우주인 이소연이 여기자와 인터뷰한 이야기를 소개한다.

"솔직히 우주인이 되려고 뛰었던 것은 아니었지만 어쨌든 날마다 5~6km씩 뛰었잖아.

조깅을 한 것도 언니가 미리 준비한 것이고, 건강이 좋은 것도 그렇게 노력해서 준비한 거잖아.

영어랑 다른 시험도 그래. 우주인이 되려고 한 것은 아니지만 어쨌든 다른 것을 위해서라도 언니가 공부하고 노력한 결과 맞잖아.

그리고 실험도 그렇고 다른 팀워크나 모든 테스트를 생각해 봐. 우주인이 되기 위해 특별히 연습하고 준비한 게 아니라도 전부 과거에 언제부터인가 언니가 노력하고 공부한 거였어. 그러니까 단지 운이 좋았던 건 절대로 아니라고."

듣고 보니 그랬다.

내가 우주인 선발 공고를 보고 그때부터 특별히 준비한 것은 아니지만 단계 단계를 뜯어보면 언젠가 내가 다른 목적을 위해 준비하고 노력한 결과들이었다. 우주인이 되고 나서 문득 박사 과정 때 화장실 문에 붙어있던 글귀가 생각났다.

'피나는 노력의 결과는 어느 날 행운처럼 다가온다.' 우주인 선발과정을 하나하나 들여다보면 각각의 결과는 언젠가 과거에 내가 다른 목적을 위해 했던 피나는 노력 중의 하나였을 뿐이다. 단지 그 결과가 당시가 아닌 이제야 나타난 것이다. 그 많은 노력이 우주인 선발을 위해 준비했던 것이 아니다 보니 나에게는 마치 행운처럼 느껴진 것뿐이다. 처음 읽었을 때는 도무지 이해가 되지 않던 그 말이 희미하게나마 가슴에 와닿고 나니, 과거의 피나는 노력뿐만 아니라 지금 내가 하고 있는 노력들의 결과 또한 언젠가 행운처럼 내게 다가올지도 모른다는 희망을 가질 수 있게 되었다(이소연, 프롬북스, 열한 번째 도끼질에서).

기회 되어 준비한다는 것은 이미 흘러간 후의 일이다.

'지금 내가 하고 있는 노력들의 결과 또한 언젠가 행운처럼 내게 다가올지도 모른다.'라는 말처럼 항상 준비한다는 자세로 현실에 충실하고 열심히 살아야 할 것이다.

물론 앞날에 있을지도 모르지만 예측해서 준비한다는 것도 중요하다.

"Prepare" 준비하여라. 늘 준비하는 자세가 중요하다.

스카우트 활동의 기본이 '준비!' 그래서 인사를 할 때에도 '준비!'를 외친다.

보다 알찬 삶을 살고 후회 없는 삶을 살기 위해서는 준비하는 삶을 살아갈 것을 제안한다.

그래서 P를 강조한다.

"SM을 PR하면 ND에 이른다."에서 R(Research)은 연구하여라!

현시대는 브랜드를 창출하는 시대라고 할 수 있다. 개인은 각자 개인에게, 학교는 그 학교 나름대로의 브랜드를 창출할 것을 강조한다.

회사는 그 회사의 브랜드를 가지고 있어야 한다.

그러기 위해서는 끊임없이 연구하고 노력하여야 한다. 끊임없이 자기 분야를 위해 공부해야 한다. 은퇴 후의 삶에서도 마찬가지이다.

1968년 멕시코 올림픽에서 거의 모든 선수들이 해오던 방법인 앞으로 넘기, 가위뛰기, 벨리 롤 오버 방식을 취하고 있었는데 무명의 높이뛰기 선수인 딕 포스베리는 배면 뛰기라는 새로운 방식으로 2m 24cm라는 놀라운 세계신기록을 수립하며 세계의 이목을 집중시켰다.

이 선수는 시행착오를 거듭하며 끊임없이 연구하고 노력하여 자기의 브랜드를 창출한 것이다.

이후 모든 선수들이 이 방식으로 높이뛰기를 하고 있으니 얼마나 놀라운 일인가?

또 현대는 평생학습 시대이다.

평생 동안 공부한다는 자세는 자기발전을 위해서도, 성공적인 삶을 위해서도 필요한 요소이다.

은퇴 후의 삶이나 창직을 하는 데 요구되는 행동이다. 어느 부문이든 어느 직책이든 연구하는 자세는 꼭 필요하다.

그 결과물을 공유하고 다시 연구하고….

이런 활동이 활발하게 이루어지면 이 사회는 계속 발전되어 갈 것이다.

내가 교육자의 한 사람이었기에 교사 입장에서 피력한다면, 한 분야에 대하여, 한 과목에 대하여 연구하고 서로 공유하기 위하여 책도 내고, 논문 발표도 하고, 매스컴에 기고도 하는 활동을 열심히 한다면 활동의 길이 열리게 된다.

그리고 좋은 연구결과를 토대로 사회발전에 기여하게도 된다.

현실을 보자.

초등학교 문제를 이야기할 때 누구의 의견을 듣는가?

중등학교 문제를 이야기할 때 누구의 의견을 듣는가?

초등학교 문제는 초등 선생님들이 권위자가 아닌가?

중등학교 문제는 중등 선생님들이 전문가가 아닌가?

그런데 누구의 의견을 듣고 누구의 의견을 참작하려 하는가?

나는 이 사회의 모순이라고 생각한다. 우리 초등, 중등 교원들을 무시하는 행동이라고 생각한다. 하지만 우리들 초등 중등 교원들의 책임도 있다고 본다. 그것은 끊임없이 연구하고 공부하고 토론하고 발표하고 노력하지 않는 데서 오는 결과라고 생각한다.

요즈음은 현장의 선생님들의 연구 활동이 활발해지고 결과물 발표가 살아나고 있지만 미흡하다고 본다.

더욱 노력할 것을 제안하며 연구 활동이 좀 더 활발하게 이루어졌으면 하는 바람이다.

직장에 있을 때부터 연구 활동을 활발하게 한 사람은 은퇴 후까지도 이어진다. 창직에도 큰 도움이 된다.

3. ND=Network & Design 인적 네트워크에 신경 써라, 설계하여라!

다음은 N, 즉 Network를 말한다.

N 중에서 인적 네트워크(Network) 구축을 중요하게 생각한다.

우리나라는 IT강국으로 발돋움하고 있다.

스마트폰이나 인터넷이 가장 발달된 나라 아닌가?

이제 다가오는 시대는 소셜 미디어 시대라고 한다. 이를 최대한 활용하는 삶이 중요한 이슈로 떠오르고 있다.

전 세계적으로 가장 발달된 통신기기를 최대한으로 활용하고 아주 우수한 인터넷 환경을 창의적으로 활용하여야 할 것이다.

그리고 과거에는 부자라고 하면 금, 은 보화를 많이 지닌 사람이라고 할 수 있다.

하지만 이제는 인적 네트워크 시대이다. 부자라고 한다면 얼마나 많은 사람과 네트워크를 구축하며 살아가고 있는가에 달려 있다고 할 수 있다. 바로 인맥을 강조하는 시대에 살고 있다.

인적 네트워크를 구축한다고 하는 것은 매우 폭넓은 삶을 살아가는 모습이다. 이런 삶이 요구되는 시대에 살고 있음을 거듭 강조한다.

누가 많은 사람과 정보를 공유하고 있는가에 따라 윤택한 생활의 지수가 결정된다고 판단된다.

모 연예인은 과거에 무전기 같은 손 전화에 2,000여 명의 인적사항을 담고 수시로 연락하고 산다고 했다. 바로 이런 삶이 필요하다. 그래서 “SM을 PR하면 ND에 이른다.”라는 교직생활 40년을 정리하는 문장에서 인적 네트워크(Network)를 강조하는 것이다.

현대를 사는 우리는 정보를 공유할 수 있는 인적 네트워크를 구축하여, 많은 사람들과 교류하고, 정보를 공유하고, 삶의 방법을 서로 나누고, 생의 아름다움을 이야기하는 삶이야말로 우리가 가야 할 길이다.

영국에도, 러시아에도, 일본에도, 미국에도, 호주에도, 스페인에도, 아프리카에도, 칠레에도 친구를 만들어 서로 삶의 이야기도 나누며 오고 가는 삶을 산다면 삶이 얼마나 풍요로울까?

한번 시도해 볼 것을 제안한다.

MBC 김민식 PD가 공개하는 인생을 즐기는 비법을 담은 책 "공짜로 즐기는 세상"과 그의 블로그를 참고하면 아주 좋을 듯하다.

필자는 "공짜로 즐기는 세상"이라는 제목의 책을 접하고 수원에 강의 가면서 반 읽고, 집에 오면서 반 읽고, 4번째 보고 있는 책이다.

바로 현대인은 "공짜로 즐기는 세상"의 비법을 알 필요가 있다.

현대인은 인적 네트워크를 잘 활용하여야 한다. 바로 발달된 인터넷과 통신기기를 잘 활용해야 한다. 이를 필요로 하는 사람은 반드시 읽어야 할 책이다.

나로 하여금 희망과 꿈에 부풀어 가슴 뛰게 한 책이다.

그래서 김민식 PD가 책을 통해서 시키는 대로 SNS를 활용하고 있다.

블로그에 빠져있다. 페북, 카카오스토리, 밴드 활동에 열심이다.

흥미로운 일이다.

이를 통해서 28년 동안 연구하고 모아 온 토론게임(대립토론) 자료를 풀어 놓고 있다.

더구나 창직을 염두에 두거나, 은퇴 후의 삶을 윤택하게 하고 싶은 사람들은 네트워크에 보다 큰 관심을 가지고 계속 연구하고 공부하기를 바란다.

"SM을 PR하면 ND에 이른다."에서 D는 무엇일까?

인생을 나이에 맞추어 디자인Design하여 그 계획에 따라서 살아갈 것을 권장한다. 아니 노력하여라. 인생을 'Design하여라'에서 앞 글자 'D'를 표시한다.

생물학적으로 사람이 태어나는 확률은 1천 200조 분의 1의 확률이라고 한다. 그렇게 태어난 "나"의 인생을 보람되고 적극적인 삶, 아름다운 삶으로 살아가는 방법이다.

앞에서 계산해 보았지만 사람이 태어나서 80세까지 산다면 총 몇 시간은 산술적인 계산으로 700,800시간(24시간*365일*80년) 산다.

그렇다면 은퇴 후의 나의 삶을 헛되이 살 수 없지 않는가?

나의 삶을 역으로 설계하여라.

80세부터 역으로 몇 세에 무엇을 하고, 몇 세에 무엇을 할 것인가에 대한 계획을 세워서 지금 현재까지 오게 된다.

그렇게 하면 지금의 현재 삶을, 현재의 시간들을 생각 없이 헛되이 보내지 않을 것이다.

이런 계획을 세우고 노력한다면 설계가 없는 사람과는 차별화된 인생을 살아갈 것이다.

목표가 뚜렷한 삶을 살 것이다.

나의 취향은 어떤 일을 마무리한다든지 일을 추진하면서 강조하고, 핵심적인 정리가 필요할 때는 그것을 함축하는 문장을 만드는 것이다.

그러면 일이 잘 진행되고 늘 그것을 생각하게 되어 알찬 결과를 맺게 된다.

예를 들면 교장으로서 학생들을 위한 교장, 교사들을 위한 교장으로 역할을 스스로 강조하기 위해 대외적으로 나가는 글에는 ○○학교 교장이라는 명칭대신 “늘 학생들의 교육만을 생각하는 박보영입니다!”라는 문장으로 대신하곤 했다.

나에게는 자성예언도 되고 받아보는 사람들은 신뢰감을 갖게 된다고 한다.

독서 교육을 강조하며 나는 독서가 인생에서 가장 중요하다는 것을 늘 확신하고 있다.

그래서 “국어를 잘하면 수학 과학 사회 심지어 외국어도 잘할 수 있다. 그 길은 바로 독서이다!!”라는 문장을 만들어 지금까지 확신을 가지고 강의하고 있다.

그렇게 해서 만들어진 나의 교직 40년을 정년퇴임하고 나의 삶을 정리하는 문장을 만들어 후배들에게 권하고 있는 내용이다.

바로 “SM을 PR하면 ND에 이른다. 그리고 ?!!!”

4. 그리고?

62세로 정년퇴임하고 앞에서 제시한 아름다운 삶을 위한 전략이라고 할까, 혹은 지침이라고 하는 “SM을 PR하면 ND에 이른다!”를 실천하면서 살아왔다.

되돌아보니 아름다운 삶이었다고 생각된다. 70세를 넘어오면서 인생 디자인한 계획에 따라 71세에 800km 산티아고 순례길을 아들과 함께 걸으면서 SM을 PR하면 ND에 이른다!에 ‘그리고’를 넣어 “SM을 PR하면 ND에 이른다! 그리고?”를 만들었다.

이 ‘그리고’ 다음에는 ‘나눔’을 실천하는 삶, 기부하는 삶을 살고자 ‘나눔’이라는 단어를 넣기로 했다. 70세 이전까지는 나를 위해서 가족을 위해서 뒤를 돌아볼 틈도 없이 달려온 삶이었다. 71세부터는 이제 방향을 바꾸어야 하겠다고 마음먹고 베푸는 삶을 실천하고자 한다.

순례길을 걸으면서 『사람』이라는 글자를 만들어 두 손안에 넣고 살며시 뭉뚱그려 보았다. 글자가 『삶』으로 변하였다. 사람들이 바르고 정성된 생활을 하는 것을 우리는 “삶”이라고 할 수 있겠다. 그렇지 못한 생활은 그냥 사는 것이지 “삶”이라고 할 수 없을 것이다.

사람이 사람다운 삶을 살아가기 위해서 어떻게 살아가야 할 것인가?

『사람』이라는 글자를 큰 소리로 읽으면서 입 모양을 보자. 읽고 나면 입이 꼭 닫힌다. 사람을 읽을 때 입이 꼭 다물어지는 것과 같이 사람들은 자기 것을 내놓지 않으려는 속성이 있는 듯하다.

하지만『사랑』이라는 글자를 소리 내어 읽어보면 입이 크게 벌어진다.

입 모양이 벌어지는 것과 같이 마음과 생각과 몸을 펼쳐야 한다. 이렇게 우리 한글의 아름다움이 있다. 사랑은 이웃에게 펼쳐서 베풀어야 한다는 깊은 뜻이 있다.

사랑은 뜨거운 가슴에서 우러난다.

뜨거운 가슴속에는 쉼 없이 박동 치며 맑은 피를 뿜어내는 심장이 있으므로 사랑은 심장에서 나온다.

그래서 우리는 사랑을 말할 때 심장(Heart) 모양을 표현한다.

하지만 이를 인식하지 못할 때가 종종 있다.

누구에게나 창조주께서 인간을 창조하시면서 귀한 선물로 심장을 주셨다.

인간이 살아 숨 쉬는 것은 심장이 뛰고 있기에 가능하다.

심장이 멎으면 뇌도, 모든 감각기관도 그 기능을 잃게 된다.

얼마나 신비롭고 경이로움인가?

주먹만 한 크기의 심장이지만 어림잡아 하루에 10만 번을 뛰는 신비로운 기관이다.

인간의 수명을 80세라고 하면 약 29억 2천 번을 쉼 없이 뛰는 심장이다.

우리에게 주신 귀한 선물인 심장은 80년 동안 29억 2천 번을 움직여도 잘 관리하면 닳거나 부서지지 않는 기관이기에 잘 관리하는 것은 우리 각자의 책임이겠지만 쉬지 않고 박동치는 심장은 신비롭고 불가사의한 존재이다.

80여 년을 한결같이 뛰는 심장의 신비를 생각하면 우리의 삶은 기쁨이다.

인간은 사랑받기 위하여 태어났다고 하는 노랫말이 있기에 우리는 사랑하기 위하여 살아가야 할 것이다.

사랑을 실천하는 삶은 기쁨이 되고 아름다운 삶이 된다.

인간의 심장은 우리의 삶 속에서 사랑과 기쁨을 상징한다.

지금 이 순간에도 심장은 박동 치고 있다.

쉼 없이 리듬에 따라 심장이 박동 치듯이 우리도 삶 속에서 이웃을 사랑하며 기쁜 삶을 실천하는 일에 게을러서는 아니 되겠다고 마음을 갖게 되었다.

우리의 삶을 기쁨의 삶으로 전환시키지 않겠는가?

"무슨 일이 일어나든

그 모든 것이 너에게는 축복이 되리라

기쁨을 향해 돌아서라."라고 독일 시인 횔덜린이 말했듯이 우리는 생각을 바꾸고 마음을 바꾸면 기쁜 삶을 살 수 있다. 여기서 쑥스럽지만 어느 잡지에 실린 필자의 부부에 대한 글을 소개한다.

진흙 쿠키 먹는 아이들을 생각하며….

아내와 나의 생각이 아주 일치하는 것은 어려운 이웃을 돕는 것이다.

지금은 작은 도움이지만 여러 곳에 도움을 주고 있다. 여기서 밝히는 것이 어렵겠다.

천주교 신앙인으로 살아가면서 반드시 해야 할 일들이라고 우리 부부는 생각하고 있다. 부유하지는 않지만 우리보다 어려운 이웃이 주위에는 얼마나 많은가?

이들을 돕는 일에 게을러서는 안 되겠다.

요즈음 진정한 투자에 대해 생각하곤 한다.

참 많은 사람들이 여기저기에 각종 투자를 한다. 주식, 집, 땅 등 조금이라도 이익이 생길 수 있다고 생각하면 빚을 내서라도 투자를 하는 사람들이 참 많다. 그렇게 살지 않고 그저 자기가 번 것을 잘 저축하거나 성실하게 모아 사는 이들을 어리석다고 말하기까지 한다.

그러나 그 결과는 대체로 좋지 않다. 투자를 잘못하여 가산을 탕진한 이들도 적지 않다. 사실, 이런 것들은 말이 좋아 투자지 대가 없는 결과를 바라는 욕심의 형상화일 뿐이다.

확실하지도 않은 결과가 자기에게만은 찾아올 것이라고 착각하는 합법화된 도박의 일부일 뿐이다. 확실하지 않음에도 몇 푼 아닌 이익을 위해서는 모든 것을 걸면서 정작 자기 구원, 자기 영혼을 위해서는 너무도 확실한 것에 조금도 투자하지 않는다.

진정한 투자야말로 우리 부부가 해야 할 일이라고 우리는 선택하게 된 것이다.

우리 부부는 아프리카의 헐벗고 굶주리는 아이들에 대하여 빚을 진 느낌으로 늘 생각하며 살아왔다.

이제 꼭 해야 할 일은 진흙 쿠키 먹는 아프리카의 아이들을 돕는 일이다.

최고의 과제이며, 최대의 일이고 오래 지속해야 할 일로 정하고 진행하고 있다.

작은 정성이라고 생각하고 한 일이 커다란 도움으로 이웃에게 다가갈 때 우리에게는 기쁨으로 돌아오기도 한다.

이 책에서 이를 밝히는 것은 우리 부부의 다짐이 변하지 않기 위함이요, 더 많은 사람들이 동참할 수 있는 좋은 성과를 거두기 위해서다.

앞으로 우리 부부가 머리를 맞대고 아껴 써서 '진흙 쿠키를 먹는 아프리카의 아이들을 돕는 일'이 나의 인생에 남은 일이다.

"SM을 PR하면 ND에 이른다! 그리고 나눔"의 문장대로 은퇴 후의 삶을 살아간다면 분명 아름다운 삶이 된다.

3부
은퇴 후의 삶을 준비하는 사람들에게 보내는 글

1. 은퇴 후 다시 직업을 가진 108인에게 물어본다

초중고의 교육공무원 20명, 대학의 교육공무원 12명, 특수직 공무원 9명, 행정 공무원 9명, 사무직 회사원 11명, 기능직 회사원 11명, 스포츠(선수) 5명, 스포츠(관리) 4명, 금융(은행원) 6명, 금융(보험 세무 등 기타) 15명 언론인 6명 등 총 108명에게 은퇴 후 다시 직업을 가진 사람들에게 물었다.

개인면담, 질문지, 활동 상황 관찰 등으로 조사하였다.

기간은 2018년 6~9월이었다.

대상은 직장에 다녔거나 주로 직업을 가지고 있다가 그만둔 경우, 즉 은퇴한 경우의 사람들을 대상으로 했다. 단 스포츠인 경우는 프로선수 생활이나 직장 소속팀에서 선수로 활동하다가 은퇴한 후에 직업을 가지게 된 사람들이다.

〈은퇴한 108인에게 물어본 것을 정리하였다〉

<table>
<tr><th>은퇴 전 직업군 (조사 대상)</th><th>조사 인원수</th><th>은퇴 후 일을 시작하기까지 기간</th><th>은퇴 후 활동이 전직과 관련 여부</th><th>은퇴 후 활동: 창직, 창업, 재취업(타), 재취업(연장), 여가즐김, 봉사, 귀촌, 자손돌봄(? 년)</th><th>자격증, 배워서, 자신의 전공 관련</th><th>은퇴 후의 일을 현직에 있을 때 준비 여부</th></tr>
<tr><td>교육자 (초중고)</td><td>20명</td>
<td rowspan="12">– 즉시(퇴임 이어서) 79명/89명
– 3년 후 2명/89명
– 2년 후 5명/89명
– 1년 후 3명/89명
****
– 일하지 않는다. 19명/108명
– 일한다. 89명/108명</td>
<td rowspan="12">– 관련 있다. 64명/89명

– 관련 없다. 25명/89명</td>
<td rowspan="12">– 창직 9명/108명
– 창업 8명/108명
– 재취업(다른 직업) 14명/108명
– 재취업(같은 직업) 34명/108명
– 여가 즐김 16명/108명
– 봉사 8명/108명
– 귀촌 5명/108명
– 자손 돌봄 4명/108명
****
– 일한 연 수 평균 4.4년</td>
<td rowspan="12">– 자격증 4명/89명

– 배워서 17명/89명

– 자신의 전공 관련 68명/89명</td>
<td rowspan="12">재직때
– 준비했다 44명/89명

– 준비 안 했다 45명/89명</td></tr>
<tr><td>교육자 (대학)</td><td>12명</td></tr>
<tr><td>공무원 (행정)</td><td>9명</td></tr>
<tr><td>공무원 (특수)</td><td>9명</td></tr>
<tr><td>금융인 (은행)</td><td>6명</td></tr>
<tr><td>금융인 (기타)</td><td>15명</td></tr>
<tr><td>회사원 (사무)</td><td>11명</td></tr>
<tr><td>회사원 (기능직)</td><td>11명</td></tr>
<tr><td>언론인</td><td>6명</td></tr>
<tr><td>스포츠 (선수)</td><td>5명</td></tr>
<tr><td>스포츠 (관리)</td><td>4명</td></tr>
<tr><td></td><td colspan="6">108명 (남자 101명, 여자 7명), 평균연령 62.3세</td></tr>
</table>

독자의 이해를 돕기 위해 위의 표를 통해서 필자의 해석을 곁들인다.

은퇴 후 일을 시작하기까지의 기간에서 두드러진 특징은 초중고 교육자 20명 중에서 14명은 퇴임 후에 바로 기간제 교사로 재취업되는 형태였고, 대학교수는 12명 중에 9명이 명예교수 석좌교수로 계속 강의를 하는 실정이다. 이 관계로 동일 직장 재취업으로 분류되었다.

공무원(특수)인 경우 법조계 공무원은 9명 모두 법조계의 직업으로 이어진다. 판사나 검사는 변호사로, 법무 공무원은 사법서사 등으로 취업이 된다.

회사원 중에 기능직 11명은 모두 퇴직 후 동일 업종의 자회사에 재취업이 되는 특징을 찾아볼 수 있다.

언론인 6명과 스포츠인 9명 전원이 타 직종 혹은 같은 직종에 재취업되는 상태로 나타났다.

그래서 89명 중 58명은 거의 모두 즉시 취업으로 분류된다. 58명을 제외하면 31명과 일하지 않는 19명 총 50명만이 은퇴 후 일자리를 갖는 문제를 논의해야 하는 형편이다.

교육공무원, 법무공무원, 언론인, 기능직 회사원, 스포츠인을 제외한 기타 직종으로 행정공무원, 금융인, 사무직 회사원의 경우는 은퇴 후 일자리를 갖는 문제로 고민하게 된다.

은퇴 후 활동: 창직, 창업, 재취업(타), 재취업(연장), 여가 즐김, 봉사, 귀촌, 자손 돌봄 중에서 창직 9명 창업 8명에 주목해야한다.

창직, 창업하는 경우는 불과 17명/108명(15.7%)이라는 것이다.

일을 하기 위해서 자격증을 취득했는가? 4명, 일하기 위해서

별도로 배웠는가? 17명, 자신의 전공 관련된 일자리를 구했는가? 68명으로 나타났는데, 여기서 주목할 것은 자신의 전공 관련된 일자리를 구한 68명은 교육공무원, 법조인, 기능직 회사원, 스포츠인, 언론인들이 차지하는 숫자라고 보면 되겠다.

은퇴 후의 일을 현직에 있을 때 준비했는가 여부에서 준비했다는 44명은 교육공무원, 법조인, 기능직 회사원, 스포츠인, 언론인들이 대부분이다. 이들은 퇴임 후에도 같은 직종으로 이어지므로 준비를 했다고 답한 경우라고 본다.

하지만 이들을 제외한 45명(50.6%)은 준비를 안 했다는 것에 주목해야 한다.

50.6%는 은퇴 후 일하는 문제에 대하여 준비를 안 했다고 한다. 그렇지만 교육공무원, 법조인, 기능직 회사원, 스포츠인, 언론인들의 경우를 제외하면 대부분의 사람들이 은퇴 후 일자리에 대하여 현직에 있을 때 준비를 안 하고 퇴직을 맞는다는 것이다.

이 조사에서 3가지 시사점을 찾을 수 있다.

첫째는 은퇴 후에 일을 하지 않는 사람들이 많다는 것이다. 이 통계에서는 17.6%로 나왔지만 교육공무원, 법조인, 기능직 회사원, 스포츠인, 언론인들의 특수성을 제외하면 많은 비율이라는 것을 찾아보아야 한다.

둘째는 은퇴 후 창업, 창직하는 사람들의 비율이 15.7%로 매우 낮다는 것이다.

셋째는 은퇴 후 할 일을 위해서 현직에 있을 때 준비를 하지 않고 있다가 퇴직을 맞는다는 것이다. '퇴직 후에 생각해 보지.' '…좀 해볼까?'라는 안일한 생각을 한다는 것이다.

2. "노인을 위한 나라는 없다"

외신에 비친 정년 이후까지 일에 내몰린 한국 노인들에 대한 모습이다. "노인을 위한 나라는 없다"라는 제목으로 한국의 노인 문제를 심각하게 다루었다.

바로 외신에 비친 대한민국의 현실이다. AFP통신은 5월 13일 턱없이 모자라는 연금 때문에 은퇴 후까지 생계를 위해 일손을 놓지 못하고 있는 한국 노인들의 삶을 조명했다. 이를 국민일보(2018.5.13.일자)에서 기사화하여 보도한 내용을 보면 AFP는 택배 배달을 하고 있는 박재열(71) 씨를 대표적인 사례로 들었다.

"박 씨는 '60세 정년'인 한국 사회에서 이론적으로라면 이미 11년 전 은퇴를 했어야 한다. 하지만 그는 여전히 고층 아파트 속에서 박스 포장에 인쇄된 자그마한 주소를 읽어내며 카트를 밀고 있다. 박 씨는 계속 일할 수밖에 없는 이유는 '돈 때문'이라고 말한다."라고 했다.

"박 씨는 1950년대 전쟁 후 폐허 속 한국을 세계 11위 경제대국으로 이끈 '한강의 기적'의 주역 중 한 명이다. 부산 출신의 박 씨는 고졸 학력으로 에어컨 정비 일로 3자녀를 키우고 서울에 아파트 한 채를 장만했다. 자신의 회사를 설립해 운영도 했지만 비슷한 나이의 다른 한국인들과 마찬가지로 노후를 위해 저축이라는 안전판을 갖지 못했다. 그는 '우리 세대는 미친 듯 돌아가는 시기 동안 생존과 자식 키우기를 위해 너무 바빴다.'면서 '은퇴 후의 삶을 준비할 겨를이 없었다.'고 말했다."라고 한다.

"박 씨는 일주일에 3일 일하고 100건을 배달하고서야 한 달에 약 50만 원을 손에 쥔다. 동료들 대부분은 70대이고 78세까지도 있다. 이미 50년을 일했다는 박 씨는 '건강이 허락하는 한 일을 계속했으면 좋겠다.'면서 '아마 80까지 일해야 할 것 같다.'고 말했다."고 전하면서 노인을 위한 나라는 없다는 제목을 붙여 마치 우리에게 해결 과제를 던져주고 있는 듯하다.

택배 배달을 하고 있는 박재열(71) 씨의 말에 따르면 71세의 나이에도 일하는 것은 "돈 때문"이라는 것이다. 그리고 "은퇴 후의 삶을 준비할 겨를이 없었다."라고 한다. 또 "건강이 허락하는 한 일을 계속했으면 좋겠다. 아마도 80까지…." 이 세 가지는 은퇴 후의 삶을 위해서 어떻게 해결해야 할지 우리 모두의 과제로 받아들여야 하겠다.

우리 모두가 당면한 문제이다. 현실로 받아들여야 한다. 가까운 나라 일본에서 심각하게 일어나는 현상이 노후의 파산이다. 이 노후의 파산도 머지않은 장래에 우리도 당면할 문제라고 본다. 은퇴 후의 아름다운 삶을 위해서는 이러한 현실의 문제를 해결하는 돌파구를 찾아야 할 것이다. 은퇴 후의 일자리로 생각할 수 있는 것은 일반적으로 재취업, 창업, 창직을 꼽을 수 있다. 그러나 지금 현실을 보자. 재취업의 일자리는 구하기 힘들고 노인들에게 제공되는 일자리의 상당 부분이 공공근로, 단순노동이 대부분이다. 오래 일할 수 있는 자리는 그리 많지 않다. 어떻게 해야 할까?

필자는 은퇴 후의 삶을 준비하는 사람들에게 도움을 주고자 한다.

미래에셋은퇴연구소 김경록 소장은 노후 준비 2가지 원칙을 제시하고 있다. 반연금과 반기술을 이야기한다. 반연금이라 하면 반 정도는 연금으로 생활을 하도록 하고, 반기술은 반 정도는 은퇴 후에도 일할 수 있는 능력(기능:기술)을 기르고 일자리를 찾아야 한다는 것이다.

연금에 관련하여서는 국민연금, 퇴직연금, 개인연금이 있는데 이를 조화롭게 잘 활용할 수 있는 방법을 찾아야 한다. 이 책에서는 연금에 관련하여서는 언급을 피한다. 많은 전문가의 조언을 듣는 것이 좋다.

강조하는 것은 노후에도 오래오래 일할 수 있어야 아름다운 삶을 살 수 있다는 것이다.

김소장은 일할 수 있는 능력(기능: 기술)을 기르고 일자리를 찾기 위한 구체적인 방법으로 2가지를 말한다. 첫째는 모바일을 배워라. 물론 일자리와는 크게 관계는 적지만 모바일 속에는 무궁무진한 아이디어와 전략이 들어 있다. 그 비싼 기기를 사용하지만 기능을 거의 활용하지 못하고 있다. 한편 모바일을 배우면 비즈니스에 도움이 되고, 네트워크 운영에도 크게 도움이 된다. 평생교육관, 50+캠퍼스 등 가르쳐 주는 곳이 많이 있다. 개인지도를 받을 수도 있다.

둘째는 오래오래 일할 수 있는 나만의 기술을 배워라.

예를 들면 중등학교 교장선생님으로 은퇴한 분이 개인택시 운전을 하신다. 문화관광해설사 자격증과 통역사 자격증을 가지고 있다. 자신만의 기술을 가지고 있기에 인기가 대단하다.

모 대학교수로 은퇴하신 분은 책 읽어주기 봉사 활동을 하며 교육인생이모작지원센터에서 일을 하신다.

필자는 초등학교 교장으로 퇴임하고 박보영토론학교를 만들어 토론게임(대립토론)교육을 하고 있다. 토론게임(대립토론)교육전문가로서 전국의 교육기관 연구소, 일반 기업체에 토론게임(대립토론)교육을 실시하고 있다.

퇴임한 지 9년이 되었다. 앞으로도 건강이 허락하는 한 이 일을 계속 할 것이다.

오랫동안 일할 수 있는 일자리를 위해서 자신의 기술을 배웠거나 능력을 키웠던 것이 도움이 되었다. 이것이 바로 창직의 한 예라고 본다. 자신의 기술과 능력을 키우는 것이 창직, 창업, 재취업에 반드시 필요하다. "노인을 위한 나라는 없다"고 탓할 일만은 아니다. 우리 스스로가 탈출하여야 하겠다. 바로 적극적인 삶을 살아야 할 것이다.

3. 인생 이모작은 꼭 필요하다

우리 사회가 고령화 사회로 접어들었고 그 속도는 매우 빠르다. 일반적인 추세를 논하자는 것이 아니다. 이 책을 읽는 독자 자신의 문제가 아닌가?

그리고 은퇴 연령은 점점 낮아지고 있는 상황이다. 얼마 전만 해도 은퇴는 정년에 하는 것이 통례로 되어 있었지만 지금은 먼 옛날의 이야기로 들린다. 은퇴 후의 삶의 기간이 그리 길지 않기에 노후의 삶에 대하여 심각하게 고민하려고 하지 않았다. 고민 좀 하다가 안 되면 말지 하고 스스로 가볍게 포기하는 정도로 그쳤다면 이제는 다르다.

노령화되어가는 그중에 혼자 사는 사람들이 노인들의 25% 정도를 차지하며 그 비율은 심각하게 급상승한다고 한다. 그러면서 대두되는 것이 돈, 건강, 외로움 해결이 없이는 삶을 살아가기 힘든 세상이 되었다. 그 해결 방법은 있다. 불과 3, 4년 전부터 '인생 이모작'이라는 새로운 용어가 등장하기 시작하였다. 인생 이모작이 은퇴 후에 대두되는 문제, 즉 돈, 건강, 외로움을 해결하는 방법이다. 창직으로 인생 이모작을 시작하는 것을 권장한다.

돈, 건강, 외로움을 해결하기 위해서 인생 이모작은 꼭 필요하다.

많은 현대인들은 일을 통하여 돈만 많이 벌면 그 돈으로 즐겁고 뜻있는 삶을 살 수 있으리라고 생각한다. 하지만 그것은 옳지 않고 지혜롭지도 못하다고 할 수 있다. 일하는 의미를 찾고 일을 하면서 즐겁게 보낼 수 있는 사람이라야 뜻있고 행복한 삶을 살아가는 사람이라고 할 수 있을 것이다. 은퇴 후의 삶은 더욱 일이 절실하다. 돈을 위해서가 아니라 일을 통해서 사람들을 만나기도 하고 사람들과 관계를 맺기도 한다. 창직을 위해서 배움을 계속해야 한다. 그러니 외로움은 해결된다.

일을 통하여 삶의 재미를 느낄 수 있고 의미를 찾을 수 있다. 그러니 일을 하는 것이 즐겁고 가치 있게 살아가는 삶의 지혜가 아니겠는가?

필자의 기억을 더듬어보니 내가 나를 소중히 하고 좀 더 나은 삶을 위해 노력하며 살아갈 때 나의 가장 소중한 사람인 어머니는 진심으로 기뻐하셨던 기억이 난다.

반대로 내가 믿기지 않을 만큼 일찍 승진하고 남이 부러워하는 직장 생활을 한다 해도 마음이 불안하고 괴로우면 어머니는 그것을 분명히 느끼셨다.

'승진보다 중요한 게 있잖아?'

어머니는 그럴 때 그렇게 말씀하실지 모른다. 필자는 운이 매우 좋은 편이어서 '내가 행복하면 내게 소중한 사람도 행복하다'는 행복의 순환 고리를 부모님을 통해서 배울 수 있었다.

뒤집어 이야기해보면 좀 더 이해하기 쉬울지도 모르겠다. '소중한 사람이 행복하다.'는 것은 나에게도 역시 행복이 된다. 또 다른 경우 A씨의 이야기이다. 아버지가 일찍 퇴직해 일을 쉬게 되면서 집안의 수입이 줄어들게 된다. 아버지가 행복해 보였기 때문에 그 가족은 그것으로 만족했다. 만일 이 아버지가 퇴직 후 불안해하고 술에만 의지하며, 스스로 자포자기하면서 자학하는 행동을 한다면 가족은 어떠할까? 아버지는 퇴직할 때까지 가족의 행복을 위해서 애써 주었다면 그런 아버지가 자신의 행복을 추구하게 된 게 가족에겐 무엇보다 큰 행복이었던 것이다.

여기서 잘 생각해 볼 것은 내 행복을 소중히 하는 것은 곧 소중한 누군가를 소중히 여기는 것이라는 점이다. 바로 은퇴 후 일을 만들어서 일을 하는 삶은 나 자신뿐만 아니라 나를 소중하게 여기는 사람들에게 행복을 주는 것임을 꼭 생각하기 바란다.

이런 삶이 삶의 재미를 느끼게 되어 건전한 생활, 건강한 생활을 할 수 있게 되는 것이다.

창직 활동에는 커다란 자본이 들지 않는다. 그리고 창의적인 아이디어를 가지고 창직을 한다면 커다란 돈은 아니더라도 수익을 올릴 수 있다. 직장생활 할 때만큼 수익을 창출하는 사람들도 주위에서 쉽게 찾을 수 있다. 은퇴 후에 염려되는 돈, 건강, 외로움을 해결하기 위해서도 또 은퇴 후의 아름다운 삶을 위해서도 인생 이모작 특히 창직은 꼭 필요하다.

4. 꿈과 시니어 창직

꿈 하면 청소년들의 소유물로 생각하게 되는데 이는 잘못된 편견이다. 남녀노소를 막론하고 누구에게나 꿈은 있다. 아니 꿈을 가져야 한다.

꿈을 가지고 있지 않으면 생활이 무의미하다. 생활의 윤기가 없다. 빛바랜 외투를 걸치고 축 늘어진 어깨에 힘없이 흐느적대며 걷는 사람의 모습과도 같다고나 할 수 있을까. '나이 든 내가 무슨 꿈이 있겠는가, 이제 얼마 남지 않은 생을 잘 지내다 가면 되지'라고 생각하는 사람들의 생활 모습을 보면 나태하고 생기가 없는 삶을 살아가는 사람으로 보인다. 나이 들수록 반드시 꿈을 가지고 있어야 한다.

사람은 누구나 행복한 삶을 살아가기를 원한다. 아름다운 삶을 살아가기를 희망한다. 특히 나이가 들어 갈수록 행복한 삶, 아름다운 삶을 더욱 갈망한다. 그렇게 살아가려면 행복을 만들어가는 꿈을 꾸어야 한다. 맥아더스쿨 정은상 교장은 창직을 통해 평생직업을 갖도록 돕는 등대지기 역할을 할 수 있는 퍼스널 브랜딩 코칭을 양성하는 것이 꿈이라고 한다. 우리 사회에는 이렇게 시니어의 창직을 돕는 역할을 꿈으로 가지고 활동하는 사람들도 있다. 바로 이런 사람들의 도움을 받아 꿈을 가지고 창직하는 데 코칭을 받는 것도 좋은 방법이다. 시니어들의 꿈을 키우고 그 꿈의 실현을 위해 창직하는 데 도움을 받도록 맥아더스쿨의 정 교장에 대하여 좀 더 알아보자.

정 교장은 2009년 말 아이폰 3에 빠져들면서 막연하지만 엄청난 변화의 시대를 직감하였다. 인생 이모작에 대해 연구하고 칼럼을 쓰고 강연을 하고 있다. 아이폰을 통해 일대일 창직 코칭을 시작했다. 지난 6년 동안 200명을 일대일 또는 그룹으로 창직 코칭을 하였다. 일대일 혹은 그룹으로 창직을 코칭하며 4차 산업 혁명의 시대에 걸맞은 창직의 눈을 뜨고 자나 깨나 창직을 위해 노력하고 있다. 저서로는 '마법의 코칭' '창직이 답이다'가 있다. 여기에 도움을 받으면 시니어 창직의 새로운 길을 코칭 받을 수 있다. 이외에도 평생교육관이나 복시센터, 50플러스 재단 등에서 도움을 받아 시니어 창직의 새로운 꿈을 만들어가기 바란다.

시니어들은 성격이나 행동에서 나름대로 특징이 있다.

직장 생활을 할 만큼 했던 사람들이 대부분이다. 그래서 자기가 했던 일에 대해서 자부심을 가지고 있다. 한편 가정과 사회에 어느 정도 공헌한 바가 있다고 생각하는 편이다. 오랜 직장생활을 하면서 자신의 역량을 발휘했다고 본다. 직장 생활을 통해서 지금은 어느 정도는 생활의 여유가 있다. 하지만 시니어들은 누구에게 간섭받기를 싫어한다. 그리고 어떤 일을 골똘히 생각하는 것을 싫어한다. 시니어들은 이런 장단점들이 있다. 이제는 나 자신을 냉철하게 판단하여 자신의 모습을 알고서 창직을 생각하여야 한다. 소위 자신의 위치를 정확히 알아야 한다.

자신을 정확히 파악한 연후에 창직, 창업, 전업, 동업, 봉사 등을 생각할 수 있지만 필자는 시니어들에게는 창직이 알맞다고 말해주고 싶다.

시니어들은 일이 필요하다. 남아도는 시간을 잘 활용해야 한다. 일을 시작하는 데 필요한 자금에 대한 부담이 적어야 한다. 오랜 기간의 직장 생활을 통해서 지시 감독에 식상해 있다. 남의 간섭을 받기 싫어한다. 생계를 책임져야 하는 부담에서 어느 정도는 자유롭다. 이러한 이유를 감안하여 시니어들은 창직에 올인하기 바란다.

5. SNS는 나의 길, 꿈, 나를 키운다

창직이나 창업을 하는 사람들은 SNS에 관심을 가지고 적극 활용해야 한다.

특정한 관심이나 활동을 공유하는 사람들 사이의 관계망을 구축해 주는 온라인 서비스인 SNS에 관심을 갖기 위해서는 준비할 때부터 기능을 익히고 활용하여 익숙하도록 해야 한다.

Social Network Service 또는 Social Network Site보다는 이제 약칭으로 더 많이 불리는 월드와이드웹 기반의 서비스인 SNS는 최근 폭발적으로 성장하면서 사회적 · 학문적으로 커다란 관심의 대상으로 부상하고 있다.

특히 우리나라는 인터넷 속도나 보급 정도, 활용 정도는 그 어느 나라의 추종을 불허할 정도로 빠르고 놀랍다. 컴퓨터와 스마트폰은 또 어떠한가?

SNS는 컴퓨터 네트워크의 역사와 같이할 만큼 역사가 오래되었지만, 현대적인 SNS는 1990년대 이후 월드와이드웹 발전의 산물이라고 할 수 있다. 신상 정보의 공개, 관계망의 구축과 공개, 의견이나 정보의 게시, 모바일 지원 등의 기능을 갖는 SNS는 서비스마다 독특한 특징을 가지고 있으며, 따라서 관점에 따라 각기 다른 측면에 주목하게 된다.

현대는 SNS 시대라고 할 정도로 SNS를 통해서 모든 것을 해결하고 있다. 폭발적으로 생성되는 모든 정보를 SNS를 통해서 빠르게 접하게 되는 때에 살고 있다. SNS와 함께 잠에서 깨어나서 SNS와 함께 일하며 생활하다 SNS와 함께 잠드는 정도가 아닌가?

지하철을 타보자. 거의 모두가 휴대전화를 손에 들고 들여다보며 놀고 읽고 배우고 정보검색하고 있는 풍경을 접할 수 있다. 어느 날 지하철을 타서 관심을 가지고 살펴보았던 적이 있다. 필자가 탄 칸의 승객이 48명(본인 제외)이었다. 책을 보는 사람 1명, 신문 보는 사람 1명, 눈 감고 있는 사람 5명, 휴대폰을 들고 무엇인가 하는 사람 37명, 옆 사람과 이야기 나누는 사람 4명이었다. 이것을 예로 드는 이유는 현대를 사는 사람들의 대부분이 휴대폰에 얽매인 삶을 살아간다는 것이다. 그렇다면 창업이나 창직을 한다면 SNS와 함께 풀어가야 할 것이다.

SNS를 통해서 아이디어 창출, 계획, 정보교환, 홍보 등 활용법을 찾는다면 무궁무진하다. 아는 만큼 길이 보이는 법이다. 요즈음은 마음만 있으면 배울 곳은 많이 있다. 평생교육관, 주민자치센터, 온라인교육, 심지어 개인 지도까지 받을 수 있다.

SNS는 나의 길을 찾는 데 중요하고 은퇴 후의 나의 길을 알차고 보람차게 만드는 데 커다란 도움이 된다. 그리고 은퇴 후지만 나의 꿈을 펼 수 있는 유일한 수단이요 방법이다.

극단적으로 말해서 SNS는 나를 키운다고 할 수 있다.

은퇴 후 나의 삶을 아름답게 장식하기 위해서 창직이 필수라면 여기에 따라 갖추어야 할 것은 SNS 활용 능력이다. 창직 성공 여부가 SNS 활용 능력이라고 할 수 있다.

창직, 창업에 SNS를 활용함에 있어서 고려해야 할 점도 있다. SNS는 사회적 파급력만큼 많은 문제를 제기하기도 한다. 또 논란의 중심에 서 있다는 점은 감안하고 활용해야 한다.

6. 은퇴 후 창직의 6대 원칙

필자의 경험과 함께 주위에서 창직으로 성공한 생활을 하고 있는 사람들의 의견을 종합 정리하였다. 창직의 원칙으로 정리하여 제시하고자 한다. 창직 활동에 도움을 주고자 창직의 6가지 원칙을 공유한다.

은퇴 후 창직 활동을 할 때 참고하기 바란다.

원칙1: 준비는 현직에 있을 때

은퇴 후에 무슨 일을 할 것인가를 현직에 있을 때 결정해야 한다.

막연히 있다가 '닥치면 하지'라고 생각하는 사람같이 어리석은 사람은 없다.

또 '현직에 있을 때 열심히 했으니 은퇴 후에는 쉬면서 봉사나 하지' 하는 사람이나 아니면 '놀면서 남은 생을 즐기지' 하는 사람들도 은퇴 후 어느 정도 기간이 지나면 대부분의 사람들은 얼마 못 가서 싫증을 느낀다. 쉬면서 하는 일 없이 지내던 사람들도 얼마 기간이 지난 후 무료함을 느낀다. 그때 가서 '무엇을 해 볼까' 하면서 여기 기웃, 저기 기웃 하는 사람들을 주위에서 많이 만난다. 하지만 모두 후회하는 사람들뿐이다. 반드시 현직에 있을 때 철저하게 준비하고, 좀 더 욕심을 낸다면 은퇴를 적어도 3~5년 남겨 놓고 준비해야 한다. 은퇴 전에 일을 시작하면 더욱 좋다.

그리고 하고자 하는 부문에 필요한 교육을 받아야만 준비를 할 수 있는지를 검토하여야 한다. 준비를 미리 잘 했는데도 일을 하고자 하면 어려움이 생기고, 부족함이 남아있게 마련이다.

필자의 경우는 현직에 있을 때 토론게임(대립토론)교육에 대하여 연구하고 직접 수업을 하면서 전국에 전파하고 있었다. 퇴임 19년 전부터 이 일을 시작했다. 현직에 있을 때 준비를 잘 하고 있었기에 은퇴 후 바로 본격적으로 토론게임(대립토론)교육 전문가라는 이름을 내걸고 활동하게 되었다.

토론게임(대립토론)교육전문가가 되기 이전에 준비하는 과정에서 토론게임(대립토론)교육이 우리나라에는 반드시 필요하고 토론게임(대립토론)교육이야말로 우리의 교육을 바로 세울 수 있다고 확신하고 있었다. 이때부터 "토론의 달인 세상을 이끈다."라는 신념을 갖게 되었다.

'박보영토론학교'를 브랜드화하여 이를 앞세워 책도 출판하면서 전파활동에 전념하였다. 지금 와서 되돌아보니 은퇴 후에 토론게임(대립토론)교육 전문가로 활동하게 된 것은 바로 준비를 철저히 했기 때문에 '준비는 현직에 있을 때' 하라고 강조하는 것이다.

원칙2: 내가 좋아하는 부문을 찾아서

내가 가능한가? 내가 할 수 있는가? 를 반드시 고려하여야 한다. 그리고 내가 좋아하는 부문에서 할 일을 찾는다. 나의 능력과 취향에 맞지 않는 일을 무리하게 택한다면 실패할 확률이 크다.

물론 배워서 할 수도 있다. 그러나 배워서 하는 것도 내 취향이나 소질에 맞춰서 한다면 능률은 배가 되는 것이다. 예를 들어 동물을 싫어하는 사람이 '반려견행동상담사'가 창직으로 전망 있다고 해보려고 한다면 과연 가능할까?

여행을 좋아하지도 않고 길치인 사람이 현대는 여행의 시대이기에 '여행설계사'를 하고자 한다면 어떻게 될까? 여행설계사라면 기존 여행상품으로 나와 있지 않은 곳을 다니며 개척하여 여행상품(여행 코스 등)을 만들어 여행사에 판매하는 일인데 과연 그 일을 할 수 있을까?

내가 좋아하는 부문을 찾아서 창직하라고 조언한다.

원칙3: 사회의 공헌도를 고려하여

하고자 하는 일이 사회에 얼마나 공헌하는가도 중요하게 고려할 점이다. 일을 하면서도 일하는 본인은 얼마나 만족 할까도 중요한 요인이 될 수 있다. 그리고 창의적인 것이 후일에 보람을 더 느끼게 되고 일의 성과도 더하게 된다는 것을 참고해 주기 바란다.

또 일정 수입을 창출할 수 있을까? 수입 문제는 크게 고려 안 할 수도 있다. 연금이나 일정 수입이 있는 은퇴자 또는 일정수입이 없어도 생활할 수 있는 은퇴자라서 그저 일을 위해서, 봉사를 위해서라면 이 문제는 고려할 필요가 없겠다.

필자는 사회공헌도에 크게 비중을 두었다. "토론의 달인 세상을 바꾼다."라는 신념을 가지고 출발하였고, 28년이 지났지만 이 신념은 지금도, 앞으로도 변함이 없을 것이다. 그리고 글로벌 인재를 토론게임(대립토론)교육으로 키울 수 있다고 판단되기에 우리나라에 크게 기여하게 될 것이다.

처음에는 시큰둥하게 여겼지만 지금은 교육과정에도 단원으로 들어와 있는 실정이다. 대기업의 60% 이상이 신입사원 면접 시 토론면접을 실시하는 분위기까지 만들어진 상태이니 사회공헌도 면에서 성과를 거두고 있다고 본다. 그러니 하고자 하는 일에 더욱 탄력이 붙게 되었다.

원칙4: 남에게 의존도를 낮춰라

전문가나 혹은 주위의 지인들에게 은퇴 후에 할 일을 물어보면 모두 한마디씩은 조언을 해준다. 열 사람이면 열 사람다 자기 나름의 의견을 이야기해준다. 수년 혹은 수십 년간 직장에 다녔던 사람들이고, 살아온 방식이 다른 사람들이기에 해 주는 이야기들이 구구각색이다. 물론 아주 유익한 이야기를 해 주는 사람도 있다. 남의 조언을 들어보는 것은 나쁘지는 않다고 본다. 필자가 하고자 하는 이야기는 들어보고 의견을 종합하는 활동은 하더라도 결정을 하는 것은 본인 당사자라는 것을 기억해야 한다는 것이다. 무엇을 할 것인가, 투자는 어떻게 할 것인가, 내가 할 수 있는가, 어떻게 운영할 것인가, 언제부터 할 것인가, 등등을 결정하는 것은 본인 당사자라는 것이다. 남의 이야기에 의존하지 말라는 것이다. 모든 책임은 당사자이지, 남이 해 주는 것은 아니다.

원칙5: 재능기부도 좋은 방법이다

기부 문화가 발달한 나라일수록 선진국으로 가는 나라라는 것을 일반적으로 보아 알 수 있다. 기부는 쓰고 남는 것을 내어놓는 것으로 잘못 인식하고 있다. 나도 모자라는데 남에게 줄 것이 어디 있느냐는 식으로 남을 위해 돕는 것에 인색하다.

기부는 쓰고 남아서 하는 것은 아니다.

폐지를 주어 판돈을 근근이 모아 장학금을 내놓은 할머니

이야기라든지, 1980년대 홍콩 누아르 영화 전성시대를 이끌었던 홍콩 탑스타 주윤발이 전 재산인 56억 홍콩 달러(약 8천 100억원)를 기부하겠다고 밝힌 이야기는 우리의 마음을 흐뭇하게 한다. 주윤발은 인터뷰에서 "한 달 용돈으로 800 홍콩 달러(약 12만원)을 쓰고 교통수단으로는 버스를 이용한다."라고 밝혔다.

기부하는 방법은 여러 가지 있다. 돈이나 금품, 기타 물품, 가진 능력, 시간, 재능 등 남을 위해 내어놓을 때 가치를 부여하는 일이 될 수 있다.

기부는 나를 먼저 생각하고 난 후 남을 생각하는 행동으로는 할 수 없는 일이다. 기부하는 부모 밑에서 자란 자녀는 기부에 익숙하다.

기부의 뿌듯함을 느껴야 계속해서 기부할 수 있는 행동으로 이어진다. 기부하는 행동은 분명 아름다운 삶에서 나오며 아름다운 삶으로 이어진다.

은퇴 후의 아름다운 삶을 위한 기부활동으로 재능 기부를 하는 것도 좋은 방법이다.

다문화 가족을 위한 재능 기부로 한글 공부, 우리 문화 소개, 외국인 노동자들을 위한 무료 법률 상담, 우리 동네 관광 안내, 병원의 안내, 병원에서의 무료봉사, 호스피스, 책 읽어주기 도우미, 문화해설사, 숲 해설사, 재테크 안내, 주식투자 안내, 통역이나 번역 등 나의 직장경험과 능력을 고려하여 방법을 찾아보면 무궁무진하다.

그동안 직장에 있을 때 해왔던 일이거나 해오던 일과 관련 있는 재능을 기부하는 일이기에 쉬울 수도 있다. 그렇지만 재능 기부도 준비가 필요하다.

재능 기부도 현직에 있을 때 시작하는 것이 은퇴 후 기부활동기간을 연장하고, 영역을 확장하는 데 도움이 된다.

봉사하는 재능 기부야말로 보수를 받고 하는 창직 활동보다도 오히려 보람을 더 느낄 수 있다. 상대로부터 감사의 마음을 받을 때 만족감을 더 갖게 되어 아름다운 삶이 된다. 은퇴 후 재능 기부를 선택하는 것도 좋은 방법이다.

원칙6: '할 수 있다'고 생각하는 사람이어라

월터 윈틀의 '천국으로 가는 시'를 보자.

패배한다고 생각하면 당신은 패배한다.

용기 없다면, 당신은 하지 않는다.

승리하고 싶지만 할 수 없다고 생각하면, 당신이 할 수 없는 것은 거의 확실한 일이다.

실패할 것이라고 생각하면, 당신은 실패한다.

우리가 발견한 세상에서 성공은 사람의 의지로 시작되기 때문이다.

마음의 상태가 전부이다.

뛰어넘는다고 생각하면, 당신은 뛰어넘는다.

당신은 날아오를 높이를 생각해야만 한다.

그 전에 스스로 확신하고 있어야만 한다.
그러면 당신은 언제나 경기를 승리할 수 있다.
삶의 승리가 언제나 주어지는 것은 아니다.
승리하는 사람은 할 수 있다고 생각하는 사람이다.

이 시를 통해서 '할 수 있다'고 생각하는 사람이 성공에 이르는 확률이 높다는 확신을 우리가 갖도록 강조하고 있다는 것을 알 수 있다.

창직에 있어서도 마찬가지이다. 무슨 일이나 할 수 있다는 확신이야말로 성공 여부를 좌우한다. 무엇보다도 마음의 상태를 '할 수 있다'라고 가지고 있도록 해야 한다.

성공은 사람의 의지로 시작되기 때문이다.

7. 박보영의 창직 전략(1:5:10:30)

1 : 5 : 10 : 30의 전략은 필자의 경험과 주위에 창직으로 성공적인 삶을 살아가는 사람들을 면담하여 이를 종합 정리하여 만든 전략이다. 은퇴 후 창직을 준비하는 사람들은 이를 참고하여 창직하였으면 한다. 또 하는 일에 실수 없이 진행하여 좋은 성과를 거두는 데 도움이 되었으면 한다. 필자는 이 전략을 중심으로 은퇴 후 토론게임(대립토론)교육 전문가 활동을 열심히 하며 아름다운 삶을 살아가고 있다고 스스로 위안을 삼는다. 그래서 자신 있게 독자들에게 이 전략을 공유하고자 한다.

1 : 5 : 10 : 30의 전략에서 '1'은 한 가지 일에만 몰입한다. '5'는 5년 이상 준비하여라. '10'은 시작했으면 10년은 가야 한다. '30'은 관련 서적을 30권 이상 읽어라를 의미한다.

한 가지 일에만 몰입한다.

가정의 생계를 책임지는 창업인 경우는 창업자 혼자서 하라고 하지 못하겠다. 그 이유는 많은 이윤 창출이 최후의 목적이기 때문이다. 그러니 반드시 1인이 하라고 권장할 수는 없다.

하지만 반드시 생계유지 목적이 아닌 경우에는 1인 창직을 권장한다. 1인 창직인 경우 창직 직종, 방법, 비용, 제반사항 결정, 책임소재 등이 자유롭다. 그와는 반대의 경우도 있겠지만 여하튼 1인 창직이다.

그리고 옛말에 '성공적인 삶을 위해서 한 우물을 파라'는 말이 있다. 그래야 성공 여부가 판가름 난다. 성공할 수 있다는 것이다. 창직하여 조금 해보다가 바로 접고 또 다른 일을 해보고, 또 다른 일에 손을 댄다면 성공할 수 없다. 이러한 행동이 습관이 되면 은퇴 후 삶은 고달프기 짝이 없게 된다. 한 가지 일에만 몰입해도 성공 여부가 불투명한 시대이다. 창직하여 그 일을 시작했는가 하면 얼마 안 가서 다른 일을 벌이는 사람의 경우, 한 가지 일을 할 때 머릿속에는 다른 일을 생각하는 사람들이다. 이런 사람은 열이면 열 모두 실패한다. 이 점을 명심해야 한다.

5년 이상 준비하여라.

은퇴 후 창직이나 창업을 준비할 때는 그 준비기간을 3년~5년 동안 준비하기 바란다.

준비는 철저하게 튼튼히 그리고 완벽하게 준비한다. 이렇게 준비하려면 3년~5년은 걸린다.

집을 지을 때 설계를 완벽하게 하지 않으면 어떻게 될까?

독일 사람과 우리나라 사람들이 집을 지을 때 어떻게 하는가를 비교한 글을 읽은 기억이 있다.

독일 사람들은 설계와 짓는 기간의 비율을 5:2, 즉 설계기간은 5년, 짓는 데 걸리는 기간 2년이라고 한다면 우리나라 사람들은 2:5라고 한다. 바로 설계는 대충 하고 집을 지으면서 지어보고 안 맞으면 설계를 고치면서 집을 짓는다. 그래서 비용이나 자재, 집 짓는 기간 등 계획에 어긋나는 공사를 하게 된다.

바로 창직이나 창업을 할 때도 마찬가지이다. 준비를 철저히 하지 않는다면 실패의 쓴맛을 볼것이 뻔한 사실이다.

시작했으면 10년은 가야 한다.

필자는 창직을 토론게임(대립토론)교육으로 하고자 했을 때를 지금에 와서 생각해 보니 미비하고 어설프기 짝이 없었다. 모순 투성이였다. 수정하며 실천하고, 또 보완하고 실천을 거듭하면서 10여 년을 지나 보니 틀이 잡히고 내용도 정선되고 자신감도 생겼다.

창직을 한 후 적어도 10년은 지나서 승패 여부를 따져보기 바란다. 하다가 반응이나 성과가 마음에 차지 않는다고 금방 좌절하여 하던 일을 그만두는 경우가 있다. 그리고 다른 일을 찾아 다시 하려고 하는 사람들에게 하고 싶은 말이 바로 이 말이다. "시작했으면 10년은 가야 한다." 생각처럼 잘되지 않을 때 10년이 지난 후에는 계속할 것인가 혹은 접을 것인가를 결정하기 바란다. 여기서도 마찬가지이다. 가족의 생계를 책임져야 하는 경우에는 10년이란 기간에 구애받지 말아야 할 것이다.

관련 서적을 30권 이상 읽어라.

마이크로소프트사의 사장이자 세계 최고의 부자인 빌 게이츠는 "나를 지금의 나로 만든 것은 하버드 대학 졸업장도 아니고 우리 어머니도 아니고, 내가 살던 작은 마을의 도서관이었다."라고 말한 바는 널리 알려진 사실이다. 발명왕 에디슨은 정규 교육을 받지 않았지만 일생 동안 350만 페이지(하루에 한 권씩 30년을 매일 읽는 분량에 해당되는)를 읽은 것으로 알려져 있고, 나폴레옹은 말 위에서도 책을 읽은 것으로 유명하다. 우리나라에서도 자기 분야에서 성공한 사람들의 대부분은 청소년 시절 읽었던 책들이 근간이 되고 유명인이 되어서도 새로운 아이디어나 정보를 얻기 위해서 많은 양의 독서를 한다고 알려졌다.

외국의 경우도 마찬가지이다. 노벨 화학상을 수상한 독일의 물리화학자 프레드릭 오스트발트는 위인이나 성공한 사람들의 공통점을 조사해 보았다. 조사 결과 공통점을 찾을 수 있었다. 모두 대단한 독서가들이었다. 위인이나 성공한 사람들은 모두 '책을 읽는 리더'이었다는 것이다.

세 명(체스키, 게비아, 블레차르지크)의 가난한 청년이 집세를 마련하기 위해서 '에어비앤비'를 창업한 후 기존의 비즈니스 생태계를 흔들고 세계 최고의 기업으로 거듭났다.

2017년 초 창업 10년 만에 기업가치 300억 달러에 도달한 에어비앤비의 게스트 어라이벌(새로운 여행을 위해 에어비앤비에 등록된 숙소를 검색한 사람 수)은 1억 4,000만 개에 이르렀으며 300만 개의 숙소리스트를 보유한 기업이 되었다.

한편 191개 국가(이란, 시리아, 북한을 제외)의 3만 4,000개의 도시에서 사업을 펼치고 있는 기업의 창업자의 한 사람인 체스키는 수많은 역사적 인물뿐만 아니라 그가 가장 존경하는 인물인 월트 디즈니와 스티브 잡스의 전기를 여러 차례 읽고 매우 소중한 가르침을 얻었다.

그 밖에 수백 권의 경영서적과 비즈니스 잡지 또한 그의 멘토가 되었다.

그는 엄청난 독서광이다.

이러한 점들을 토대로 필자는 창업이나 창직하기 전에 관련 서적을 적어도 30권 이상을 읽고 출발하라고 권장한다. 철저한 자료 수집을 해야 한다. 창직을 준비할 때 필수 조건이다. 또 창직 후 일을 할 때도 마찬가지이다. 그리고 일을 해 가는 과정에서도 늘 독서하기를 권장한다. 어려운 일이 닥칠 때에는 많은 책을 읽고 해결점을 찾아보는 것도 현명한 방법이다. 독서를 통해서 아이디어를 얻을 수 있고 길을 찾을 수 있다.

8. 열정과 핵심가치

열중하면 많은 생각이 떠오를 것이다. 일의 성과에 결정적인 작용을 하는 것은 무엇보다도 그 사람이 가지고 있는 열정일 것이다. 무슨 일에나 열정을 가지고 시작하는 일과 열정이 없이 하는 일에는 그 결과의 차이는 우리가 상상을 초월할 수 없을 정도로 크다. 그러니 열정 없이 무슨 일을 시작하지 말 것을 당부한다. 은퇴 후에는 일에 대한 열정이나 삶에 대한 열정은 식어가니 더욱 어렵기는 하지만 열정을 가지고 일을 시작하기 바란다.

자신감을 가지고, 하고자 하는 굳건한 의지를 키우고, 창직의 성공에 대한 확신을 가진다면 열정을 가지게 된다. 여기에 정신적으로나 육체적으로 건강한 상태를 유지해야 열정은 줄어들지 않는다. 열정은 좌절을 이길 수 있다. 열정은 실패를 극복할 수 있다. 역으로 실패나 좌절을 맛보게 되면 열정이 식어 갈 수 있다. 하지만 열정은 성격이나 자라온 과정에 따라 개인차는 있지만 훈련과 연습, 의지, 자기관리 등으로 강하게 만들 수 있다. 은퇴 후에는 좀 어렵기는 하더라도 창직을 위해서는 열정을 가지고 출발하기 바란다.

그런 다음 그 일을 하는 핵심가치를 정리하여 기록한다. 일을 하는 핵심가치가 불분명하거나 정립이 안 되면 열정이 따르지 않을뿐더러 창직하여 성공적인 일의 성과를 기대하기 힘들다.

창직을 하여 일을 하는 핵심가치를 찾아 정립할 때 최소한 10개 정도로 정리하면 좋겠다. 점차 일이 진행되고 기간이 지나면서 3~5가지로 수정하여 정리하면 좋겠다.

하는 일에 대한 확실한 핵심가치를 정립한다면 일에 대한 열정이 생기고, 그 일에 대한 비전이 생기게 된다.

은퇴 후 창직은 그 일을 하는 핵심가치를 정립하고 그 일에 대한 열정을 키워야 한다. 그리고 그 열정이 변하지 않도록, 즉 식지 않도록 노력하는 것이 중요하다. 만일 확실한 핵심가치를 정립하지 않고, 하려는 열정마저 없으면 차라리 일을 시작하지 말라고 단호히 말한다. 물론 극단적인 이야기로 들리겠지만 필자는 주위에서 많은 사람들을 보아 왔다.

특히 나이 들어 창직하고 난 후 일이 지지부진하게 되어 그 일을 그만두는 사람들은 많은 후유증을 갖게 된다. 은퇴 후 하던 일을 그만두게 되어 갖게 되는 마음의 상처는 젊을 때와는 회복 정도는 차이가 있다. 젊을 때는 훌훌 털고 일어나지만 나이 들면 그것이 어렵다. 회복 탄력성이 약해진다. 다시 강조하면 창직의 핵심가치를 분명히 하고 열정을 가지고 시작하면 틀림없이 성공할 것이다.

9. 바퀴벌레 정신

바퀴벌레 하면 떠오르는 것은 너무 많다. 지저분하다. 끈질기게 살아간다. 박멸하기 힘든 일이다. 우리 집 혼자 노력해서는 바퀴벌레를 없앨 수 없다고 생각하게 된다.

여기서 바퀴벌레 정신이라고 제목을 한 것은 끈질긴 생명력을 말하고 싶어서 붙인 것이다.

은퇴 후 창직에 바퀴벌레 정신을 거론하는 것은 바로 끈질긴 생명력, 지구력, 인내심을 말하고자 한 것이다.

'에어비앤비'를 창업하여 세계에서 가장 위대한 기업이라고 칭찬받는 40세 이하의 경영자 세 사람들도 창업 이후 겪은 어려움과 고통은 이루 말로 표현하기가 어려울 정도였다고 한다.

이렇게 어려울 때 이들을 정확히 아는 주위의 사람들이 이들을 말하기를 "와우! 당신들은 정말 바퀴벌레 같군요. 절대 죽지 않을 겁니다."라고 하였다.

이 말은 무엇을 의미하는가?

이 세 창업자는 그들이 하고자 하는 일에 대한 열정이 대단하였다. 어떠한 어려움이 닥쳐도 결코 쓰러지거나 좌절하지 않고 어떻게 해서든지 극복해 나가는 모습을 보고 주위의 사람들은 그렇게 말한 것이다. 바퀴벌레와 같은 끈질긴 생명력이 있었기에 세계에서 가장 위대한 기업으로 이끌었다고 볼 수 있다.

바퀴벌레는 강한 생명력과 번식력으로 인해 이를 완전히 없애기란 거의 불가능할 정도라고 한다.

끈질김, 굴하지 않는 자세, 실패를 걱정하지 않고 밀어붙이는 정신, 끝까지 해내고야 마는 정신을 필자는 바퀴벌레 정신이라고 말한다. 산악인 고 김창호 대장의 히말라야 무산소 등정, 산악인 엄홍길 대장의 세계 최초 8천 미터 16좌 완등은 이런 정신이 없으면 불가능할 것이다.

TV에 방영되는 생활의 달인에 나오는 사람들의 이야기를 보면 한 가지 직종에서 수십 년, 아니 2대 3대째 이어오는 가업을 위해 어려움과 고통을 이겨가며 매진하여 왔기에 달인이 된 것이다. 이를 놓고 필자는 바로 바퀴벌레 정신이라고 이름한다.

팀 호잇, 즉 딕 호잇과 그의 아들 릭 호잇이 세운 기록들을 우리는 잘 알고 있다. 릭 호잇은 뇌성마비와 경련성 전신마비를 가지고 태어난 장애아였다. 중증장애를 가진 이 아이는 열다섯 살 되던 해 아버지인 딕 호잇에게 8km 자선달리기에 나가고 싶다고 말한다. 딕은 달리고 싶어 하는 아이에게 달릴 수 없다고 말하는 건 현실을 알려주는 것이 아니라 포기를 가르치는 것이라고 생각했다. 딕은 아들 릭을 휠체어에 태워 행사에 참가했다.

행사가 끝나고 아이가 하는 말을 들은 딕은 달리기를 계속하기로 결심한다. 1982년 보스톤 마라톤대회를 완주했고 그 후 그들이 낸 최고 기록은 2시간 40분이었다. 철인3종경기 등 여러 경기에 참여하여 끝까지 해냈다. 이 불굴의 정신, 해내고야 마는 자세 물론 부정(父情)에 대한 발로라고 할지 몰라도 이 정신 또한 바퀴벌레와 같은 죽지 않고 견디는, 아니 쓰러지지 않는 정신임을 주목해야 한다.

절대 죽지 않는 바퀴벌레 같은 생명력을 가지고 무슨 일이든지 해 나간다면 결코 실패는 없으리라 본다. 은퇴 후 창직이나 창업에 '바퀴벌레 정신' 운운하는 것이 너무할 정도라고 할 수 있을지 모르지만 바퀴벌레 정신을 가지고 창직, 창업하여 일을 한다면 성공할 수 있기에 바퀴벌레 정신은 필요하다.

창직이나 창업을 할 때 바퀴벌레와 같은 끈질긴 생명력을 가진다면 실패는 없을 것이다. 하지만 해도 그만, 안 해도 그만 하는 불분명한 자세로 창직을 한다면 어떻게 될까?

또 우리말에 '물에 술 탄 듯, 술에 물 탄 듯'이란 말이 있듯이 즉 이것인지 저것인지 중심이 없고 뜨뜻미지근한 상태로 일을 추진한다면 그 성과는 불 보듯 뻔할 것이다.

그래서 은퇴 후에 창직을 한다면 바퀴벌레 정신을 가지고 도전하기 바란다.

10. 남의 이야기, 나의 선택

은퇴 후 창직이나 창업, 전업, 재능 기부 등 하고자 하는 일에 대하여 여러 사람에게 물어보고 자문받고 코칭을 받으려고 한다. 처음 해보는 일이라서 앞날이 불안하기도 할 것이다. 시작하는 일에 자신이 없기도 하고 실패할지도 모르기에 남의 이야기를 많이 듣는 것은 당연하다. 다른 한편으로는 직장 생활을 오래 하다가 은퇴한 경우에는 동료들의 평가가 두려워 자기가 하고자 하는 일에 대하여 말하지 못하는 경우도 종종 본다.

동료끼리 서로 의견을 나누지 못하는 소통부재의 기업에서 오랫동안 생활한 사람들은 더욱더 자신도 모르는 사이에 의사결정 능력을 발휘하기 어렵게 되기도 한다. 그래서 남의 의견을 들어 보려고 하는 것은 있을 수 있는 일이다.

하지만 이모작 인생에서는 더 이상 집단사고는 큰 도움이 되지 못한다.

남의 이야기를 많이 들어도 결국은 내가 결정하여야 한다. 내가 판단하여 선택하고 모든 책임은 내가 져야 한다.

어느 때는 남의 이야기가 나의 결정에 혼란만 초래하는 경우가 있다.

은퇴 후의 창직이기에 직장 생활을 통해서 많은 일을 접해 왔고, 의사결정을 해야 하는 상황을 경험하였다. 살아오면서 많은 경험을 쌓았기 때문에 이런 경험들과 많은 남의 이야기들과 충돌을 일으켜 혼란에 빠뜨리고 정확한 결정을 못 하게 만든다.

우리 속담에 '사공이 많으면 배가 산으로 간다.'라고 하지 않았던가. 어느 경우에는 남의 이야기가 내가 하는 일을 산으로 가게 만들기도 한다. 남의 이야기를 전혀 듣지 말라는 것은 아니다. 너무 많이 듣는다든지 전적으로 남의 이야기에 의

존하여 결정을 내리지 말라는 것을 의미한다. 은퇴 후의 창직에서는 남의 이야기에 의존하지 말고 나의 선택이 중요하다는 것을 강조한다.

11. 수익 창출과 자산 증식

은퇴 후 창직하면서 수익 창출과 자산 증식은 생각조차 하지 말라

일을 하다 보면 수익을 창출할 수도 있다. 수익을 창출한다면 금상첨화다.

물론 처음 창직 할 때 전적으로 수익 창출과 자산 증식 목적으로 출발한다면 창직이 순탄치 못할 수도 있다.

여기서 필자가 '수익 창출과 자산 증식은 생각조차 하지 말라'고 하는 것은 은퇴 후 가정의 재정을 책임져야 하는 사람들에게는 귀에 거슬릴지 모르겠다.

전부는 아니지만 은퇴 후 창직의 길을 가는 사람의 대부분은 직장생활을 통하여 가정의 재정을 책임져야 하는 부담으로부터 벗어난 사람들이 아닐까?

그렇기에 이런 사람들은 재정을 책임지는 부담으로부터 떠나서 그래도 가벼운 마음으로 창직을 생각하게 된다. 물론 창직을 하여 일을 하다 보면 수익 창출과 자산 증식을 꾀하게 되고 그래서 일의 보람을 더욱 느끼게 되기도 한다. 전혀 생각지 않는 봉사 활동을 한다면 별개의 문제이다.

무엇이 중요한가를 생각하자.

무엇에 초점을 두는가를 고려하자.

리투아니아 프로농구팀 이야기는 '무엇이 중요한가'를 결정하여 행동에 옮기는 것이야말로 결과에 미치는 영향이 크다는 것을 우리에게 알려준다.

리투아니아 프로농구팀 잘리아스팀은 어렵게 준결승전 시리즈에 진출했다. 그러나 경기는 좀처럼 풀리지 않았다. 결국 아쉽게 패배하고 말았다. 경기 직후 잘리아스 팀 감독은 무거운 마음이었지만 기자들의 질문에 성심껏 답변하였다. 그런데 한 젊은 기자가 경기에 참석하지 않은 선수에 대해 집요하게 질문하기 시작했다. "감독님, 얼마 전 아구스트 선수가 준결승 시리즈 도중에 출전을 포기했습니다. 그 이유가 아이 출산에 참여하기 위해서였다죠. 감독님은 어떻게 생각하십니까?" "어떻게 생각하느냐고요?" "네". "제가 다녀오라고 했어요." "하지만 시리즈 중에 팀을 떠나는 게 정상입니까?" "기자분은 아이가 있나요? 젊은 기자분도 아이를 가진다면 이해할 겁니다. 자기 아이가 태어난다는 것은 인생 최고의 순간입니다. 삶에서 농구가 가장 중요합니까?" "아니요, 하지만 결승전은 중요합니다." "누구에게 중요한가요?" "팀이요." "팀? 어느 팀에게요?" "잘리아스 팀이요." "오늘 경기에 사람들이 얼마나 왔습니까? 이런 문제가 중요합니까? 당신이 첫아이를 갖는다면 인생에서 가장 중요한 것이 무엇인지 이해하게 될 겁니다. 나를 믿으세요. 아이의 탄생만큼 경이로운 일은 없습니다. 타이

틀? 그 어떤 것과도 비교할 수 없습니다. 아구스트는 지금 천국에 있는 기분일 겁니다. 저는 그 덕에 정말 행복할 뿐입니다." 그리고 잘리아스 팀은 남은 라운드를 모두 승리하여 결승에 진출한다. 아빠가 되어 복귀한 아구스트 선수도 결승전에서 맹활약하면서 잘리아스 팀은 2017년 리그 우승컵을 거머쥐었다는 이야기를 어느 기사에서 읽었다.

무엇을 중요시하느냐는 것은 일을 출발점에서부터 바르게 이끌 것이고 결과는 엄청나다. 은퇴 후 창직을 생각할 때 수익 창출과 자산 증식보다는 아름다운 삶에 가치를 두고 출발하자.

분명 은퇴 후의 삶은 아름다운 삶으로 나아갈 것이다.

12. 왜 비문까지 써 놓았는가?

비문을 써 놓았다니 무슨 소리일까?

1991년부터 그러니까 은퇴 전부터 필자는 토론게임(대립토론)을 이 땅에 뿌리내려야 한다고 강조하면서 이를 전파하는 데 주력하여 왔다.

들은 척도 하지 않는 사람들, 필요성을 느끼지 못하는 사람들, 필요하지만 선뜻 행동으로 옮기지 못하는 사람들이 있다.

하지만 필자는 꾸준히 토론게임(대립토론)을 전파하는 일에 열정을 다하여 왔다.

토론게임(대립토론)이 우리 교육을 바로잡을 수 있고, 민주주의의 꽃을 피울 수 있다는 확신이 생겼기에 얼마 전부터는 비문까지 써놓고 이 일을 계속하고 있다.

과연 필자가 세상을 달리하면 비석을 만들어 줄지 모르지만 그래도 토론게임(대립토론)을 이 땅에 심는 일에 몰입하기 위해서 그리고 몸을 움직일 수 있는 날까지 연구하고 수업하고 강의하기 위해서 비문을 만들어 놓고 여기에서 공개한다.

『토론게임(대립토론) 교육에 열정을 다하던 사람 가다』

필자 한 사람이 미약하지만 그래도 노력하련다.

필자는 한 사람의 힘을 믿는다.

어떤 대단한 혁명도, 어떤 위대한 역사적 사건도 바로 한 사람 한 사람이 저마다 자신의 자리에서 현실에 부딪히고 좌절한 분노나 열정 그리고 사랑에서 시작된다는 사실을 믿는다.

그래서 이 모든 것은 시스템의 탓이라고 말하는 사람을 보면 '아니'라고 말하곤 한다.

시스템을 이루는 것이 바로 한 사람 한 사람이요 시스템을 움직이는 것도 한 사람 한 사람이라는 것을 사람들은 자주 잊는다.

토론게임(대립토론)을 이 땅에 심어가는 것도 결국은 한 사람 한 사람이다.

토론게임(대립토론)을 접하는 한 사람 한 사람은 비문까지 써 놓고 토론게임(대립토론)을 강조하며 전파하는 필자의 뜻에 동의를 표시해 주기를 간절히 바라면서 이 글을 쓰는 것이다.

그리고 먼 훗날 지나가는 한 사람이 이 비문을 읽고 토론게임(대립토론)에 관심을 기울인다면 또 한 사람의 동조자가 생길 것이다.

이것이 바로 토론게임(대립토론)에 대한 비문 효과라고 말하고자 한다.

이렇게까지 하는 이유는 토론게임(대립토론)교육을 통해서 여러 가지 능력들의 변화 모습을 보아 왔기에 믿음을 주기 위함에 있다.

그리고 은퇴 후의 필자의 확고한 신념, 즉 "토론의 달인 세상을 이끈다."를 계속적으로 실천하고자 하는 의지의 뜻이기도 하다.

13. "찾아가는 작은 학교 프로젝트" 이야기

"정답을 찾지 말고 질문과 토론으로 답하라."라는 주제로 여름방학 동안에 이루어진 토론게임(대립토론) 교육 프로젝트를 성공리에 마쳤다.

창의적인 사고능력을 배양하고 합리적인 판단 능력을 길러 미래 핵심 역량을 함양하고 작은 학교 학생의 토론능력을 향상시킨다는 목적으로 진행되었던 토론게임(대립토론)교육 프로젝트였다.

이 프로젝트는 "토론게임(대립토론)을 중심으로 글로벌 인재를 육성"하는 교육인프라를 구축한다는 전제하에 광양시에서 예산을 지원하고 광양교육지원청이 운영하며 박보영토론학교의 운영자인 필자가 지도하는 우리나라에서 유일한 토론게임(대립토론) 교육 프로젝트라고 할 수 있다.

필자가 담당하여 진행하면서 3가지 운영 방침을 정하였다.

관내 읍 · 면지역 초등학교 5~6학년, 중학교 1~2학년을 대상으로 운영하며 교육과정은 독서 능력, 자료수집, 글쓰기, 토론 능력 향상 중심으로 편성하고 찾아가는 작은 학교 토론교실 운영으로 학생 참여를 확대한다는 것이다.

토론게임(대립토론)교육 프로젝트 성과를 탐색하고자 한다.

학생들의 반응을 보며 매우 잘했구나 하는 결론이다.

처음에는 망설였다는 표현이 솔직한 심정이다.

8명~20명 심지어 4명의 학생들을 데리고 지도하라고 하니….

누구에게도 말 못하는 심정으로 지도에 임했다.

다른 사람을 투입할까도 검토하였다.

자만인지는 모르지만 우리나라에서는 토론게임(대립토론)교육을 처음 시도하였고 전국교육청, 학교, 일반회사, 대학, 대학원에서 토론게임(대립토론)을 강의하고 있으며 계속 강의 요청이 들어오고 있는데 일정을 거의 모두 비우고 이 프로젝트에 몰입한다는 것은 불가능한 상태였다.

토론게임(대립토론) 책도 가장 많이 썼고….

토론게임(대립토론) 수업 2,400시간, 강연회 330회 이상 등등….

그리고 주위에서 찾아가서 하는 작은 학교 토론 교실을 지도하는 것을 아는 사람들이 "왜 그런 일을 하려고 하는가?" 하는 말을 들을 때면 마음의 갈등이 생기기도 했지만 그럴 때마다 "토론의 달인 세상을 이끈다."라는 신념을 가지고 내가 해야 할 일이라고 마음을 다잡곤 하였다.

한편 교육지원청 교육지원과장이 현장에 직접 나오셔서 격려해 주었다.

"많고 적음을 불문하고, 토론교육의 장에 임해주시는 모습이 정말 좋은 귀감이 되어주신다고 생각합니다."라고 말을 해주니 힘이 생기기도 하였다.

더 열심히 토론게임(대립토론)을 지도하겠다고 생각했다.

"내가 토론게임(대립토론)의 전문가라면 이 작은 학교, 이 열악한 환경의 학생들에게 더 열심히 지도해야 한다. 내가 아니면 이 학생들은 언제 토론게임(대립토론)의 참맛을 맛볼 수 있겠는가?

우리나라 교육이 대도시에 그리고 가진 자들에게 편중되어 있지 않은가?

이 학생들 중에 한 명이라도 비록 두 번의 만남으로 8시간 토론게임(대립토론) 교육을 받아 이것이 씨앗이 되어 훗날 이 나라의 참 일꾼으로 성장한다면 얼마나 큰 보람인가?

나는 더 열심히 하련다."

2016년 4월 12일부터 31박 32일 동안 산티아고 순례길 800km를 걸으면서 이제 남은 인생은 이웃을 위해 살아야 하겠다고 마음 다짐했기에 이 프로젝트를 즐겁고 흥미롭게 마칠 수 있었다.

찾아가서 하는 작은 학교 토론교실에서 필자는 특출한 아이들을 발견했다.

토론게임(대립토론)에 열중인 학생들을 만났다. "다른 수업에서 이런 학생들이 될 수 있을까가 의심스러워요."라고 말하며 어느 때는 참관하신 선생님이 깜짝 놀라시는 경우도 있었다.

토론게임(대립토론)이 끝나면 학생들이 달려와서 "선생님 또 언제 오세요?" "토론게임(대립토론) 언제 또 해요?"라는 말을 하는 것을 들을 때 아쉽기도 하고 한편으로는 피곤이 확 풀린다.

물론 7월, 8월, 9월 초에 들어오는 다른 곳의 강의는 거절하고 있었다.

고성교육청(6시간), 군위교육청(3시간), 청도교육청(3시간)을 제외하고는….

강의 요청을 거절당하신 분들에게 이 글을 통해서 죄송한 말씀을 드린다.

이곳 내가 살고 있는 광양의 교육발전을 위해, 토론게임(대립토론)교육 활성화를 위해 매진하련다.

힘 닿는 한….

여러분들의 격려와 감사의 글은 나에게 힘을 실어 준다.

나는 오로지 초등 교육발전과 토론게임(대립토론) 교육 활성화를 위해 생을 달리하는 그날까지 열심히 뛰겠다. 바로 토론의 달인 세상을 이끈다는 신념을 가지고….

한편 토론게임(대립토론)교육이 활성화되는 일이라면 우리나라 어디에도 달려간다.

혼자의 힘으로는 안 되는 일이기에 많은 사람들의 토론게임(대립토론)에 관심과 홍보를 기대하여본다.

4부
멘토는 아름다운 삶으로 이끌어준다

1. 멘토! 인생의 길을 좌우한다

칙센트미하이 교수는 30년간의 연구 결과 'Good Work Project'를 발표했다.

연구에 따르면 바람직한 일에 몰입하는 이들의 특징으로 3가지를 강조했다.

첫째, 자신의 일에 의미와 가치를 두고, 자신만의 이익을 추구하지 않는다.

둘째, 모범이 되는 존경하는 멘토가 있다.

셋째, 일과 사생활에 균형을 잘 맞추며 살아간다는 것이다.

이 세 가지는 은퇴자들이 은퇴 후의 삶이 '바람직한 일에 몰입하는 삶'이 된다면 더욱 아름다운 삶이 될 것이다. 참고하였으면 한다. 특히 여기에서 주목하고자 하는 것은 두 번째 내용이다. 칙센트미하이 교수가 바람직한 일에 몰입하는 이들은 모범이 되는 존경하는 멘토가 있다고 하였듯이, 은퇴 후 창직을 할 때 반드시 멘토를 정할 것을 강조하기 위해서 필자는 이 연구를 제시하였다.

멘토는 바람직한 일을 하도록 조언해 준다. 멘토는 인생의 길을 이끌어준다. 또한 멘토가 있음으로써 창직을 할 때 많은 정보와 힘을 받을 수 있다.

스탠퍼드 대학 신경외과 교수, 의과 대학에 속한 '연민과 이타심 연구 및 교육 센터CCARE' 창립자이자 소장인 제임스 도티가 쓴 "닥터 도티의 삶을 바꾸는 마술가게"라는 책(주민아 옮김, 판미동, 2018)에서 뇌와 심장, 이 두 기관의 잠재력을 동시에 사용할 때 인간이 어떤 특별한 일을 해낼 수 있는지 최초로 밝혔다.

제임스 도티는 어린 시절 캘리포니아 사막 지역의 가난한 가정에서 자랐다.

아버지는 알콜 중독자였다. 어머니는 뇌졸증과 만성 우울증으로 자살시도를 일삼았다.

자존감 없는 아이였던 그가 자신의 존재를 특별하다고 느끼는 유일한 순간은 마술을 연습할 때뿐이다.

저자 제임스 도티는 열두 살 되던 어느 여름날 동네 마술 가게에서 루스라는 할머니를 우연히 만나 눈속임 아닌 정말로 자신을 특별하게 만드는 마술을 배우게 된다.

그것은 바로 뇌와 마음의 힘을 조절하여 현재의 고통을 완화하고 자신의 소망을 구체적으로 실현하는 놀라운 비법이었다.

루스의 마술은, 돈이 있든 없든 나로 살아가는 일은 괜찮다는 사실을, 그리고 현실에서 우리 인간은 누구도 통제력을 갖고 있지 않다는 사실을 깨닫게 해 주었다.

저자 제임스 도티는 "먼저 나는 내 몸의 긴장을 풀고, 내 마음을 가라앉히고, 내 마음을 열고, 내가 실현하고 싶은 것을 마음으로 그려보는 법을 배웠다.

그 다음, 내가 가장 실현하고 싶어 하는 것은 바로 사람들이 서로에게 해를 끼치지 않으면서 서로를 도와주기 위해 손길을 내미는 세상이라는 사실을 알게 되었다.

먼저, 가야 할 길을 향해 날 이끌어 주고, 결국 내가 어디에 있건 그것이 정확히 내가 꼭 있어야 할 곳이었다는 사실을 믿을 수 있도록 내 마음의 나침반으로 활용하는 방법도 배웠다.

그다음, 우리는 다들 근본적으로 똑같은 뇌와 똑같은 심장과 똑같은 능력을 갖고 있으며 모두의 이익을 위해서 그 모든 것을 바꾸고, 변형하고, 사용할 수 있다는 사실을 배웠다.

그 사람의 출신, 직업, 혹은 재산으로 사람들을 규정하지 말라는 점도 배웠다.

더불어 나 자신도 이런 기준으로 규정하지 말라는 사실도 배웠다."라고 기술하였다. 저자 제임스 도티가 세계적으로 유명한 신경외과 교수이자 '연민과 이타심 연구'의 최고 권위자가 된 것은 멘토라고 할 수 있는 루스가 가르쳐준 '자신을 특별하게 만드는 마술', '삶을 바꾸는 마술' 덕분이었다고 본다. 멘토를 잘 만났기에 인생이 바뀌었다. 잘나가던 인생 중간에

밑바닥으로 추락하였지만 저자는 멘토인 루스에게서 배운 마술로 회복할 수 있었다. 바로 멘토! 인생의 길을 좌우한 좋은 사례이다.

2. 창직과 멘토

창직과 멘토는 뗄래야 뗄 수 없는 관계성을 지니고 있다.

가로등도 없는 깜깜한 밤에 처음 가는 낯선 길을 혼자서 간다고 생각해 보자. 얼마나 무섭고 두려울까? 이때 등불을 든 안내자가 동반한다면 어느 정도는 편안하고 안전하게 발걸음도 가볍게 그 길을 갈 수 있을 것이다. 창직을 할 때 멘토가 있어 도움을 준다면 부담 없이 자신 있게 창직의 길을 갈 것이다. 우리가 사는 세상에는 존재 자체가 서로 의존적인 관계를 맺고 있는 것이 너무 많다.

김영의 '함께 가는 길에서'에 다음과 같은 글이 나온다.

틱낫한 스님은 이렇게 말한다.

"한 장의 종이는 종이 아닌 요소로만 이루어져 있다.

마음, 대지, 나무꾼, 구름, 햇살이 그 안에 들어있다.

만일 그대가 종이 아닌 요소를 그 근원으로 되돌려 버린다면 종이는 더 이상 존재할 수 없다.

구름이 없다면 물이 있을 수 없다. 물이 없으면 나무들이 자랄 수 없다.

나무들이 없다면 그대는 종이를 만들 수 없다. 따라서 종이의 존재는 구름의 존재에 달려있다. 종이와 구름은 매우 가까운 관계이다."

사실 그렇다.

천하 만물이 서로 의지하고 있으며 서로 관계를 맺으며 어울려 존재한다.

인간도 마찬가지다. 인간이 한 인간이 되는 것도 사회화 과정을 통해서이며 사회적 유대가 해체되면 존재할 수 없는 사회적 존재이다.

곰곰이 생각해보면 나라는 존재는 나 이외의 것으로만 구성되어 있다는 것을 확인할 수 있다. 나의 생명은 부모로부터 온 것이고, 나의 지식은 선생님과 책으로부터 배운 것이고, 나의 건강은 농부들이 땀 흘려 경작한 곡식으로부터 온 것이며, 나의 집은 목수가 지어준 것이고, 나의 직업은 사회가 준 것이기 때문이다.

만약 나에게서 나 이외의 요소를 제거하면 남는 것이 하나도 없을 것이다.

그래서 인도의 평화 순례자 사티쉬 쿠마르가 "그대가 있어 내가 있다."라고 말한 것이다. 씨앗은 땅을 섬기고, 땅은 씨앗을 섬기며, 나무는 땅에 그 잎을 떨구고, 땅은 나무에 자양분을 주듯이 우리 인간들도 서로를 섬기고 관계를 맺으며 자기를 실현하는 것인지 모른다.

이 글을 통해서 보면 어떤 사물이 아니라도 서로 관계 맺고 존재하는 것에 관심을 기울일 필요가 있음을 암시해 준다. 필자는 창직과 멘토라고 하는 두 단어의 관계도 마찬가지로 본다. 서로 밀착 관계를 가질 때 성공으로 가는 지름길이 될 수 있다. 멘토의 도움을 받으며 창직한다면 안전하고 순탄하게 일을 찾아가게 될 것이다.

창직과 멘토는 창직을 성공으로 이끄는 데 필요충분조건으로 존재한다.

3. 나의 멘토

나에게 멘토란?

나의 장점이 더 극대화될 수 있도록 진심을 담은 아낌없는 조언과 칭찬을 해 주는 분이다. '할 수 있다'는 자신감을 불러일으켜 주기도 한다.

연령이 많고 적음을 관여치 않고 함께하는 것만으로도 '든든함'이 느껴지는 분이다.

주변에서 응원해주시는 감사한 분들에게 보답하는 방법은 사회에 득(得) 되는 사람으로 살아가는 것이라고 늘 느끼고 있다.

나에게는 여러 분의 멘토가 계신다. 이분들 덕분에 나의 길을 힘차게 걸어올 수 있었고 위기 때마다 그 위기를 극복할 수 있었다. 특히 토론게임(대립토론)을 전파하는 데 큰 힘이 되어 주셨다. 여기서 필자가 이분들을 멘토로 생각하고 자문받으며 물적, 정신적으로 도움을 받고 있다. 창직을 위해 멘토를 모시기를 권장한다. 나의 멘토 몇 분을 소개한다. 혹시 그분들께

누가 되지 않을까 조심스럽다. 미리 양해를 구하지 못하고 지면을 통해서 언급하는 것도 결례일 수도 있다. 다만 순수한 마음에서 은퇴 후 삶을 아름답게 살아가기 위해서 멘토를 모시는 것이 큰 도움이 되는 이야기를 하기 위해서 조심스럽게 밝히려고 한다.

1) '황무지'에 뭉친 교육형제 홍현길 박영만 이덕봉 송민영

1967년! 우리나라의 바른 교육을 위해 헌신 노력하고자 1967년부터 지금까지 교육동지로서 교육형제로서 교육자의 길을 걸어 왔다. 교육자의 길을 걷다가 어려움이 닥치면 해결점을 찾기도 하고 바른 교육자로 가는 길에 지치면 서로 격려하며 올곧게 교육자의 길을 가고 있다. 맏형 홍현길은 일본 쓰쿠바대에서 도덕교육 박사학위를 받고 가천길대학의 교수로 퇴임하였다. 도덕교육과 교육학을 강의하였다. 둘째 형 박영만은 성균관대에서 교육학 박사학위를 받고 경인교대 교수로 퇴임하였다. 교육학을 강의하였다. 넷째 이덕봉은 일본 쓰쿠바대에서 심리언어학 박사학위를 받고 동덕여대 대학원장으로 재직하다 퇴임하였다. 심리언어학을 강의하였다. 메타포의 심리학, 언어인지, 언어 습득 이론의 획을 그은 업적을 세웠다.

막내인 송민영 박사는 일본 東京都立大学대학원에서 과학교육으로 박사학위를 받고 경기도평화교육연수원 원장으로 재직하고 있다. 우리나라에 홀리스틱교육을 정착시키는 데 기여하였다.

교육형제들은 토론게임(대립토론)교육을 이 땅에 펼치는 데 힘을 실어주고 있다. 필자가 오늘날까지 초등교육자로서 토론게임(대립토론)교육자로서 굳건히 자리매김할 수 있었던 것은 교육형제가 있었기에 가능하였다.

2) 정신적 지주 역할을 하는 엄기영 박사

공주대학에서 유아교육과 교수로 퇴임하고 국립공주박물관에서 역사 해설사로 봉사를 하고 있다. 공주 한옥마을에서 전통혼례 집례도 한다. 봉사활동에 치중하는 생활을 하고 계신다. 필자가 가장 어려울 때나 전근, 이사 등 변화가 있을 때 가장 먼저 찾아오신다. 가정이나 직장에서 일어나는 모든 일에 대하여 상담이 필요하면 찾는 분이시다.

고인이 되신 아동문학 작가로서 활동하셨던 사모님을 형수로 호칭하며 부부가 늘 우리 부부의 멘토 역할을 하신다. 필자의 정신적 지주로서 모시는 멘토다.

3) 아름다운 납세자상을 받은 광양기업(주) 대표 황재우

지난달 29일 서울지방 국세청 국세 홍보관에서 아름다운 납세자상을 받았다. 2018 광양시 시민상을 수상하였던 광양기업(주) 대표 황재우 님은 광양시에 희망도서관 건립 기금을 기부하기도 하였다. 전국 최초 민 · 관 협력으로 출범한 (재)광양시 어린이보육재단 초대 이사장으로 취임해 '아이 양육하기 좋은 도시' 조성에 기여하고 있다. 어린이보육재단, 해비타트 사랑의 집 짓기 등을 통해 다양한 기부활동을 펼쳤으며, 광양기업 '사랑나누기 봉사단'을 통해 해마다 지역민들에게 연탄을 기부하고 있다.

필자가 처음 발간한 책 "대립토론"이 나왔을 때 거액의 금일봉을 주시며 격려하여 주었다. 그 일은 저에게 한없는 힘이 되었다. 이를 계기로 힘 받아 계속적인 집필활동을 하게 되었다.

기회가 있을 때마다 대립토론이 우리나라에 뿌리내려야 한다고 강조하며 필자를 앞세워 대립토론 홍보에 적극성을 보여주신다.

한국대립토론협회의 자문위원으로 활동하는 후원자이시다. 협회 자문위원 지도위원들에게 회식자리를 마련하고 활동을 부탁한다든지, 필자가 활동이 주춤한 듯하면 언제든 불러서 식사 자리를 마련하며 격려해 주신다.

토론게임(대립토론)교육활동을 활발히 펼칠 수 있는 것은 멘토의 후원 덕이라 생각하며 늘 감사하고 있다.

지난 겨울 1박 2일로 진행된 '2018 한국대립토론협회 백운산 협력포럼'을 광양에서 개최할 수 있도록 장소 및 전체 소요 경비를 후원해주어 성황리에 마치기도 했다. 전국에서 모인 70여 명이 이구동성으로 광양을 새롭게 인식하고 만족하며 칭찬을 하기도 했다. 광양에서 세계토론대회를 개최하는 것을 목표로 지원을 아끼지 않고 있는 멘토의 한 분이다.

4) Art for Life(삶의 축제)를 운영하는 성필관(오보에 음악가)

우리나라 최고의 오보에 연주자이자, 이태리 레스토랑 Art for Life(삶의 축제) 대표이면서 많은 봉사활동을 하고 있다. 수익금으로 음악가들을 외국에 유학 보내서 음악 공부를 하도록 장학금을 지원하고 있다. 말기 암 환자들의 병동을 짓는 사업에 후원하기도 한다.

음악가 활동이나 레스토랑 수익금으로 많은 후원 사업을 하고 있는 성필관 관장은 필자의 멘토로서 지원하고 있다. 학교에 근무할 때는 몇 차례에 걸쳐 음악가들과 함께 학교에 방문하여 학생들에게 콘서트를 열어주곤 했다. 성필관은 음악가를 동원하여 우리가 하는 일을 공연을 통해서 돕는다. 음악으로 후원하는 일에 적극적으로 나선다. 상담과 격려로써 지원하며 힘들고 지칠 때 위안의 파트너로서 역할을 한다.

광양에 공연 왔다가 돌아갈 때 기차역에서 헤어진 후 기차 안에서 필자를 타향에 두고 가는 것이 마음 아파 울더라는 것을 같이 왔던 음악가가 전해 주었다. 이와 같이 마음과 정을 나누며 함께 격려하는 멘토이다.

5) 1인 창직 코치 맥아더스쿨 정은상 교장

스마트폰으로 창직을 코칭하는 정은상 교장은 필자에게 많은 것을 코칭해 주는 멘토이다. 필자도 150번째 정 교장의 제자가 되었다. 정 교장의 코칭으로 뉴스레터를 발간하고, 박보영토론학교를 만들어 운영하고 있다. 스파트폰을 통해서 페이스북이나 페이지, 밴드 등으로 홍보와 소통을 하고 있다. 창직을 하여 스마트폰으로 많은 사람들과 소통하게 된 것도 정 교장의 코칭 덕분이다. 이제는 하다가 막히면 마다 않고 지원 해주는 멘토로서 늘 도움을 주고 계신다. 한국대립토론협회 지도위원으로 토론게임(대립토론)교육 활동이 활성화되도록 코칭하고 있다.

6) 수학교육의 개혁을 선도하는 박영훈(나온교육연구소 소장)

나온교육연구소 소장으로서 필자의 멘토이다. 필자는 연구소의 상임이사이다. 최초의 '대립토론' 책을 발간하여 주었다. 책 출판이 서투를 때 책을 출판하도록 도움을 주어 그것을 단초로 여러 권의 책을 발간하도록 첫 도움을 준 박 소장의 공을 잊을 수 없다. 우리나라 초등학교의 수학교과서를 새로 만든 수학교육의 기둥이다. 수학적 힘을 기르기 위해서는 지금의 수학교육을 전면 개혁을 하여야 한다고 주장하면서 그 운동을 펼치고 있는 장본인이다. 그러한 힘과 연구력이 필자를 자극하며 늘 연구하고 활동하도록 만든다.

대립토론이 수학이라는 학문이 만들어지게끔 했다는 역사적 사실을 찾아낸 박 소장이다. 필자의 멘토로 끊임없이 도움과 자극을 준다. 박 소장이 멘토로서 지원을 하는 한 토론게임(대립토론)교육 활성화 사업의 끈은 내려놓지 않을 것이다.

7) 지도교수 정찬기오

국립경상대학교 사범대학 학장으로 재직하시다가 퇴임하신 정찬기오 박사(교육학)는 필자의 박사과정 지도 교수이면서 멘토로서 지원을 해 주신다.

우리나라에서 초 · 중 · 고 · 대학 강단을 모두 거친 경험을 가진 분이다. 그래서 초 · 중 · 고 · 대학의 교육과정을 꿰뚫고 계신 분을 멘토로서 모신 필자는 큰 행복으로 생각한다.

지금도 토론게임(대립토론)교육 활성화에 적극적인 도움을 주시고 계신다. 심지어 필자가 학교에서 토론게임(대립토론) 교사연수나 학생수업을 할 때 참관하시고 모니터링해 주신다.

교육학에 대한 책을 집필할 때 공동저자로 동참시켜주시고, 필자가 토론게임(대립토론)교육에 대한 책을 쓸 때 감수해 주시거나 추천의 글을 써 주신다.

박사학위 논문 지도교수는 영원한 지도교수이자 멘토로 모셔서 자문받고, 토의하고 지도받을 것이다.

8) 적극적인 삶의 스타일을 보여주는 MBC 피디 김민식

'공짜로 즐기는 세상'을 출판하여 젊은 세대들에게 가슴 뛰는 감동을 불러일으킨 저자 김민식 PD를 여러 날 동안 기다려서 어렵게 만날 수 있었다.

요즈음 읽은 책 중에서 나의 가슴을 뛰게 한 책을 오랜만에 만났기에 저자를 만나서 고마움도 전하고 블로그 운영에 대한 아이디어도 얻고, 멋지게 살아온 저자의 삶의 향기를 나도 느

껴 보기 위해서 어렵게 만났다.

어림잡아 3시간 동안 나눈 이야기는 정말로 나에게는 신선한 충격이었고 '공짜로 즐기는 세상'이야말로 젊은 세대들이 반드시 읽고 생활화해야 할 내용들이라는 것을 더더욱 감 잡게 하였다. 이 책을 왜 4번씩이나 읽게 되었는가?

그리고 내 책상에는 늘 있어서 중요한 페이지는 언제고 펼쳐보면서 참고하고 있다.

소셜미디어를 통해서 세상을 즐기며 살아가는 저자의 삶이야말로 젊은 세대뿐만 아니라 그 누구나 따라 하면 좋을 것이다.

저자가 강조하는 아름다운 삶, 활기찬 삶을 살아가는 방법 3가지를 제안한다.

특히 생기발랄한 젊은 청년들에게 절대적으로 필요하다.

첫째는 독서요, 둘째는 연애, 셋째는 여행이다. 여기에 하나를 더 붙인다면 영어를 꼽고 있다.

1부는 공감대 형성, 2부는 기술적인 문제를 다루어서 시간 많이 안 들이고 하루저녁이면 읽을 수 있다. 지금은 출판사 사정으로 절판되기는 했지만 필자는 책을 읽은 후 블로그 만들기에 빠져있다. 그리고 여행(둘레길 걷기 시작), 독서가(해오던 일이지만) 더 심해졌다. 영어 공부 또한 마찬가지이다. 지금껏 꾸준히 해오던 일이지만 더 노력하고 있다.

김민식 PD님을 만나고 세상에는 이렇게 적극적으로 인생에 대한 확신을 가지고 사는 분들도 있구나 하는 생각, 저자 본인이 생활해 온 것을 책으로 펴내서 독자로 하여금 공감대를 더 느낄 수 있게 되는구나 하고 만나는 보람을 가졌다.

그래서 저자를 더 만나고 싶었던 것이다.

영어의 달인이 되었고 소셜 미디어의 달인이 되어 2012년에는 최고의 블로그상인 최우수 블로그상을 받기도 했다.

매년 해외여행을 다녀오고 몇 년 전에는 '최고의 독서왕'이라는 독서상까지도 받았다.

이런 저자를 만나서 윤기 있는 삶의 공감대를 형성했으니 오늘은 가장 행복한 날이다. 기쁜 날이었다. 이 글은 김민식 피디를 만나고 필자의 블로그에 올린 글이다.

이렇게 만난 김민식 피디는 나의 삶에 활력을 넣어주는 멘토로서 소통하면서 많은 도움을 받고 있다.

9) 맘스쿨 & 드림미즈 이사 조양래(주: 체험팩토리 대표이사)

우리나라에서 온라인교육이 이루어진 초창기에 출발하여 지금 성업 중인 ㈜드림미즈를 이끌고 있는 조양래 대표는 필자의 막강한 멘토로 도움을 주고 있다.

㈜ 드림미즈는 정보화 사회가 여성, 특히 주부들에게 새로운 기회를 만들어줄 것이라는 믿음과 확신으로 2000년 2월 법인을 설립하고 인터넷을 기반으로 한 사업을 시작했다.

㈜ 드림미즈가 사업을 시작한 2000년은 정보화 원년이며, 한편으로는 100만 주부 정보화 운동이 시작된 해이기도 하다.

2010년 토론게임(대립토론)의 중요성에 공감하고 막대한 재력을 투자하여 대립토론 온라인 강좌를 개설하여 주셨다. 지금도 온라인 강좌를 운영하고 있다. 그 후 오프라인상에서 토론게임(대립토론) 강좌를 개설하여 토론게임(대립토론) 교육활성화에 힘을 실어주신다. 토론게임(대립토론) 관련 모임을 (주) 드림미즈 회의실을 이용하도록 편리를 도모하고 있다.

사업체를 이끄는 노하우를 토론게임(대립토론) 교육활성화에 적용하도록 아이디어 제공과 지도를 하고 있는 멘토요, 토론게임(대립토론) 교육활성화의 방향을 잡아주시는 멘토이다.

늘 문자나 전화를 받으면 마음이 뿌듯하고 힘이 생긴다.

어느 날 받은 문자를 살짝 보여 주면….

“가을에 가고 싶습니다.

아버지와 같이 포근하시고 따뜻하게 대해주시는데….

제가 부응을 못하고 있는 것 같아 죄송합니다. 그래도 선생님의 모든 것을 마음으로는 항상 담고 생활하고 있습니다. 건강하시고 행복한 날 되시길 바랍니다.

지난 번 생각으로 그 동네(구례) 조그만 농가라도 사서 선생님의 가르침도 받고 대립토론 활성화에 대하여 토론도 하고 싶습니다. 조심히 내려가세요. 연락드리겠습니다.”

지난 겨울에 ‘한국대립토론협회 백운산 협력 포럼’ 때는 서울에서 오는 회원들을 관광버스로 태우고 오면서 서빙을 하는 등 협회 일에 헌신적으로 봉사하는 멘토이기도 하다.

10) 호주에서도 적극 지원하는 Deborah Patterson

지금까지는 국내에 계신 분을 소개했는데 이분은 특별한 경우이다. Deborah Patterson은 호주 사람으로서 늘 마음을 공유하며 교류하고 토론게임(대립토론) 교육활성화에 도움을 받고 있다. 호주는 전 세계적으로 토론게임(대립토론)교육이 앞선 나라이고 세계 디베이팅 대회에서도 두각을 보이는 나라다. 정보와 자료를 보내주며 필자를 돕고 있다. 필자가 학교에 근무할 때 자매학교 교장으로서 우리나라에도 10여 차례 다녀갈 정도로 한국을 좋아하기도 한다. 2003년부터 교류하고 있다. 지금은 Soul-mate로 관계를 맺으며, 필자는 패터슨에게서 리더십을 배우고 있다. 호주에 있으면서도 적극 지원하는 멘토의 한 사람이다.

지금까지 간략하게 소개를 했지만 필자를 돕고 지원해 주는 많은 멘토들이 계셨기에 지금의 필자가 굳건히 나의 일을 할 수 있었다고 생각하며 늘 감사하고 있다. 혹시 부족하게 소개를 해서 멘토로 모시는 분들이 서운하게 생각하신다면 정중하게 양해를 구한다. 그리고 은퇴 후 창직을 한다면 멘토를 모시는 것이 하고자 하는 일을 순탄하게 추진되도록 만든다고 확신한다. 그러기에 멘토를 소개한 것이다. 참조하기 바란다.

5부

창직으로 아름다운 삶을 살아가는 사람들 이야기

1. 창직학교 맥아더스쿨 정은상 교장(대한민국 국가대표 창직전문가)

50대 중반까지 찌질하게 살았다. 평생 공부와는 담을 쌓고 지냈다. 중학교 시험부터 취직시험까지 모든 시험에 떨어져 본 낙방 인생이지만 한 번도 실망한 적이 없다.

1980년 초 우연히 컴퓨터를 알게 되어 프로그래머로 삼미그룹에 입사하고 1985년 여름 씨티은행으로 건너가 1999년 46세에 20년 직장생활을 마감했다.

이후 10년간 전문경영인, 부동산 자산관리, 교육 사업, 웃음강연가 등을 해본 결과 돈을 버는 데는 젬병이란 것을 뒤늦게 깨달았다.

2009년 말 아이폰 3에 빠져들며 막연하지만 엄청난 변화의 시대를 직감하며 인생 이모작에 대해 연구하고 칼럼을 쓰고 강연을 하고 일대일 코칭을 시작했다.

이때부터 진짜 공부를 시작했다. 지난 7년 동안 270명을 일대일 또는 그룹으로 코칭하며 4차 산업혁명의 시대에 걸맞은 창직에 눈을 뜨고 자나 깨나 창직을 위해 노력하고 있다.

저서로는 『창직이 답이다』와 『마법의 코칭』이 있고, 매주 창직 칼럼을 실은 주간 뉴스레터를 꾸준히 발행하며 미래한국, 벤처창업신문, 소셜타임스, 블로그, 페이스북, 인스타그램, 트위터, 브런치, 카카오스토리, 스웨이, 텀블러 등에 수시로 글과 사진을 게시하고 있다.

2017년 가을부터 서울시 50플러스 재단 중부캠퍼스에서 1인 창직 그룹 코칭을 성공적으로 진행해 왔고 처음으로 그룹코칭의 새로운 장을 열었다.

정은상 창직학교 맥아더스쿨 교장은 서울 중구 더플라자 호텔에서 뉴스토마토와 토마토TV 공동주최로 열린 '2018 은퇴전략포럼'에서 '은퇴전략을 위한 몇 가지 오해'를 소개하며 기조연설을 했다. 이 내용으로 정은상 교장에 대하여 좀 더 알아보자.

하루가 다르게 세상이 변하고 있다. 모든 소통의 매개체는 스마트폰으로 바뀌었고 동영상 기반 플랫폼인 유튜브는 글로벌 1위 검색 엔진인 구글을 바짝 뒤쫓고 있다. 이런 상황에서 직장이나 기관에 소속돼 있는 신중년들은 아직 직장이라는 울타리 안에서 은퇴 이후 삶에 대해 막연히 생각할 뿐이다. 신중년들에게 자기 일자리를 자기가 찾아낸다는 의미의 창직을 전파하기 위해 정은상 창직학교 맥아더스쿨 교장이 나섰다.

창직을 위하여 우선은 열심히 공부만 하면 된다고 생각하는데, 그는 "공부 좀 그만하라"고 역설했다. 정 교장은 "신중년들은 열심히 공부해서 직장에 뽑혔으니 은퇴한 이후에도 공부만 열심히 하면 이루어지겠구나! 라고 생각한다"면서 "은퇴설계를 할 때도 여전히 공부를 열심히 해야 된다고 생각하는 것 때문에 앞으로 나아가지 못한다"고 말했다. 이어 "돈을 벌려고 쫓아다녔더니 돈이 먼저 알고 도망갔다"고 말하며 돈은 벌어야 하지만 돈을 앞세우면 힘들어진다고 조언했다.

정 교장은 '따라 하기만 하면 된다.'라는 생각도 경계해야 한다고 지적했다. 그는 "벤치마킹하면 평균치밖에 못 따라간다"면서 "우리가 직업을 만들어서 자녀들에게 짐이 되지 않도록 하는 게 목적이 돼야 한다"고 말했다. 더불어 무조건 돈을 먼저 투자할 생각을 하지 말고 어떤 내용으로 어떤 직업을 찾을 것인가에 대해 먼저 고민해야 한다고 강조했다. 여러 사람과 모인 자리에서는 인사이트를 찾고 자극을 받고 깨달음을 얻겠지만, 결국 창직은 혼자 고민해야 하는 문제라고도 말했다.

'그렇다면 창직은 어떻게 해야 하는 것인가'에 대한 혜안도 제시했다. 정 교장은 창직을 기업가 정신과 일맥상통한다고 봤다. 기업가 정신이란 대기업 총수들이 처음 기업을 일궜을 때의 마음가짐으로, 어떻게 세상이 돌아가는지 보고 그 흐름을 잡는 것이 중요하다는 이야기다. 그는 "4차 산업혁명시대에는 어떤 직업이 나타날지 모르니 창직 마인드를 가져야 한다"고 설명했다.

정 교장은 "창직에는 가치가 있어야 하는데 진심으로 누군가를 도와줘서 그 사람이 잘될 때 보람을 느끼는 것이 필요하다"고 말했다. 특히 스마트 도구와 소셜 네트워크의 중요성에 대해 역설했다. 그는 "스마트폰만 잘 사용해도 시대의 흐름에 따라갈 수 있다"면서 "4차 산업혁명, 인공지능도 유튜브에서 영상 몇 편만 보면 다 이해할 수 있다"고 말했다. 이어 "인간관계를 유심히 보고 잘 활용하면 낯선 사람이 도움을 주는 경우가 많다"면서 "(온라인이나 오프라인상에)자신의 정보를 적극적으로 노출하고 자신을 세일즈해야 사람들이 알아주기 시작할 것"이라고 덧붙였다.

정 교장은 '창직을 통해 평생직업을 갖도록 하는 저는 등대지기'라는 자신의 창직 선언문을 소개했다. 그는 "행복하기 위해서 일자리는 우리가 만든다"면서 "평생 직업을 찾아나가는 여러분이 됐으면 좋겠다"고 말하며 연설을 마무리 지었다.

정은상 교장은 오늘도 창직을 돕는 일을 코칭하고 있다. 그의 코칭을 받아 창직을 한 사람들도 헤아릴 수 없이 많다고 한다. 지금까지 코칭받았거나 받고 있는 제자들만도 전국적으로 270명이 있다고 한다.

이렇게 정은상 교장이 운영하는 창직학교 맥아더스쿨은 창직의 대표적인 브랜드로 자리매김하고 있다.

2. 붓을 잡고 50년 세월을 敎學相長하며 살아온 茂谷 최석화(서예가)

사람은 이성과 감성을 가지고 태어난다. 즉 인간은 머리에는 지성과 가슴에는 감성을 가지고 끝없는 발전을 해 왔다. 최근 첨단 전자기기의 발명과 IT 산업 혁명으로 인간 지능 로봇을 만들어내는 등 생활에 많은 변화를 가져왔다. 인간의 머리로 할 수 있는 최고의 수준에 올라 있기에 상당한 재물과 부를 누리게 되었다고 할 수 있다. 앞으로는 재물보다 감성을 풍요롭게 하며 삶의 멋과 가치를 채워주는 예술, 스포츠, 오락 등이 더욱 발전하는 시대가 도래하리라고 확신한다. 은퇴 후에 사람들이 돈보다 예체능의 즐거움을 찾아 노년의 풍요로운 삶을 위해 많이 참여하는 현상이 두드러지고 있다.

당나라 시인 杜甫가 쓴 시 曲江에 보면 '인생 칠십 古來稀'라고 했다. 인생은 70을 사는 이가 드물다는 말이다. 다행히도 최근에는 첨단 의술과 건강관리로 100세를 넘어 사는 長壽 시대가 되었다. 은퇴 후 40~50년은 더 살 수 있으니 노년의 삶을 위해 정부에서도 평생교육이란 이름으로 전국 지방자치센터를 설립하고 예체능, 오락, 인문학, 어학 등 다양한 과목을 배우는 기회를 마련하고 있다. 전문강사를 초빙하여 값싼 비용으로 운영해 온 지 오래되었다. 성황리에 진행되고 있다.

서예술의 예찬과 서예가로 사는 즐거움을 들어본다.

서예는 사람의 마음을 다스리는 心性 예술이다. 서예술을 공부하면서 옛 성현의 좋은 글귀와 바른 행동과 철학을 본받으니 좋다. 늘 바른 자세와 올곧은 생각으로 같은 동호인들과 함께 쓰고 그리고 토론하는 생활을 한다. '글씨가 곧 그 사람이다.'라고 했으니, 전시회를 통해 다른 이에게 좋은 작품을 선보일 수 있어 더욱 즐겁다. 일찍이 나는 초등학교 시절부터 글씨 쓰기와 그림 그리기를 좋아했다. 성장하여 직장 생활을 하면서도 늘 마음속엔 서예와 그림에 대한 끈을 놓아 본 적이 없었다. 칠십여 년을 살아오면서 다른 직업을 선택할 좋은 기회도 있었지만 과감히 떨쳐버리고 붓을 잡고 50년의 세월을 배우고 익히고 教學相長하며 살아왔다.

힘들고 고달파도 참아가며 지금까지 견뎌온 것은 내가 좋아했고 즐거워했기에 가능했다. 서예술을 하는 나에게는 은퇴나 정년이 없다.

'글씨와 함께 늙어간다'는 말은 '人書俱老'라 한다. 그 사람과 글씨는 함께 익어 간다는 뜻이다.

몇 개의 글귀로 무곡 최석화는 서예술을 하면서 아름다운 삶을 살아가는 면모를 볼 수 있을 것 같다.

*不狂不及이라 했다. 미치지 않으면 목표에 이르지 못한다. 나는 내가 하고 싶으면 하고 쉬고 싶으면 쉰다. 이 얼마나 자유롭고 편리한가.

*知, 好, 樂(논어의 글귀) 많이 아는 것도 좋으나, 많이 좋아하는 것이 더 좋고, 많이 좋아하는 것도 좋으나, 그것을 즐기는 것이 더 좋다는 뜻이다.

내가 즐겨 하는 일은 힘들어도 힘들지 않고 능률도 오른다.

*德不孤 必有隣(논어의 글귀) 덕 있는 사람은 외롭지 않고, 반드시 이웃하는 사람이 있다. 내가 먼저 베풀면 그것이 덕이고, 덕을 베푸는 사람에게는 좋아하고 따르는 무리가 있게 마련이다. 내가 바보가 되면 친구가 모인다.(무곡의 좌우명이다)

*水至淸則無魚 人至察則無徒 물이 맑으면 물고기가 살지 않고, 사람이 지극히 살피면 따르는 무리가 없다는 뜻이다.

*超物累樂天機(채근담 글귀) 일상생활의 얽매임에서 초월해 하늘이 주신 자연의 틀 안에서 즐겨 산다.

무곡 최석화 서예가는 본인의 삶을 시 두 편으로 표현하고자 한다.

*一片靑雲虛心獨樂

대장부 그 큰 뜻을 붓끝에 걸어 놓고
세월아 나를 업고 갈 테면 가거라.
세상만사 내 맡기고 유유자적 독락하며
붓 한 자루 벗을 삼아 산과 물을 친구 삼아
찾아 주는 객은 없어도 일필휘지 벗이로다.(무곡 최석화)

*朝夕 不問 一筆揮之

나이 들어 백발이나 마음 아직 젊었거니
세월이야 가든 말든 오늘도 먹을 간다.
먹물 속에 잠긴 세월 꽃 피울 날 있으려나.
몽당붓은 모아 두고 좋은 작품 골라놓고

아침저녁 불문하고 일필휘지 벗이로다.(무곡 최석화)

3. 네 명의 시니어가 뭉쳐 '제2의 인생'을…

고령화 사회라는 우려와 함께 우리 사회도 장수사회를 상징하는 100세 시대에 본격 돌입했다. 그러나 번듯하게 들리는 '100세 시대'라는 말 뒤에는 아직까지 준비되지 못한 사회적 환경과 개인적 환경으로 인해, '은퇴 후 삶', '노인 빈곤율', '노후대책' 등 어둡고 무거운 과제들이 드리워져 있다는 사실이 우리에게 불편함으로 다가온다.

그런 고민들을 헤쳐 나가기 위해 회사를 설립하고 활발한 활동을 하고 있는 4명의 멋진 시니어가 있다.

그 주인공들은 최창준 대표(67)와 고영희 이사(69), 고문언 기획단장(66), 강대현 교육단장(65) 4명 모두 평생 교직에 몸담고 지역에서 교장 · 교사로 정년퇴직한 교육계 출신 시니어들이다.

이들은 100세 시대에 접어든 현대 사회에서 집에만 있을 수는 없는 노릇이라는 생각에 사회를 위해 뭔가 좋은 일을 해보자며 뭉쳤고, (주)액티브시니어(대표 최창준)라는 사회적 기업을 설립했다.

지난해 9월 지역에서는 최초로 지역사회 공헌형 예비 사회적 기업으로 지정돼, 현재 1년차를 지내고 있다.

'지역사회 공헌형 사회적 기업'이란 지역의 인적 · 물적 자원을 활용해 지역주민의 소득과 일자리를 늘리는 기업으로, 지역 취약계층 고용에 대한 인건비와 다양한 사회서비스를 제공하기 위한 사업개발비 등을 지원받을 수 있다.

중마동 아쿠아센터 4층과 5층에 위치하고 있는 액티브시니어는 시니어들이 모일 수 있는 공간인 시니어 카페를 운영해 일거리도 찾으면서, 노후생활에 즐거움을 찾아갈 수 있도록 함께 나서고 있다.

또한 시니어들의 경제 · 사회활동 참여를 통해 지역사회에 노하우와 경륜을 활용함과 동시에 고령사회로 진입해가는 우리 지역의 사회 문제를 해결해 나가는 것을 목적으로 운영하고 있다.

더불어 포스코 등 전문성을 가진 정년 퇴직자들을 채용하고 동시에 퇴직자의 활기찬 노년 생활을 준비하는 데도 일조하고 있다.

이 밖에도 학생과 학부모를 위한 인성교육, 효(孝)캠프, 초 · 중 · 고교생들을 위한 진로 체험 프로그램을 운영하는 등 다양한 사업들을 추진해 나가고 있다.

최 대표는 "지금 같은 발전된 우리나라가 있게 한 주역들이 현재 60~70대 시니어들이고, 그들의 전문적인 노하우와 잠재력을 그냥 소멸시켜버리는 것은 너무나 아까운 일"이라며 "100세 시대를 맞아 현역에서 은퇴했지만 아직까지 일할 수 있고 사회에 기여할 수 있는 일이 너무 많다. 이 사회에 뭔가 도움이 될 수 있도록 잠재력을 이끌어 내 시니어에게는 활력을, 사회에는 기여를 할 수 있길 기대한다."라고 말했다.

지난 겨울에는 송년회 겸 지역 독거노인 돕기 시니어 기악 콘테스트를 개최해 수익금 200만 원을 사랑나눔 복지재단에 기부하기도 했다.

액티브시니어의 주요 사업은 △시니어 일자리 · 일거리 창출 사업 △건강 취미생활 사업 △직업교육사업 등이다.

이를 위해 △사회단체 사업체 지방단체 연계 △전문지식 · 경험 활용한 정보제공 및 멘토링 △지식서비스 기반 전문가 육성 등을 추진하고 있다.

또한 고용노동부와 광양시 지원을 통한 사회공헌활동(인성교육)도 활발히 전개하고 있다. 액티브시니어가 전개하는 사회공헌활동은 봉사적 성격으로 시니어들의 자기만족도와 성취감 향상을 위한 것이며, 인성지도자 자격증 교육을 통해 현재까지 60명이 자격증을 취득했고, 이 중 40명이 유치원이나 경로당, 요양원 등의 현장에서 인성교육 활동을 펼치고 있다. 이런 노력으로 액티브시니어는 지난 7월, 광양에서는 유일하게 교육부와 대한상의가 인증하는 '2018 2차 교육기부 진로체험 인증기관'으로 선정됐다.

최창준 대표는 "시니어들이 은퇴 후 활동할 수 있는 장을 마련해 일자리도 발굴하고 은퇴 전에 활동했던 노하우와 기술들을 재능기부 할 수 있도록 마중물 역할을 하고 싶다"며 "그러기 위해 우선 재정적인 자립이 무엇보다 중요한 것 같다. 이를 위해 다양한 사업들을 진행해 갈 계획"이라고 말했다.

자립만 되면 모든 수익금을 사회에 환원할 계획이라는 액티브시니어. 그러나 자립은 생각만큼 그리 녹록지 않다. 그래서 "이제 시작입니다"라고 말하는 4명의 시니어들이 펼쳐가는 인생 2막이 더 기대된다. (광양신문 김호 기자의 글)

4. 30년 모은 음반으로 음악감상 카페 진을 차린 진민장 대표

근무하던 직장 포스코를 정년퇴임하고 그동안 고전음악에 심취하여왔던 진민장은 음악감상 카페 진을 차렸다. 음악감상 카페 진은 진공관 앰프와 빈티지 스피커로 음악회 현장음에 가까운 자연스럽고 생생한 재생음을 추구한다. 진심이 통하는 지인들과 담소 나눌 수 있는 공간, 동네 사랑방처럼 편안한 휴식 공간 음악 감상 카페 진을 마련한 것이다.

음악감상 카페 진은 일반 카페와 다르다. 30년 넘게 다양한 음반을 수집해온 진민장 대표가 음악을 사랑하는 사람들과 공유하고 싶어 50평 넓은 공간에 음악감상 카페 진을 오픈했다.

음악감상용 오디오는 파워앰프 3C24 PP Power이다. 특징은 1950년대 부품을 주로 사용하여 스피커와 상성이 좋다. 또 프리앰프는 트렌스형 프리 매직인데 특징은 자연스러움과 풍부함, 고풍스러운 음을 재현하며 스피커는 1954~1955년대에 제작한 패트리션 4, 빈티지 스피커지만 광대역 표현이 가능하다. 음악감상 카페 진은 음악을 사랑하는 사람들의 사랑방 역할을 하겠다고 한다. 듣고 싶은 음악이 있으면 장르를 가리지 말고 어떤 곡이든지 가져와도 좋다고 한다.

밥도 좋은 사람들과 함께 먹으면 맛있듯 음악도 좋은 사람들과 함께 들으면 그 감흥이 다르다. 지인들과 빈티지 공간에서 특별한 오디오로 듣는 음악은 생각만으로도 감동이다. 음악도 듣고 다양한 차도 마실 수 있는 음악감상 카페 진은 듣고 싶은 곡명을 메모해주면 곡을 찾아서 들려주고 개인적으로 좋아하는 음반이나 CD를 가져와서 함께 감상하는 것도 환영한다.

직장에 근무할 때 점심 식사 후 회의실에서 동료들과 함께 음악 감상을 하면서 해설도 했다. 시간이 갈수록 음악 감상하는 동료들이 늘었고, 서로 음악을 공유하다 보니 분위기는 최고였던 기억을 되살리고 있다. 결혼반지를 팔아서 전축을 살 정도로 음악을 좋아했다는 진민장 대표, 그는 음악을 많이 듣다 보면 나도 모르게 그 음악 속에 동화되어 거닐게 된다며 좋은 음악을 듣는 것만큼 큰 행복도 없다고 말했다.

음악감상 카페 진의 진민장 대표는 음반 수집에 얽힌 이야기를 들려준다. 이야기는 음악잡지 객석에도 소개된 바 있다.

음반 수집을 취미로 즐기는 이에게 음반 발매가 줄어들고 있는 요즘은 아쉬운 시절이다.

지금보다 더 많은 음반이 쏟아졌던 20년 전에는 금전이 부족해 아쉬웠는데 말이다.

현악 연주 음반을 즐겨 듣는 요즘과는 달리 십여 년 전에는 성악 음반에 푹 빠져 지내곤 했다.

당시 성당의 성가대원으로 활동하면서 사람의 목소리에 관한 매력을 깊이 느꼈던 시절이던 탓인 듯 싶다.

여러 성악가 중에서도 특히 리타 슈트라이히의 목소리에 "뻑 가는" 바람에 음반을 구하려 부단히 노력했던 기억이 난다.

당시 국내 음반 판매점에서 구할 수 있는 것은 두세 종에 불과했다.

궁여지책으로 오디오 동호회 회원이 갖고 있던 리타 슈트라이히의 LP 몇 개를 대여했고, 일요일에 CD로 만드는 작업을 온종일 한 끝에 다양한 곡을 들을 수 있었다.

귀한 LP를 흔쾌히 빌려준 온라인 동호회 회원과 CD 만드는 작업을 도와준 지인에게 고마운 마음도 컸지만, 무엇보다 어렵사리 작업한 음반이었기에 감상하는 기분은 더 말할 나위 없이 즐거웠다.

그렇게 몇 년이 흐르면서 리타 슈트라이히의 자연스럽고 아름다운 목소리에 대한 흠모는 점점 깊어졌다.

그녀의 다양한 음반을 구하고 싶은 욕구도 점점 커져 급기야 이베이를 통해 유럽과 미국에서 LP를 주문하기 시작했다.

주문한 LP가 2~3주 만에 도착할 때는 그야말로 소주 한 잔을 마시지 않고도 한 병쯤 마신 것 같은 즐거움을 만끽했다.

그렇게 구입한 대여섯 개의 LP 중 슈베르트의 가곡집은 도착하기까지 40일이 걸리는 바람에 포기 상태에 다다랐던 나에게 반전의 기쁨을 선사했다.

리타 슈트라이히의 슈베르트 가곡집에는 "바위 위의 목동"이 1면 마지막 곡으로 장식되어 있다.

12분 정도의 길이로 목동의 외로움을 표현한 듯 클라리넷의 구슬픈 시작 부분과 목동이 연인을 그리워하다 산을 내려가 연인을 만날 때의 기쁨을 표현한 듯한 후반부가 특히 인상적이다.

그 매력에 어느 날은 서너 번씩 반복해 들으면서 목가적인 아름다움에 빠지곤 했다.

이 음반은 그동안 수집한 2천여 장의 음반 중 가장 아껴 듣는 음반이 됐다.

일상 속에서 스트레스가 쌓일 무렵 듣는 리타 슈트라이히의 목소리는 모든 근심을 사라지게 하고, 오로지 기쁨으로 충족시켜 주는 일등공신이다.

한 치의 오차 없는 정확한 음정과 깨끗한 음색. 쉽사리 접근할 수 없는 높은 고음역에 꾸밈없는 자연스러움까지….

예쁜 목소리를 가진 성악가로 엘리 아멜링, 캐슬린 배틀, 바바라 보니 등이 손꼽히지만 자연스러운 발성은 리타슈트라이히에 미치지 못한다고 나의 귀는 내게 수없이 이야기한다.

요즘도 가끔씩 우리 집에서 그녀가 노래를 들려준다.

고인이 된 그녀에게 언제나 고마울 따름이다.

하지만 그녀에 대한 흠모가 너무 활짝 폈는지 아내가 그녀의 목소리를 약간 질투한다는 것이 굳이 꼽는 애로사항이다.

숨 가쁘게 살아가는 현대인들에게 음악은 생활이다. 30년을 모은 4천여 장의 음반을 공유하고 싶어 음악감상 카페 진을 오픈한 진민장 대표, 카페 진은 음악을 사랑하는 사람들의 문화공간으로 활용할 수 있도록 오픈하겠단다. 매주 수요일은 오후 8시부터 9시까지 진민장 대표가 직접 해설과 음악에 대한 에피소드 등을 곁들여 설명해주는 시간을 갖는다.

때론 조용한 음악, 때론 신나는 음악과 함께 인생의 달콤한 여정을 음악감상 카페 진에서 시작하고자 한다. 음악감상 카페 진은 평일(월~금)은 18시~23시, 주말(토~일)은 12시~23시까지 오픈한다.

5. 은퇴 후 창직한 페스탈로치 스쿨의 박성재 교장

'마을기업 이음공동체' 공동대표와 인성교육을 겨냥한 '곰동네 체험학교'를 운영하는 강대성 대표는 고교 때 은사인 박성재 교장을 페스탈로치 스쿨 교장으로 모시게 되었다.

박 교장은 교육도 디자인 시대이다, 에듀 디자인으로 새롭게 시작하자고 강조하는 교육자이다.

페스탈로치 스쿨 교장은 중, 고 교사 35년 경력자이다. 울산교육지원단(교육과정, 교원평가영역)으로 활동하고 있다.

특히 맞춤형 1:1 코칭을 하고 있다.

새로운 직업 에듀 디자이너가 되기를 원하시는 분, 교육자(교사), 피교육자(학생, 학부모)들을 대상으로 한다. 교육 전반에 관한 고민 및 각종 업무, 교육 전략 분석 등 35년간의 교직 생활에서 무수히 겪은 크고 작은 경험을 공유하고자 활동하고 있다. 진급이냐? 교육이냐? 나의 역할은 무엇인가? 손에 잡히지 않는 교육에 대한 교육자, 피교육자의 문제 해결을 도와드린다.

강연으로 많은 정보를 나누어 주고 있다.

에듀 디자인의 필요성?, 셀프 코칭에서 경험 코칭으로 거듭나기, 학교경영 전략분석, 공부란 무엇인가?, 학교교육현장의 숨은 보물찾기?, 내 아이의 인성과 지성 다루기, 학교폭력의 연쇄 고리 원인 찾기와 대응책, 학교경영과 학교교육의 바른 연결의 실마리 찾기, 나의 학교는? 강점과 약점? 학급경영의 새로운 패러다임은 무엇인가? 각종 행사 및 수련활동 코칭 및 컨설팅, 새로운 교육아이디어가 필요하신 분을 위한 강연, 우리 학교 10% 성장 동력원은 무엇일까?

그리고 교육 컨설팅을 하며 교육 지원청, 초등학교/중학교/고등학교, 일반교육기관, 일반기업, 교육과 관련된 단체 등을 대상으로 범위, 예산, 기한을 정하여 프로젝트로 진행하고 있다.

강 대표는 "체험학습 학교에서 제가 맡은 분야는 목공 기술인데 체험활동 나오는 아이들한테 못질만 가르치다 보니 왠지 허전한 느낌을 지울 수가 없었어요, 궁리 끝에 나온 것이 '손재주를 넘어 교육철학을 접목시켜 보자'는 생각이었고, 지난해 7월 개교하면서 선생님을 모시게 됐지요. 이젠 정말 든든

합니다."라고 박성재를 모시게 된 소감을 털어놓기도 한다.

박성재 선생님을 교장으로 초빙할 수 있었던 것은 졸업 후에도 계속 이어진 사제지간의 끈끈한 연(緣) 덕분이기도 했다.

학교 교섭은 체험교실의 빈자리를 채워줄 학생 유치에 반드시 필요한 과정이다.

지난해 7월 개교한 이래 올 상반기까지 체험교실을 거쳐 간 학생들의 소속 학교만 해도 굴화 · 상북 · 문현 · 신복 초등학교를 비롯해 열 손가락에 가깝다. 앞으로 학생을 단체로 보내주기로 한 학교도 갈수록 늘어나 얼마나 감사한지 모른다. 두남중고등학교 학생 40여 명이 찾아와 '나만의 책꽂이'를 만들어 가져갈 참이다.

은퇴 후 페스탈로치 스쿨 교장으로서 역량 발휘를 하며 인생2막을 아름다운 삶으로 이끌어가고 있다.

웅촌 옛 지명서 따온 '곰동네 체험학교'에 대하여 설명을 덧붙인다. (출처: 울산제일일보 http://www.ujeil.com)

'熊村'(곰熊 · 마을村)이란 지명에서도 짐작이 가듯 울주군 웅촌면(熊村面)에는 일제강점기만 해도 곰(熊)이 살고 있었다. 면청에서 그리 멀지 않은 대부산(大富山) 자락 골짜기에 다소곳이 자리 잡은 '페스탈로치 스쿨–곰동네 체험학교'도 실은 그 이름을 곰골[熊谷]이란 옛 지명에서 따왔다. 체험학교의 이정표 격인 대복주유소의 바로 뒤편 '웅촌로 669번지'는 1980년대만 해도 '곰동네 가든'이란 오리백숙집이 은밀한 손님들로 북적거리던 곳이다.

'곰동네 체험학교'(='곰동네 체험학습원')는 지난해 5월 행정안전부가 마을기업으로 지정한 '이음공동체협동조합'이 그 두 달 뒤 '공유'와 소통'을 기치로 내걸고 문을 연 청소년 체험학습 공간이자 인성교육의 도량. 5년 전부터 곰골에 마음을 빼앗겨 체험학교 터전 넓히기에 여념이 없는 마을기업 공동대표 강대성(51, 인테리어사업가) 씨가 만들었다.

6. 미술의 신영역 모바일미술로 국민미술 영역을 개척해 가는 스마트화가 정병길

"혹시 내 눈에만 임금님이 벌거벗어 보이지 않나? 아고~"

구경 나온 많은 백성들은 영문도 모른 채 벌거벗은 임금님을 보며 좋은 옷을 입었다고 차마 아니할 수 없다. 그냥 '항상 근엄한 임금님의 행차보다 때론 백성들의 심심풀이를 위한 광대 같은 임금님의 행차는 더 재미있다'고 생각하며 그대로 즐기면 될 텐데… ㅎㅎ

어느 사람이 요강 같은 단지를 하나 들고 와서 성주단지라고 모신다. 그리고 아침저녁으로 그 앞에서 주문을 외워댄다. 그 집은 갈수록 잘나간다. 너도 나도 그런 단지를 하나씩 사서 성주단지로 극진히 모신다. 그리고 소원을 빌어댄다. 이제 안심이 되고 대열에 낀 것 같은 자부심을 가진다.

어느 날 마르셀 뒤샹이라는 사람이 가게에서 파는 남성용 소변기를 들고 나와, 이게 '레디메이드' 예술이라고 알 듯 모를 듯한 말을 해 댄다. 평론가들은 불경스럽다고 나무라고 하나, 말발이 센 그를 당할 재간이 없다. 그러는 사이 너도 나도 뒤샹의 흉내를 내어댄다. 그들 모두 개성을 흉내 내는 현대예술가가 되는 것이다.

철학적이고 현학적인 수사(修辭)로 범벅이 된 채 세상에 떠들썩하게 소문나는 요즘 미술은 너무 난해하여 머리를 아프게 한다. 감동커녕 소소한 재미도 얻기 힘들다. 다만 미술권력층(?)의 현란한 해몽과 '억' 소리 나는 거래로 지나가는 시민들을 주눅만 들게 할 뿐이다.

허나 맞장구를 치지 않으려니, '나만 진짜 바보 아닐까' 하는 의혹이 인다. 어허~

스마트화가 정병길, 그는 전시장에서 많은 사람들을 만난다. 인사를 건네려면 '나는 그림을 모른다'고 묻지도 않은 대답을 자주 듣는다. 뭘 모른다는 것인지 알 수가 없다. 어허~

그렇다. 요즘 미술이 어려운 철학으로 변해 버렸다. 화가는 그림 앞에서 목에 힘을 주고 평론가는 알아듣기 힘든 말만한다. 그냥 보고 즐기자는 미술이 머리를 아프게 하니 어쩌면 좋나? 보고 즐기는 예술이 아니라 귀로 듣는 철학이 된 것이다. 구경 나온 시민들은 머리 아프니 보다가는 차라리 '너희들 끼리 잘해 보세요.'라고 할 것이다. 그래도 고개를 끄떡여 줘야 교양인으로 보일 일이기는 하다.

그는 농협에서 30여 년 근무하다 2010년 퇴직했다. 직장에 다니면서 틈틈이 그림을 그리고 글쓰기도 했다. 그림 개인전 및 그룹전을 다수 가진 바 있다. 퇴직 후 바로, 전부터 맘먹었던 저술에 몰두했다. 2011년에 『내 아이 이웃과 함께, 더 큰 세상으로』라는 수필에 이어, 2013년에 2번째 책 『이젠 아빠를 부탁해』란 책을 냈는데, 주위의 분들로부터 상당한 호응을 얻었다. 출판사와 협력해 몇 차례씩 두세 군데 주요 신문에 신문 광고도 해 봤지만 비용에 비해 큰 효과는 없었다. 그렇다고 돈이 많이 드는 광고는 더 이상 할 수가 없어서 SNS를 배워 홍보하려고 생각했다.

그러던 중 SNS코칭 및 창직 전문가인 맥아더스쿨 정은상 교장을 만나 페이스북 및 유튜브 등 제작 활용법을 배우기 시작했다.

도중 그가 화가라는 얘기를 하자, 모바일에 있는 그림 앱 소개와 모바일그림에 대한 얘기가 이루어졌다. 모바일에 그림을 그려보니 그 자신이 재미있었고, 이를 지켜보는 정은상 교장은 신기해했다.

정은상 교장은 모바일그림 강좌 등 새 분야 개척을 독려하고 적극 연계해 주어, 그룹 및 개인 강좌를 열었다. 비교적 호응이 컸다. 이어 이 모바일그림을 작품으로 출력하여 선물도 해보고 구매 주문에 응하기도 했다.

더 나아가 고양시 대자동에 있는 강강술래 늘봄 농원식당 정원에서 50여 점의 모바일그림으로 전시회를 갖게 되었다.

그가 모바일그림만으로는 국내에서는 처음으로 개인전을 가진 것이다. 몇 잡지 및 신문에 소개되고 방송매체 등에 보도

되면서, 그는 아이패드화가 1호, 한국 최초 태블릿PC화가 등 닉네임을 얻게 되었다.

근래에는 삼성전자의 펜업(PEN.UP)의 지원을 받으며, 갤럭시탭의 앱을 사용하여 그림을 그리면서 갤럭시화가, 또는 스마트화가란 별명을 가지고 모바일미술활동을 하고 있다.

모바일아트란, 우리가 일상에서 들고 다니는 모바일(스마트폰이나 태블릿PC)에 그림을 그리고 이를 전시 및 생활에 활용하는 미술이다. 우선 누구나 쉽게 그림도구에 접근할 수 있고, 유치원생부터 프로 화가까지 그림을 그릴 수 있는 프로그램(앱)이 다양하다. 미술처럼 재미를 느끼며 예술 작업을 병행할 수가 있는 4차 산업혁명시대에 걸맞는 새로운 미술영역이다. 간편하고 재미있게 그릴 수 있다. 누구나 바로 가지고 있는 스마트폰이나 태블릿PC에다 멋진 그림을 그릴 수 있는 것이다. 보시다시피 색상이 아름다우면서도 멋있다. 즉 예술성이 있다. 또한 쉽게 생활에 활용할 수 있다. 그래서 생활 속의 예술은 물론 차세대 미술의 큰 영역을 차지하게 될 것이다.

특히 도구의 간편성으로 지하철은 물론 비행기 안 등 어디서나 그림 작업을 즐길 수 있다.

예를 들면 제주도에 가 유화로 스케치를 하고자 하면 그림물감, 캔버스, 이젤 등 그림도구를 한 짐 메고 가야 한다. 공항 검색대에서 유화물감의 인화성 때문에 매번 시비 후 통과된다. 유화 기름은 아예 비행기에 실을 수 없어 제주도의 화방에 가서 구하는 번거로움을 피할 수 없으며, 올 때는 아깝고 환경오염이 우려되지만 버리고 와야 한다. 반면 모바일그림은 그냥 스마트폰이나 패드만 달랑 가방에 넣고 가면 되는 것이다.

그는 2017년 전국 곳곳을 답사하며, 모바일에 그림을 그리고 글을 쓰며 현장 스케치를 시도한 바 있다.

수학 교수로 재직하다 퇴임한 모바일아트 동호인인 이광복(80세) 화백은 "유럽 여행을 마치고 프랑크푸르트 공항에서 귀국하는데 10시간 남짓이나 걸리는 비행기 안에서 모바일그림 3점을 그리니 인천 공항에 똑 떨어지더라."라며 "정신 집중하는 데는 독서나 영화보다도 모바일그림 그리기가 최고"라고 엄지 척 하며 노익장을 과시하기도 했다. 그림을 그리고 싶었으나 차마 손을 못 대다가 80세에 모바일그림에 입문하여 신나게 그려대며 화가가 된 안경숙 화백도 있다. 활용도도 다양하다. SNS에 바로 게시, 시화전의 컷, 책의 컷, 크고 작은 그림을 캔버스 등에 출력한 작품 전시, 전자 모니터에 화상 전시, 행사장의 영상 배경 화면 등으로 생활 속의 미술로 안성맞춤이다.

물론 단점도 있다. 유화처럼 질감을 내기에는 다소 부족한 점이며, 모바일에 그리기 때문에 큰 벽화 등의 제작은 어렵다. 그러나 이의 특성을 더 연구하고 개발하면 더 좋은 활용방법이 나올 것으로 믿는다. 최근 ㈜잉크테크의 〈3D Effect〉 출력 기술이 개발되어 모바일그림과 접목하여 좋은 효과를 내고 있다.

'나는 영혼이 있는 그림을 그리고 싶은데, 모바일그림에는 영혼이 없어'라는 말이 간혹 귓전을 스치기도 한다. 그렇다면 TV를 시청하고 웃고 영화를 관람하며 눈물짓는 그들의 영혼은 도대체 어느 도깨비에게 홀린 것인가?

시민들이 많이 지나가는 농원식당 정원에서부터 지하철역, 공공기관의 화랑, 큰 병원 갤러리 등 생활공간에서 모바일그림 개인전 12회와 모바일아티스트그룹전 5회를 가졌다.

2015.12.12. 삼성전자 펜업(PEN.UP) 초청으로 삼성전자 '딜라이트 룸'에서의 드로잉토크쇼에 참여했는데 성황리에 진행되기도 했다.

앞에서도 언급한바 2017년에는 혼자 모바일에 스케치하며 국토의 최남단 마라도부터 민족의 영산 백두산까지 국토답사기행을 하였다. 2018년에 『모바일스케치 마라도부터 백두산까지』라는 모바일스케치 기행문집을 출간하고 마라도에서 출판기념콘서트를 가진 바도 있다.

이어 문화센터 강좌 및 문화예술 행사 초청 강사로 모바일그림 및 예술 강좌를 지속적으로 열어 가고 있다.

한편 근래 생활체육은 생활 속에서 활력을 주고, 싸이 가수며 방탄소년단 등 대중음악과 각종 드라마 등 대중문화 부문은 세계에서 각광을 받고 있다. 앞에서 언급했듯이 유독 미술분야는 시민들로부터 어렵고 관심 없는 분야로 전락하고 있다.

다행히 이번에 소개하는 모바일미술은 접하기 쉽고 재미있다. 개발 여지도 많다. 아직 많지는 않지만 어린이부터 시니어까지 체험한 사람들은 좋아하고 재미있다고 한다.

미술도, 누구나 운동장에서 공을 차듯, 노래방에서 노래하듯, 옷가세에서 옷을 고르듯 즐기면 될 일이다.

그는 지금까지 주로 성인들을 대상으로 강좌 등을 진행해왔는데 금후 차세대를 대상으로 적극적으로 전도할 예정이다. 현재 서울 목은초등학교 방과후 수업, 장충중학교의 자유학기제에 모바일미술강좌를 시범적으로 처음 시도하고 있다. 이는 근래 시험결과에만 치중하는 학습풍토에서 모바일아트로 내면의 세계를 표현하고 감성을 풍부하게 하는 예술의 장으로 안내할 것이다. 나아가서는 국민소득이 가장 높은 나라 대한민국이 되기 이전에, 모바일 화가가 가장 많은 나라 대한민국을 소망하며 전진할 것이다.

7. 노인들의 '장수사진'을 찍어주는 대통령상 수상 사진작가 고한상

1993년 7월에 포항종합제철주식회사 사진담당 전문직으로 입사하여, 광양제철소 홍보팀 사진담당으로 발령받아 근무를 하면서, 1996년 6월 지역의 사진동아리를 지도하고 있을 때, 사진동아리회원으로 활동하던 한 분이 골약동 경로당에 무료 영정사진 촬영을 한번 해 보는 게 어떻겠냐고 제안을 한다.

좋은 생각이라고 모두들 참여하여 봉사활동을 하고 영정사진을 전달해 드렸는데, 어르신들이 너무 좋아하신다.

'아. 이거다.' 그동안 이웃을 위해 무엇으로 봉사활동을 할 수 있을까를 고민하던 중이었다. 그런데 바로 봉사할 일이 생겨서 기쁜 마음으로 1996년부터 봉사활동을 시작하였다. 그렇게 시작한 일이 지금까지 20년 넘게 활동을 이어오고 있다. 입소문 덕인지 2012년도에는 보건복지부장관 표창을 받았다. 봉사 활동이라고 하는 일에 상을 받으니 다소 쑥스럽기도 하였다.

'영정사진'이라는 명칭을 사용하는 것이 노인들에게 마지막 사진이라는 느낌을 드리는 것 같고 듣기에도 좋지 않아 '장수사진'이라고 명칭을 바꾸어 부르기 시작하였다. 그랬더니, 이제는 주위 사람들도 '장수사진'이라고 한다.

직장을 다니면서 사진 창작활동과 봉사활동을 꾸준히 하였다.

2005년 8월 3일 오후 11시 40분경 아주 늦은 시간에 핸드폰이 울린다.

한 번도 본 적이 없는 낯선 전화번호가 내 핸드폰에 찍힌다.

전화를 받는 순간까지도 이 전화가 내 인생 전체를 바꾸는 운명 전화가 될 줄은 몰랐다.

"여보세요." 하고 전화를 받았는데, 상대방이 "고한상 씨죠." 한다.

"네. 제가 고한상인데요." 하자 "축하합니다. 이번에 '무궁화 큰 잔치 사진대전'에 출품하신 작품이 대상으로 선정되셨습니다. 축하드립니다."라고 한다.

순간 머리 뒤통수를 뭔가 한 대 얻어맞은 듯 띵하였고, 무슨 말을 할지 몰라, 머뭇거리다가 "감사합니다." 하고 옆에 있던 아내에게 그냥 "나. 사진공모전 대상이래." 했더니, 아내가 반응이 시큰둥하다.

사진공모전에서 이전에도 큰 상을 수상한 적이 있어서인지 반응이 그러기에, "그냥 대상이 아니라 대통령상이래."라고 했더니 "정말이야." 하며 되묻는다.

말하고 있는 나 자신도 믿기가 힘들었다.

통보를 받았던 당시, 다른 분야에 관심이 있어 방송통신대학교에 편입하여 미디어영상과 4학년에 재학 중이라 PC방에서 졸업논문을 작성하고 있었다.

하필이면 왜 PC방일까? 7월 30일부터 1주일 회사에 휴가를 내고 졸업논문을 쓰기로 했는데, 7월 31일 회사 사진동호인들과 경남 함양에 사진촬영 갔다가 계곡에서 실족해 다리를 다쳐, 전치 6주 진단을 받고 병원에 입원 중이라 다리에 기브스를 하고 있어서 PC방에서 졸업논문을 작성하고 있었다.

정말로 믿기지 않아서 잠도 재대로 자지 못했다.

다음 날 아침 9시경 평소 알고 지내던 외무부에 사진을 담당하는 지인에게 전화가 왔다.

"축하해. 오늘 아침 어제 독립기념관에서 심사가 끝난 작품이 서울로 올라와 올해는 누가 대통령상인가 하고 봤더니, 당신 이름이 있어서 전화를 해. 정말 축하해." 한다.

이 전화를 받고서야 내가 정말 대통령상이구나 하는 확신을 가졌다.

시상식이 8월 10일이라고 연락이 왔는데, 전치 6주 진단을 받아 입원해 기브스를 하고 있는 상태인데 대통령상이라 대리 수상이 안 된다고 해 하는 수 없이 기브스를 풀고 보조기구를 끼고 시상식 참여를 위해 퇴원을 했더니 지금도 비가 오려면 오른쪽 무릎이 시큰거린다.

시상식장인 독립기념관에 도착하여, 대통령상장에 내 이름이 적혀 있는 것을 받을 때 정말 신기할 정도로 믿기지 않았다.

시상식을 마치고 기차를 타고 내려오는데, 당시 같은 학과를 다니던 순천지방철도청에 팀장으로 근무하던 형님이 대통령상장을 꼭 보여주고 가란다.

자기는 대통령 표창은 1년에도 몇십장 씩 만들어 주는데 대통령상장은 처음 본다며, 대통령 표창은 공적이 되면 누구나 받지만, 대통령상은 최고가 아니면 못 받는 것이라는 말에 기분이 좋았다.

사진 분야에서 대통령상은 1년에 1~2개밖에 없기 때문에 내 평생에 받아 볼 수 있을까 하면서 살아왔기 때문에, 대통령상 수상은 정말 꿈만 같았다.

대통령상 수상 후 많은 것이 달라졌다.

직장 내에서의 대우나 지역 문화예술계의 위상이 많이 달라졌다.

그때까지 미완성이었던 나의 사진과 예술에 대한 관점과 개념들이 하나하나씩 정립되기 시작하였다.

2016년 3월 초 연세대학교 세브란스병원에서 뇌수술을 받고, 4월 말 다니던 포스코(이전 포항종합제철주식회사)에서 명예퇴직을 선택할 때도 이때의 생각들이 많은 영향을 미쳤다.

광양제철소 홍보팀 사진담당은 업무량이 상당히 많았고, 업무량이 많은 만큼 스트레스도 많이 받았다.

쉬는 날에 사진 창작활동을 통해 회사에서 받은 스트레스를 풀었으나, 계속되는 업무로 오른팔에 무리가 와서 수술을 받고, 당분간 사진촬영 업무를 못하게 되어 현장으로 발령을 받고 자재업무를 하게 되면서, 새로운 일에 대한 스트레스를 받아 건강이 좋지 않게 되었다.

2015년 12월 건강검진을 받은 후 검진결과 뇌 속에 문제가 있다는 진단을 받고, 2016년 3월 초에 수술을 받게 되었다.

사진이 인생에 전부라고 생각하는 나에게 더 이상 회사에서 사진 업무를 하지 못하게 된 것이 4월 말 명예퇴직을 하게 된 계기가 되었다.

사진에 관련된 일들을 하면서 사진 예술가로서의 새로운 길을 가기 위해서, 명예퇴직 후 7월 서울에 올라가 중앙대학교 문화예술교육원에서 문화예술교육사 자격증 취득을 위해 한 학기를 다녔다.

서울에서 교육을 받는 동안 아내와 아이들에게 미안하지만, 내 인생에 이런 날이 언제 있었나 싶을 정도로 정말 행복한 시간들이었다.

그러나 예술가로 산다는 것과 현실은 내가 생각한 이상으로 너무 달랐다.

과정을 마치고 광양으로 돌아와서는 기대했던 것만큼 일이 추진되지 않아서, 사진 관련된 창직을 준비하면서 힘든 시간들을 보냈다.

왜냐하면, 직장 생활을 해서 직장 밖 세상에 대해서는 너무 몰랐기 때문이다.

직장 밖으로 나와 보니 직장을 다닐 때는 보이지 않았던 세상들이 보였고, 모르고 있었던 것을 많이 알게 되었다.

'세상은 아는 만큼 보인다'는 것을 알게 되었고, 직장 밖 세상은 위험하고 무서운 일들이 얼마나 많은지도 알게 되고, 세상을 제대로 알고 보기 위해서 직장에 근무하면서 받을 수 없었던 다양한 교육들을 참 많이 받았다.

현실 속에서 생활을 하면서 예술 활동을 하며 살아가려면 정말 많이 알아야 했기 때문에 더욱 다양한 교육에 열심히 참가하고 받았다.

세상을 살면서 바르게 사는 것과 인간관계가 얼마나 중요하고, 사람들과의 인연이 얼마나 소중한지를 피부로 느끼게 해 주었다.

직장을 다닐 때 근무를 하면서 만나 알게 된 사람들, 다양한 사회활동을 통해 만난 사람들이 나의 형편과 상황들을 알고 나와 일을 만나게 해 준다.

좋은 인연으로 창업예비교육 때 강의를 하셨던 분이 나에게 관심을 가져 주어, 작년부터 사진을 본격적으로 시작하게 되었다.

어려운 환경이지만 봉사활동을 꾸준히 하였다고, 무등일보에서 수여하는 [제2회 무등 사회봉사 나눔대상]을 수상하였다.

올해는 사진 관련된 다양한 일들을 하게 되었고, 특히 광양지역 출신으로 여순사건 때에 국내 언론사 사진기자로는 유일하게 종군 취재하는 등 대한민국 격동기를 사진으로 남기신 대한민국을 대표하는 사진가 故 이경모 선생님과 관련된 문화사업을 하고 있다.

대통령상을 받고 많은 것을 얻었고 잃기도 하고, 내 자신의 내면을 다시 한 번 바라보고 새로운 예술가로서 삶을 개척할 자신을 가졌다.

대통령상은 대회나 경연 당시 최고 실력을 발휘한 예술가에게 주어진 상이지, 좋은 인성을 가지고 얼마나 성실하게 열심히 노력했느냐를 평가해서 주는 상이 아니기 때문에, 훌륭하고 멋진 예술가가 되기 위해서, 따뜻하고 좋은 인성을 가지고 열심히 노력하겠다.

그러기 위해서 오늘도 열심히 배우며, 뛰어다니고 있다.

나의 사진 예술은 오늘도 아니 내일도 노인들의 장수사진을 찍어드리는 인생예술의 봉사로 승화시키며 계속될 것이다.

8. 행복한 4도 3촌의 삶을 살아가는 상담사 박노일

2012년 2월을 끝으로 교직에서 퇴직을 하였다. 되돌아보니

41년 동안 교직생활을 하였다.

나의 삶을 3막으로 나누어 본다.

제1막은 태어나서 부모님의 사랑으로 양육을 받은 20년, 그러니까 교육대학을 졸업할 때까지이다.

제2막은 직업을 가지고 가정을 만들어 열심히 살아온 41년, 제3막은 퇴직 후 죽을 때까지 20여 년으로 하고 싶다.

1막은 부모님과 스승님들로부터 도움을 받으며 내가 성장한 시간이었고

2막은 성인으로서 직장과 가정을 갖고 학생들과 자녀들을 잘 성장시키려던 시간이었다.

3막은 어떻게 살아야 하나? 퇴직 10여 년을 앞두고(쉰 살, 지천명)부터 걱정이 되었다.

퇴직 준비로 자격증(상담사, 숲 해설가, 약용식물관리사, 유기농관리사)을 취득하면서 멋있는 노년을 그려보았다. 수학여행을 앞두고 꿈에 부푼 학생 같기도 하고, 때로는 입시를 앞두고 불안에 떠는 학생 같기도 하였다.

퇴직 후 어느 날 아침식사 후 TV 「인간시대」를 열심히 시청하면서 출근복을 입고 있는 나를 쳐다보던 집사람이 "어디 외출할 일이 있느냐"고 하였다. '어 아니구나!' 입던 옷을 벗어던지고 소파에 길게 누워 인간시대 속으로 깊게 빠져들었다.

이렇게 살면 안 되겠다고 삶을 재정비한다.

책상 앞에 앉아서 주간표를 만들기로 하였다. 학생 시절에 일과표를 책상 위에 붙여 놓고는 실천하지 못하여 늘 자책하

였고, 교사 시절에는 시간표를 칠판 옆에 붙여 놓고 실천의 모범을 보이려고 하였지만 타(학생)의 반 자(교사)의 반으로 실천하지 못하였던 생각을 떠올리고는 씩 웃고 말았다.

그렇게 해서 만든 계획은 월-수요일은 노인보호전문기관에서 상담봉사와 다문화가족센터에서 검정고시 공부 봉사를 한다. 화-목요일은 붓글씨(캘리그라피)와 서각으로 취미생활을 하고, 그리고 금-토-일요일은 촌에서 휴(休)생활을 하기로 표를 완성했다.

바로 일주일의 4일은 도시(청주)에서, 3일은 촌(영동군 상촌면 물한계곡)에서 살 수 있는 아주 멋있는 주간표를 짜 놓고 혼자 흥분이 되었다.

이틀은 배우고(취미) 또 이틀은 봉사하고, 사흘은 놀 수 있다. 이보다 좋은 주간표가 있을까? 나도 모르게 싱글벙글 웃음이 났다. 이럴 때 누가 나를 보면 천진난만(행복)한 아이 같다고 할 것 같았다. 책상 위 벽에 붙여놓으니 살아 있다는 실감이 났다.

이 세상에서 가장 가치로운 것이 삶이라고 한다. 그리고 그 삶은 행복해야 한다고 한다. 행복은 누가 주는 것이 아니고 스스로 만들어가는 것이라고 한다.

"인생3막은 행복합니다!" "나는 행복합니다!"라고 큰 소리로 외쳤다. 다시 한 번 웃음이 나왔다.

노인 보호 전문기관에서의 상담봉사 활동의 일화를 소개한다.

어느 날 노인보호전문기관에 나가서 할머니의 전화를 받았다. 힘없이 울먹이는 목소리로 도움을 청하였다. 마흔 살에 남편을 저세상으로 보내고 아들 둘, 딸 둘을 키우느라고 손톱이 빠져라 농사일을 하였다고 한다. 고생 고생하면서 딸 둘은 중학교를 졸업시켜 시집을 보내고 큰아들은 고향에서 결혼하여 농사일을 하며 어렵게 살고 있다고 하였다. 그런데 지금 할머니는 청주에서 작은아들 집에서 살고 있다고 하였다. 작은아들은 어릴 때 공부를 열심히 잘하였기에 어려운 살림에도 대학을 졸업하고 교사가 되었다고 한다. 어머니와 형의 희생으로 막내아들이 교사가 된 것을 자랑스러워하였고 많은 사람들의 찬사를 들었다고 했다. 막내아들이 결혼을 하게 되었고 교사 며느리를 맞아 부부 교사가 되었다. 손녀를 키워주기 위해 작은아들 집으로 오게 되었다고 한다. 이어서 손자가 생겼으니 손자도 키웠다. 물론 아들과 며느리의 요청으로 큰아들과 상의를 해서 한 일이었다.

세월이 흘러 지금 손녀는 대학생이 되어 서울로 가고 손자는 고등학생이라고 하였다. 그런데 아들은 모 고등학교 진학담당교사로서 매일 밤늦게 퇴근을 하고, 며느리는 모 교육청 장학사로 근무 중인데 역시 퇴근이 늦어 얼굴 보기가 어렵다고 했다. 손자도 늦게 집에 돌아오면 할머니와 말 한마디 하는 것도 귀찮아하며 자기 방으로 들어가 버린다고 한다. 아침들은 먹지도 않고 다들 나가고 저녁은 밖에서 먹고 늦게 들어오니 할머니도 혼자 밥맛이 나지 않아 굶을 때가 많다고 한다.

아들 며느리 모두가 바쁘다고 대화도 식사도 같이 못한다고 한다. 거기에다 손자는 할머니가 손자 방에 들어오는 것도 싫어한다고 한다. 고향에 있는 큰아들과 작은아들이 몇 년 전에 재산관계로 크게 싸우고 왕래도 없어 시골 큰아들 집에도 못 간다고 한다. 죽고 싶고 집을 나가고 싶다고 하였다.

바로 자살위기를 맞은 노인의 전화상담이었다. 우선 할머니를 안정시켜 드리고, 아들과 며느리에게 전화 상담을 하였다. 그리고 몇 번의 가족 면담상담도 하면서 아들과 며느리 손자의 관계회복으로 좋은 생활로 돌아오게 하였던 것은 큰 보람이었다.

오래전에 포항에서 「생명의 전화」 상담을 하면서도 생각한 것이었지만 최근에 우리나라는 노인 문제가 너무 많아졌다. 노인폭력(부부폭력, 자녀폭력, 홀로자폭)이 심각하며 자살률이 심각하다. 하루에도 여러 건의 상담을 하면서 근본적인 문제 해결을 위하여 평소에 가족 간의 대화능력을 키워야 되겠다고 생각하였다.

다문화가족 지원센터에는 외국에서 우리나라에 시집을 와서 부인이 되고 며느리에 엄마가 되어 열심히 살면서도 향학열이 높은 여성들이 있다. 즉 검정고시 공부를 학원에서 하는데 진도가 빠르고 말뜻을 잘 몰라서 어려움이 많아 도움을 받고 싶은 사람들이다. 전직교사들로 조직하여 한 과목씩을 지도한다. 초등과정, 중학교과정, 고등학교과정으로 지도한다. 모두 차례로 합격하여 대학을 진학한 학생도 있고, 고등과정을 마치고 다문화교육교사로 사회활동을 하고도 있다. 가장 고마워하는 것은 자녀들의 공부를 자신 있게 지도할 수 있어 좋다고 하니 큰 보람을 느낀다.

붓글씨와 서각은 나의 몰입시간이다. 오전 2시간 오후 4시간이 순식간에 지나간다. 충북도전과 한양예술제 그리고 대한민국서각대전에서 특선을 받았다. 학생처럼 상장을 아내에게 자랑할 때는 쑥스러웠다. 작가가 되려면 아직 멀고도 멀지만 꾸준히 즐기고 있다. 서울 인사동 거리에 있는 전시장에 내 작품이 전시되고 있다고 아들딸, 사위 며느리에게 은근히 알려주었다. 그리고 나도 그 어느 때보다 힘찬 발걸음으로 인사동 거리를 활보하고 돌아오기도 했다.

금요일 오후에는 내 애마 자동차를 몰아 드라이브를 한다. 물한계곡 휴선당으로 말이다. 고속도로 한 시간 그리고 시골 꼬부랑길 반 시간을 달려서 도착한다. 휴선당(休仙當)은 쉬어서 신선을 닮는 집이라는 뜻이다. 나무와 산과 같이 어울리는 사람이 신선이란다. 한 번 닮아보려는 것이 욕심일까? 그런데 고라니와 멧돼지와 너구리와도 친해야 하는데 아직은 얄밉기만 하고, 뽑고 뽑아도 굳세게 돋아나는 풀과는 아직 화합하지 못하고 있으니 휴식과 신선은 언제 이루어질까?

신선 흉내 내며 노는 것이 좋고, 봉사한다며 자부심을 갖는 것이 좋고, 글씨 써서 각에 몰입하며 잘 놀고 있으니 이만하면 행복 만들기를 잘 하고 있다고 생각한다. 여러분 놀러오세요. 오셔서 같이 놀아요. 휴선당(休仙當)에서….

9. 정규적인 조직 밖에서도 빛나는 가치를 만드는 삶: 정년퇴임 교사 동시인 박행신

광양시 광영중학교 정문 맞은편에 있는 골목길로 접어들면 『큰그림갤러리』라는 맹랑한 갤러리가 하나 있다. 일반 주택이 늘어선 좁은 골목에 하얀 간판 하나가 덩그마니 걸려 있다. 골목과 맞닿은 살림방을 개조한 것이라서 낮에도 실내는 어둡고 침침하다. 가끔 전시용 조명을 켜고 희끄무레한 벽면에 그림들을 전시하곤 한다. 낙후된 광영동에 새 바람을 불어넣어 보겠다던 수년 전 도시재생 사업단의 활동 본거지이다.

여기서 매주 화요일 저녁 7시 30분부터 9시경까지 글쓰기 수업이 이루어진다. 지도 선생 한 사람과 나이가 지긋한 여성 수강생 서너 명이 도란거린다. 한 주일 동안 지어온 작품들을 놓고 이러쿵저러쿵 나름 품평이란 것을 한다. 시 짓는 방법 등 여러 가지 글쓰기 이야기를 펼쳐 놓고 한참을 조잘거리다가 즉석에서 시를 짓기도 한다.

그중 80세에 가까운 김연옥 할머니 한 분이 계신다. 몇 년 전 광양평생교육관 한글반에서 한글을 깨우쳐 새로운 세상을 살고 있다고 말씀하시는 분이시다. 학구열이 어찌나 강하시던지 한자도 배우신다. 다음에는 영어도 배우겠다고 벼르고 계신다. 평생교육 축제 때 시를 써서 전국 우수상을 수상했고, KBS방송국에서 주최한 '전국 어르신 골든벨'에 전남 대표로 출전하시기도 했다. 열성적으로 시도 쓰신다. 매주 숙제를 꼬

박꼬박 해 오시는데, 그 열정이 미니 창작교실을 이끌어가는 원동력이 되고 있다.

이런 활동으로 지난 2017년에는 합동문집을 만들었고, 2018년 연말에 김연옥과 신화엽(60대) 두 분의 개인 앤솔러지를 만들어 자축연을 열기도 했다.

이 미니 창작 교실은 지난 2015년도 『큰그림갤러리』에서 기획된 골목 벽화 그리기 사업으로부터 시작하였다. 사업단 회원들이 시를 써서 골목벽화로 그리기로 했다. 그 벽화에 필요한 시를 쓰기 위해서 시 창작에 관한 조언을 얻고자 인근에 사는 시인에게 도움을 청했단다. 시인은 회원들의 취지와 목적을 듣고 흔쾌히 도움을 주겠다고 나섰다. 그 인연이 현재까지 이어오고 있다고 한다.

그 흔쾌히 도움을 준 시인이 광양에 사는 박행신이라는 동시인이다.

그는 여기 『큰그림갤러리』에서 창작반만 운영하는 것이 아니라, 광양공공도서관 창작 동아리 『글님문학』에서도 일반인들의 창작활동에 도움을 주고 있다. 거기는 매주 목요일 저녁 7시 30분부터 9시 30분까지 2시간 정도 함께하고 있다.

매주 같은 주제로 회원들이 시를 지어 카페에 올리면 오프라인상에서 품평회를 진행한다. 매번 매시간이 진지하다. 시 창작 이론도 깊이가 있다. 비유와 상징, 주제와 소재와의 관련성에 대해 치열하게 이야기한다. 때론 자존심이 상할 수 있을 만큼 구석구석을 뒤진다. 그렇지만 회원들은 논의가 끝나면 언제 그랬냐는 듯 천연덕스럽게 다음을 진행한다.

야간에 학습하는 이유는 회원들 모두가 직업에 종사하는 직장인이기 때문이다. 즉 주경야독하는 동아리이다.

원래 『글님문학』은 박 시인이 광양평생교육관 후반기부터 개설하여 운영하다가 2009년도경에 폐강하고 동아리 형태로 전환하여 지금까지 지속해 오고 있다.

이 동아리도 매년 동인지를 발간하고 있는데, 2018년 말에 제10집을 만들어 늦깎이 문예창작에 열정적으로 활동하고 있다.

그는 이 두 동아리에서 강의료를 받고 있지 아니한다. 그저 재능기부를 하고 있다. 그는 이렇게 말한다.

"나는 교직 생활 중에 다른 교사들보다 더 많은 은혜를 입었다. 사회로부터 학부모로부터 교사로서의 대접 위에 작가로서의 대접까지 받았기 때문이다. 그 은혜에 조금이라도 보답할 수 있는 기회가 주어진다면 기꺼이 앞장서겠다."

그는 초등학교 교사 출신이다. 그러면서 동시도 쓴다. 한국아동문학의 역사가 110년을 넘었다고 한다. 그 100여 년을 기념하기 위하여 동시작가 111명을 선정하였는데, 박 시인이 그 안에 뽑힌 사람이다. 현행 초등학교 3학년 2학기 국어교과서에 '지구도 대답해주는구나'라는 동시가 실린 만큼 나름 작품성을 인정받고 있는 작가이다. 전주 순천 간 고속도로 기념탑 공원이 황전휴게소에 설치되어 있는데, '길은 역사를 만든다'라는 기념시가 돌에 새겨져 있다. 또 예전에 서울메트로가 주

관한 지하철역 스크린도어에 '같이'라는 동시가 게시되어 오고 가는 서울 시민들의 문학적 감수성을 자극하기도 했다.

그는 1985년도 광주일보 신춘문예에 동시가 당선되어 새내기 동시인으로 출발하였다. 1992년에 아동문예 신인상을 거쳐 1995년에 눈높이아동문학상 동시 부문에 당선되어 문단 한 귀퉁이에 이름을 올렸다. 그는 광양문인협회 창립인과 더불어 광양문인협회지부장 및 광양예총부회장을 역임하기도 했다.

이러한 이력으로 지역 사회의 문학활동에 관심을 갖고 앞서 이야기한 동아리 회원들의 창작활동에 불쏘시개 역할을 하고 있다.

그는 초등학교 수석교사를 역임하다가 2016년 2월에 정년을 맞아 현장을 떠났다.

그는 현직에 있을 때, 독서와 논술, 그리고 토론에 큰 관심을 갖고 학생들 교육은 물론, 교사들의 교육력 제고를 위한 연수 강사로도 다년간 활동했다. 또 전라남도의 정책사업의 일환인 '독서 · 토론수업'을 현장에 뿌리내리도록 전라남도교육연구회에서 주체가 되어 추진한 '독서 · 토론수업 연구 TF팀' 일원으로 활동하여 방향을 설정하고, 구체적인 방법을 제시하는 일에 앞장섰다.

그는 또 그가 근무하는 학교마다 학생들 독서 · 논술 · 토론 동아리는 물론, 학부모 동아리, 교사 동아리 등을 조직하여 운영하였다.

특히 그는 2009년 당시 박보영 교장 선생님과 함께 전남대립토론교육연구회를 조직하여 운영하였다. 박보영 교장 선생님께서 우리나라 교육 방법을 개선하는 일에 사명감을 갖고 대립토론을 학교 현장에 보급하는 활동에 앞장서셨는데, 그 분의 뜻을 깊이 이해하고 조그마한 힘이라도 보태겠다고 동참하게 되었단다. 연구회에서는 학생들의 대립토론은 물론 교사들이 교실 수업에 적극 활용하도록 이론과 실제를 개발하여 보급하였다. 매년 여름방학과 겨울방학 때에 토론 캠프를 개설하여 많게는 80여 명의 학생들을 지도하였다. 또 광양시 관내 초등학교 대립토론대회를 개최하여 학생들의 토론 능력을 향상시키는 데도 크게 이바지하였다.

그는 2009년 광양시 관내 초등학교 최초로 광양제철초등학교에서 '책 읽어주는 엄마들'이라는 모임을 조직하여 운영하였다. 이는 매주 1회씩 학부모들을 초대하여 학생들에게 책을 읽어주는 활동이다. 그의 이러한 노력이 인정받아 광양시 관내 초등학교에 들불처럼 번져 현재는 많은 학교들이 동참하고 있다.

그는 2014년부터 2016년까지 광양시립도서관에서 운영하는 '어르신 자서전 쓰기' 강사로 활동하였다. 이는 관내 65세 이상 되시는 어르신들을 대상으로 당신의 자서전을 써서 책으로 출간하는 작업인데, 그간 13명이 책으로 출간하였고, 지인과 친지들을 모시고 출판기념회를 갖기도 하였다.

그는 퇴임 후 잠시 휴식 기간을 거쳐 기간제 교사로 다시 교단에 서게 되었다. 광양시 초등학교 보결수업 지원교사 활동을

2년간이나 근무하였다. 관내 초등학교 교사들이 개인적인 사정이나 공무로 인해 결근하였을 경우, 그 담임 교사를 대신하여 학생들을 맡아 지도하는 임시 담임 역할을 수행한 것이다.

그는 최근 '아하, 그렇구나'라는 융합동시집을 발간하여 교육계로부터 관심을 끌고 있다. 초등학교 3학년 과학교과서를 분석하여 동시를 짓고, 이와 관련 깊은 상식이나 창작 동화 등의 읽을거리를 함께 제시한 동시집이다. 과학적 사고와 문학적 감수성의 만남이라는 명제에 부합되게 '융합동시'라는 새로운 영역을 제시한 것이다. 2015년부터 격주 간으로 발행되는 '전남교육'이라는 홍보지에 연재된 시를 모아 가문비출판사에서 발간하였다.

3학년 과학교과서에서 주제와 소재를 발굴하여 동시를 지었다는 특수성 때문에 교실 수업에 도입자료로서 활용가치가 높은 동시집이 된 것이다. 그러한 결과 동시인과의 만남의 기회를 갖고자 하는 학교에서 강의 초청이 들어와 자주 학교를 찾아가곤 한다. 이런 기회가 차츰 확대되는 분위기여서 매우 고무적이라 한다.

2018년도에 광양영재교육원에서 중학교 1 · 2학년을 대상으로 영재인문반을 개설하여 운영하였다. 영어 · 역사 · 토론 · 시 창작을 학과목으로 정하고 그를 시 창작 강사로 초대하였다. 그간의 활동 결과를 학부모를 모시고 발표하던 중, 광양교육지원청 교육장님이 오셔서 학생들의 시 작품을 보시고는 '시집'을 만들어주겠다며 시 창작 수업의 가치를 높이 평가하셨다.

이제 그는 퇴직하였지만 그 앞에는 많은 일감들이 기다리고 있다. 동시인으로서 작가와의 만남과 같은 행사에 강사로서 초대되길 희망하고 있다. 독서와 논술, 토론교육을 초등학교 방과 후 활동과 중학교 자유학기제 강사로 참여하고자 준비 중이다. 또 광양시노인복지회관이나 광양평생교육관 등 성인들을 대상으로 한 문해학습 교실이나 어르신 자서전 쓰기와 같은 강좌를 맡고자 관련 자료를 이미 준비해 두었다.

광양 지역 여러 도서관에서 각급 학교 지원 프로그램을 운영하고 있는데, 독서 · 논술 · 토론 등 여러 분야에서 활동하고자 한다.

그는 또 대립토론 활동에 남다른 애정을 갖고 있기 때문에 박보영 박사와 함께 광양시를 대립토론의 명품 도시로 만들겠다는 계획을 추진해 오고 있다. 이번 퇴직을 계기로 보다 구체적으로 실현하고자 한다. 이미 관심 있는 유력 인사 몇 분과 함께하기로 한 모임에 참여하고 있다.

그는 퇴직 후 창직은 퇴직 전 의도성을 갖고 사전 준비한 것이라기보다는 교직생활 자체 속에서 수년간 누적된 노하우를 활용하게 되었다고 할 것이다. 그는 다만 법률적인 나이 때문에 정규적인 조직 밖에 있으나, 그의 역량은 나이를 초월하여 여전히 중요한 가치를 갖고 있다.

10. 책 읽어주는 소리, Book소리가 서울에 둥둥 울려 퍼진다. 이희자 단장

서울염리초등학교 교장으로 퇴임하고 지금은 서울퇴직교원 Book소리지원단 이희자 지원단장으로부터 Book소리를 들어본다.

서울 각지에서 일주일에 몇 번씩 책 읽어주기 소리가 울려 퍼진다. 이야기를 듣고 싶어 하는 아이들이 있는 곳이면 서울 Book소리지원단이 달려간다. 현재 110여 명의 회원들이 활동하고 있는 Book소리지원단은 지역아동센터, 병원학교, 어린이집, 돌봄 교실, 어린이 대공원 등 60여 곳에 달하는 활동 기관에서 정기적으로 책 읽어주기 봉사활동을 하고 있다. 활동에 참여하는 단원들은 '책을 읽어 줄 때마다 초롱초롱한 눈빛으로 바라보는 아이들의 모습 때문에 한 번도 빼먹지 않고 갈 수 밖에 없다'며 큰 보람과 재미를 느낀다고 입 모아 말한다. 여기서 함께 활동하고 있는 분들도 처음부터 이런 걸 예상하며 활동을 시작한 분들은 없다. 한 번 두 번 하면서 아이들에게 책을 읽어주다 보니 재미있다며 친근하게 대하는 아이들이 보고 싶어지고, 읽어주는 그림책도 재미있어졌다고 한다. 그래서 더 열심히 하게 되고, 손주들에게도 자신 있게 책을 읽어주고 손주들과 친밀감도 생겼다고 한다. 그분들이 활동하는 모습을 보면 하나같이 모두들 기쁘게 참여하고 있다.

서울퇴직교원 인생이모작센터에서 Book소리지원단을 지원하고 있다. 초등학교 교사와 교감, 교장으로 40여 년 이상을 근무하다 퇴직한 후에 이 활동을 시작하였다. 학교에 근무할 때 책을 읽어주기도 하고, 학교에서 독서와 관련된 교육활동을 열심히 한 적도 많았고, 20여 년이 넘도록 NIE(신문활용교육) 강사로 활동하였다. 그간 몸담았던 교직을 물러나와 의미 있는 활동에 참여하고 싶었지만 자발적으로 모인 110여 명의 Book소리지원단을 이끌게 될 줄은 몰랐다. 예기치 않은 제 인생의 변화지만 그 변화를 기쁘고 보람 있게 받아들이며 활동하고 있다.

Book소리지원단이 활동을 시작한 것은 2017년부터이다. 퇴직 후에 봉사 활동을 하고 싶다는 생각을 어느 정도는 갖고 있었고, 추천해 주신 분이 평소 가깝게 지내던 분이어서 일을 나눠서 할 수 있다는 면과 마음으로 의지가 되는 면이 있어서 편안하게 시작할 수 있었다. 봉사할 기회를 가질 수 있어서 감사한 일이지만 돌이켜보니 사실 쉬운 일이 아니었다. 지원단 모집, 지원단 교육, 활동 기관 연결, 지원단 활동 상황 확인 및 지원 등 이전에 해보지도 않은 일을 겁 없이 시작한 게 잘 못된 거였다는 것을 나중에야 알 수 있었다. 하지만 처음에 어려웠던 일들이 하나둘씩 정리되어 가고 2년 차에 접어들면서 이제는 웬만큼 자리를 잡아서 우리 Book소리지원단 활동이 확장일로에 있다.

이 활동은 서울퇴직교원 인생이모작센터 홍승표 센터장님과 사단법인 책읽어주기 운동본부 심영면 대표의 제안으로 시작되었다. '수십 년간 교단에서 학생들을 가르쳤던 분들이 퇴직한 후에 아이들이 있는 곳을 찾아가서 책을 읽어주면 좋겠다. 퇴직교원들에게 가장 좋은 봉사활동이 될 것이며, 아이들에게도 좋은 선물이 될 것이다.'라며 제안했고, 센터에서 그 제안을 적극 수용하고 펼쳤기 때문에 현재와 같은 모습이 있을 수 있었다. 사단법인 책읽어주기 운동본부 심영면 대표는 학교에서 책 읽어주기를 처음 시작하였으며, 책 읽어주기가 자리 잡고 활발하게 활동할 수 있도록 이끌어 왔으며, 가정과 학교, 사회에서 책 읽어주기가 널리 퍼져 나갈 수 있도록 '얘들아, 함께 읽자!'라는 모델을 만들고 확산하는 데 꾸준히 노력하고 있는 분이다. 좋은 제안과 적극적인 수용이 모두가 만족하며 나날이 발전해 나가는 오늘날과 같은 좋은 결과를 만들어 냈다고 생각한다.

이 활동을 시작하면서 맨 먼저 한 일은 책 읽어주기 활동을 할 Book소리지원단을 모집하는 일이었다. 신청을 시작하자마자 많은 전직 교원들과 행정직 공무원들이 신청하였기 때문에 활동을 시작하기에 필요한 인원수는 충분하게 모였다. 하지만 이 분들 중에서도 책 읽어주기를 잘할 수 있는 분들도 있고, 아직 준비가 필요한 분들도 있다는 사실을 알고 있었기에 모집을 끝내고 바로 사전교육을 시작하였다.

사전교육은 첫 번째 강의인 '책 읽어주기의 의미와 독서에 미치는 영향'을 시작으로 그림책에 대한 이해, 아동 심리 및 정서 발달에 대한 이해, 책 읽어주기 실습, Book소리지원단

활동 안내 등 모두 16시간의 교육을 모든 분들이 3일에 걸쳐 받았다. 일부 지원자들께서 '교육 경력이 40여 년이 넘는데 무슨 교육을 3일에 걸쳐 받느냐?'는 의견도 있었지만 교육을 마치고 수료증까지 수여하고 나니 '많은 도움이 됐다, 책 읽어주기나 아이들에 대해 몰랐던 부분에 대해 더 알게 됐다'며 좋아하였다. 하지만 책 읽어주기 경험이 없는 분들은 여전히 걱정스러워하셨고, 앞으로 벌어질 책 읽어주기 모습에서 기대하는 모습도 있었지만 대부분의 지원자들께서는 많이 편안해진 모습이셨던 기억이 난다.

사전 교육과 동시에 추진한 일은 활동기관(혹은 활동장소)을 선정하는 일이었다. 해당 기관에 일일이 전화를 걸고, 협의를 하여 해당 기관에서 요구하는 일정과 장소, 인원수를 확인하고, 지원단의 교통편을 고려하여 연결해드리는 일이 보통 일이 아니었다. 꽤 오랜 시간이 걸렸고, 많은 분들이 함께 해주셔서 가능한 일이었다. Book소리지원단 신청자들이나 활동기관은 서로 의견이 다르기도 했고, 요구도 달랐다. 어떤 기관에서는 이미 많은 활동을 하고 있어서 더 이상 활동지원은 필요하지 않다는 의견도 있었고, 어떤 기관에서는 더 많은 사람들이 필요하니 더 많이 보내달라는 요구도 있었다. 그리고 지원단들도 활동이 가능한 요일이나 시간을 맞추다 보면 교통편이 맞지 않고, 어떤 기관은 신청자들이 많아 억지로 다른 곳에 배정해야 하는 일들도 생겼다. 정말 보통 일이 아니었다. 사람이 대단하다는 것은 이런 일을 할 때 느낄 수 있다고 생각한다.

서로 협의하고, 양보하며 조정해나가는 과정을 겪다 보니 어느 정도 모습을 갖춰가기 시작했다. 이러한 과정을 거쳐 서울의 여러 지역아동센터에서 활동을 하게 되었고, 어린이대공원에서 활동하는 분들도 생겨났으며, 병원학교에서 어린이 환우들에게 개별적으로 책을 읽어주는 분들도 생겨났다. 기대 이상으로 다양해졌다. 이 또한 사람들의 노력 결과이다 보니 또 한 번 감사하게 되고, 또 감사하는 마음이 생겨났다.

여러 과정과 많은 노력을 뒤로 한 채 드디어 책 읽어주기를 시작하였다. 글로 다 옮길 수 없을 정도로 놀라운 일들이 생기기 시작했다. 책 읽어주기 경험이 없어서 걱정하였던 분들이나 활동기관이 낯선 곳이어서 아이들의 반응이 궁금했던 분들, 어린이대공원처럼 매일매일 책을 읽어줘야 할 대상이 바뀌는 경우들, 많이 아픈 친구들에게 책을 읽어준다는 것이 어떤 의미일지 모르겠다던 분들의 걱정 반 기대 반의 심정은 책 읽어주기를 시작하기 전까지는 하나같이 걱정이 앞섰다. 그러나 본격적으로 각 기관으로 찾아가서 책 읽어주기를 시작하자마자 그런 걱정들은 정말로 쓸데없는 것이라는 것을 알 수 있었다.

정릉아동청소년센터에서 설렘과 걱정으로 시작하신 길은식 선생님은 처음에 어설프게 다가가 "재미있는 그림책 있는데 우리 같이 볼까?"라고 하니 "네!" 하고 달려온 아이들에게 힘을 얻고 시작하셨다고 한다. 그런데 귀를 쫑긋하고 들어주는 천사 같은 아이들의 고운 심성에 자신이 힐링되는 것 같고, 꽃보다 예쁜 아이들과 함께 있는 것만으로도 행복하다고 하셨다.

엔젤어린이집의 정순남 선생님은 반짝반짝 빛나는 어린이들의 반응에 더욱 정성이 기울여진다 하시고, 세 살 어린이 수연이가 슬그머니 내 무릎에 앉는 것은 책을 더 읽어달라는 신호를 보내는 것이라며, 2층 창문에서 밖을 내다보며 기다리고 있는 아이들의 모습을 보면 절로 힘이 난다고 하셨다.

파랑새 지역아동센터 연지숙 선생님은 자신이 읽어준 책을 학교에서 빌려오며 관심을 보이는 아이들을 보고 보람을 느끼고, 기다리고 있는 아이들이 있어 힘이 난다고도 하셨다.

평화 종합사회복지관의 이창순 선생님은 위축되어 있던 아이들의 표정이 밝아지고 자신의 자랑거리도 가져오는 등 인성 변화를 볼 수 있었다고 하시며 아이들과 함께 만날 시간을 기다리며 흐뭇해지는 게 Book소리의 매력이라고도 하셨다.

'아이들에게 책을 읽어줄수록 집중도가 높아지는 것을 느낀다.' '아이들이 책을 통하여 자신의 꿈과 희망을 키운다.' '어린이들이 집중을 잘 해줘서 너무 행복했다.' '천사 같은 어린이들을 통해서 내가 무엇을 배우는 것 같다.' '어린이들은 물론 나 자신도 많이 기다려지는 날이다.' 등등 일일이 나열할 수 없을 정도로 수많은 소감을 들으며 Book소리를 통해 아이들이 넓은 세상을 만나 소통하고 꿈을 키워 나갈 수 있도록 도움을 주시면서도 오히려 즐겁고 행복한 시간으로 나선다며 보람을 느끼신다는 Book소리지원단에게 박수를 보낸다.

시작할 때에는 우리가 활동할 단체를 찾는 것조차 어려운 일이었으나, 한우리 지역아동센터 담당자 등이 '아이들이 북

소리지원단이 책 읽어주는 시간을 기다리고 있다.' '인성교육에도 도움이 된다.'라고 좋아하는 반응이 보이고, 점차적으로 Book소리지원단을 찾는 단체가 늘어나고 있는 점으로 보아 우리가 하는 일이 얼마나 의미 있는 일인지 자부심을 갖기도 한다.

지금은 그저 감사한 마음이다. 내가 퇴직한 후에 예상치도 않았던 이런 역할을 할 수 있었다는데 감사하며, 내가 기여한 것 이상으로 이 활동에 참여하는 Book소리지원단이나 책 읽어주기를 누리며 함께하는 아이들 모두에게 도움이 된다는 사실이 믿겨지지 않을 만큼 감사함을 느낀다. 이런 기회를 빌려 참여하신 모든 분들께 감사를 드리고 싶다. 특히 서울 퇴직교원 Book소리지원단을 태동시켜주신 홍승표 센터장님, 양금정 부센터장님, 그리고 이런 활동을 제안해 주신 심영면 대표님, 책 읽어주기 운동본부 김자혜 이사님, 사전교육 및 발대식 장소를 협조해주신 국립어린이청소년도서관에도 감사를 드린다.

서울을 울리는 Book소리가 온 나라에 둥둥 울려 퍼지게 되기를 기대한다.

11. 붓터치 예술로 삶을 표현하는 캘리그라피스트 최루시아

소주 "좋은 데이" 글씨, 영화 "스캔들", MBC 드라마 "화려한 유혹" 손 대역, 일본, 대만, 인도네시아, 호주, 베트남을 다니며 글씨를 통해 여러 사람들과 소통하고 나눔을 하는 캘리그라피(멋글씨)스트로 알려진 최루시아의 창직자로서의 활동을 알아본다.

아침 일찍 일어나서 서실로 가는 발걸음이 가벼웠던 시절.

정성껏 먹을 갈고 하얀 화선지를 마주한 후 먹물이 화선지에 스며들 때의 자유로움을 보고 있노라면 시간 가는 줄 몰랐다.

어릴 적 아버지는 공부 잘하는 어린이보다 글씨 잘 쓰는 어린이가 되라고 하셨다.

습자지를 이용하여 교과서의 글씨를 따라 써 보기도 하고 신문의 모르는 한자를 일일이 옥편을 찾아 가며 큰 소리로 읽고 있으면 아버지는 흐뭇한 미소를 보내 주셨다.

그런 아버지의 영향으로 중 · 고등학교 시절에는 펜글씨부에서 활동했고 대학 시절에는 서예동아리 활동을 하면서 붓을 들고 글씨 쓰는 즐거움을 알게 되었다.

대학을 졸업하고 작은 출판사에 취직했지만 아침에 출근해서 저녁에 퇴근하는 생활이 나와 맞지 않음을 깨닫고 대학을 다니는 동안 열심히 글씨를 쓰지 않은 아쉬움에 한문서예, 한글서예, 서각을 공부하면서 점점 서예가의 길을 걷게 되었다.

전통한글서예를 공부할 때에는 다음 날 아침에 얼른 글씨를 쓰고 싶어 밤잠을 이루지 못한 적도 있고 전통서예 공부에 매진하며 즐거운 나날을 보냈다.

그러던 어느 날 전시장에서 조용히 걸려 있는 작품을 보면서 좀 더 나의 작품들과 이야기를 나누고 싶었고 생활 속에서 자주 만날 수 있는 글씨를 쓰고 싶다는 생각이 문득 들었다.

우연한 기회에 영화 〈스캔들〉에서 배우 전도연의 손 대역을 하면서 글씨를 쓰는 사람으로서 어떤 다양한 활동을 할 수 있는지 고민해 보았으며 전통서예를 오랜 시간 동안 공부했으므로 전통서예를 바탕으로 생활 속에서 가깝게 느낄 수 있는 캘리그라피(멋글씨)를 강의할 수 있고 일본어를 공부하면서 외국인들에게 한글서예를 가르치며 한글서예의 아름다움을 세계에 알리는 작업을 전개하고 싶다는 생각이 들었다. 그리고 "좋은 데이" 글씨와 복분자 막걸리 "해오름" 등 다양한 상품의 캘리그라피 작업에도 참여하였다.

오사카는 10년에 걸쳐 오고 가며 한글서예 워크숍을 진행했으며 이제는 매년 대만, 홍콩, 호주, 인도네시아, 베트남을 오고 가며 한국문화와 한국어에 관심 있는 외국인들에게 한글서예를 알림으로써 한국어를 더 공부하고자 하는 흥미를 이끌고 페이스북을 통해 여러 나라의 친구들과 활발한 교류를 하고 있다.

6년 전부터는 Contact improvisation(즉흥춤)을 공부하면서 몸의 흐름과 선의 흐름이 어떻게 조화롭게 표현될 수 있는지 궁금해하며 기회가 있을 때마다 퍼포먼스를 선보이고 있기도 하다.

특히 오사카에서는 가수와 퍼커셔니스트, 한국무용가와 함께 캘리그라피 콘서트를 기획하여 많은 분들의 관심과 박수를 받았으며, 제자리에 머무는 삶이 아닌 끊임없는 도전을 통해 내가 생각하는 바를 세상에 펼쳐 보이고 싶다.

한편 창직자들을 돕고 있다.

'박보영토론학교', '한국대립토론협회', '맥아더스쿨' 등 여러 단체에서는 최루시아에게서 받은 글씨를 고유 로고로 사용하고 있다.

12. 퇴임 후 교육봉사자의 길을 가는 이현근 교장

안양초등학교 교장으로 은퇴한 이현근 교장은 경기도 안양교육 지원청 봉사 센터장, 수원검찰청 안양지청 범죄피해자상담지원위원, 한국지역사회교육협의회, 경기도연합회장으로 봉사하는 삶을 살아가고 있다.

평소 남을 위해 봉사하며 살아가는 삶을 실천하려고 나름대로 노력을 하며 산다고는 했지만 내세울 거라고는 아무것도 없다는 생각에서 공개하는 것을 처음에는 망설였다.

그렇지만 삶의 현장에서 작은 일이라도 남을 위해 봉사하는 마음으로 살아가는 모습을 공유한다면 나보다도 더 훌륭한 봉사자가 나타나 어렵고 힘든 사람들을 위해 사는 사람들이 분명코 생기리라는 믿음이 생겨 부끄럽지만 소개하고자 한다.

43년이라는 외롭고 힘든 교육자의 길을 2013.8.31.자로 매듭을 짓고 비영리 민간단체인 한국지역사회교육협의회 안양과천협의회장과 경기도연합회장을 맡아 현재까지 운영하며 교육봉사활동을 하고 있다.

이 일을 하게 된 동기는 학교중심의 교육공동체 운동인 지역사회교육운동을 통해 지역사회 내 모든 인적 · 물적 자원을 규합하여 주민의 삶의 질을 높이기 위한 교육, 문화 예술 등 평생교육프로그램을 운영하고 후원함으로써 가정 · 학교 · 지역사회의 성장과 발전에 이바지하는 것을 목적으로 하고 있는 지역사회교육협의회의 이념과 가치를 실천하며 건강한 가정 즐거운 학교 활기찬 지역사회를 만드는 지역사회 교육운동을 실천하기 위해서였다.

협의회에서는

1. 평생교육 자료 개발 및 평생교육 발전 방안을 연구하고
2. 평생교육 연구 및 종사자 연수를 하며
3. 평생교육 정보수집 · 제공 및 평생학습 상담을 하고
4. 지역주민을 위한 평생교육 프로그램을 개발 운영하며
5. 평생교육 정보시스템 구축 및 관리 등을 하고 있다.

주요 활동으로는 평생교육 활성화 사업을 전개하고 있다. 특히 학교 및 지역에 평생교육 프로그램을 보급하고 있다.

① 부모 교육: 바른 교육관, 자녀와의 대화기법, 자녀의 감성능력 키우기, 자기 주도 학습법, 자녀의 성교육, 자녀의 진로지도, 성공하는 부모의 7가지 습관, 부모코칭 리더십, 애니어그램, TA-교류분석, 체인지, 시민인성, 행복인문학당 등 부모 교육 외 각종 교양 강좌 및 지도자 양성교육, 신입생 및 신학기 학부모 특강 지원 등이다.

② 명예교사 양성: 글쓰기, 독서, NIE, 생각그물, 인문(예절), 성교육, 안전교육, 인성교육, 북 아트, 토론게임(대립토론), 사서 교육 등이다.

③ 학생 교육: 안전교육, 자살예방교육, 미디어교육, 성교육, 글로벌 매너교실, 초 · 중 · 고등 진로교육, 임원리더십, EQ쑥쑥! 인성OK!, 청소년 창의인문학, 자기주도 학습법, 예절/다도, 학년말 책례, 군자학교 가는 날, 응답하라 1020 행복소통 프로젝트, 관계증진 형성 프로그램, 도서관프로그램, 안전교육 등이다.

그리고 교육청 및 지자체 협력 사업을 전개하고 있다.

① 프로그램 컨설팅: 좋은 부모 아카데미, 강사양성, 리더십연수, 좋은 아버지교실, 가족체험학습, 맞벌이부부, 평생학습 관련 강좌 지원 및 진행, 교육복지 공동사업 등이다.

② 기타 활동으로 지역 평생학습 관련 회의 및 사회복지협의체(통합서비스분과)활동, 시민축제, 평생학습박람회, 자원봉사 박람회, 사회복지의 날 기념 박람회 등에 참여한다.

지역사회학교 운영지도력 육성사업도 전개하고 있다.

① 지역사회학교장, 교감, 담당교사 간담회: 지역사회학교 운영 방법 및 지원 안내하며

② 지역사회학교 학부모회장 연합회: 학교 간 정보교류 및 지역사회학교 연합 활동 등을 한다.

소외 계층을 위한 사업으로

① 어르신 레크리에이션 교실 및 지원(노인 회관, 복지관 등)

② 어린이 방과 후 교실 운영 및 지원(보육원, 지역아동센터, 학교 등)

③ 찾아가는 소외계층 인문학 교실: 다함께 꿈꾸는 세상(안양시 평생교육기관 위탁사업)

④ 은행나무골의 군자학교(취약계층)

⑤ 다함께 매너 리더십 교실(취약계층)

⑥ 따복공동체 지원 사업

⑦ 경기 은빛 나눔이 양성 사업 등이다.

문화 활동으로 전통예절 인문 다도 경연대회, 선생님 자랑대회, 좋은 부모 발표회, 좋은 부모 캠페인, 건전한 미디어 문화 캠페인 등의 활동을 하고 있다.

홈 빌더 운동도 전개하고 있다.

'건강한 가정'을 구성하는 가장 중요한 요소는 바로 '가족'이다. 가족 구성원들이 건강한 가치관과 관계를 다시 회복하고, 스스로 가정을 이끌어 나갈 수 있도록 힘을 키워주는 일을 하고 있다.

지역 내 소외계층 초 · 중 · 고등학생 장학금 지원 사업: 「사랑 나눔 행사」, 안양시 예절교육관 위 · 수탁 운영, 평생교육사 현장 실습 운영 등의 활동을 해 오고 있다.

협의회를 운영해오면서 상담활동으로 2012년 12월부터 2017년 6월 27일 현재까지 안양검찰청 범죄피해자 지원 센터에서 상담 및 재판 모니터링 활동을 통해 범죄피해자 지원 활동을 위한 봉사활동을 전개해왔으며, 교육자원 봉사활동으로 경기도 교육감으로부터 2015년 4월 1일부터 2016년 4월 1일까지 경기도 안양과천 교육 지원청 교육자원 봉사센터장으로 위촉받아 학교교육에서 활용할 수 있는 마을단위 교육자원을 학교에 제공하는 봉사활동을 전개했다.

사람이 살아가면서 아름다운 삶이란 무엇일까?

어떻게 사는 게 아름다운 삶일까라는 명제를 끊임없이 고민하며 살아가고 있다.

그것은 정답이 있는 게 아니라 주어진 삶 속에서 나를 비우고 나보다도 어렵고 힘든 사람들, 나보다도 더 비천한 사람들, 나보다도 힘없는 사람들에게 다가가서 손잡아주는 삶이 아닐까 생각한다.

부족하지만 나는 아름다운 삶을 살아가기 위해 이들과 손잡고 힘차게 걸어갈 것이다.

13. 피노키오와 인생 2모작을 가꾸는 박노균 사장

현재의 부지를 구입한 경위는 이러하다.

대림에 73년 9월에 입사하였다. 소위 월급 생활을 하다가 77년 중동 붐이 일어 2년간 사우디아라비아에서 근무하였다. 중동 근무를 마치고 79년 귀국하고 보니 조금 모아둔 돈으로 퇴직 후 노후대책을 마련하게 되었다. 궁리 끝에 내 고향 용인시 역북리(지금은 역삼동)에 약 500평을 한국토지공사로부터 5

년 분할상환 조건으로 구입하였다. 그런데 97년 지인으로부터 충남 태안 만리포 해변에 작은 여관(대지 1,000평)과 교환하자는 제의가 있어 이를 받아들이기로 하고, 친구에게 일임하여 구입하게 되었다.

펜션을(피노키오) 시작하게 된 계기가 있다.

2009년 3월 주주총회에서 퇴임인사(대림자동차 사장)를 하고 나서 무엇을 할까 고민을 하였다. 머리를 좀 식힐 겸 나의 고등학교 절친한 친구이자 광양제철 초등학교 교장선생님인 박보영 친구가 보고 싶어 친구도 만날 겸 아내와 남도여행을 떠났다. 친구의 교육철학인 “대립토론”에 대한 이야기를 학교에서 직접 친구에게 설명을 들었다. “그래! 우리나라 장래를 위하여 자라나는 어린이들이 상대방과 다른 견해를 가지고 토론게임을 하는 토론문화를 정착시키면 상대방 의견을 경청할 것이다. 뿐만 아니라 서로를 존중할 줄 아는 성숙한 국민으로 자리매김하게 된다. 그러면 국가의 발전과 진정한 선진국으로 발전하는 토대가 될 좋은 교육방법”이라고 확신하였다.

마침 친구가 지리산 입구에 나무로 지은 세컨드 하우스를 가지고 있었다. 그곳에서 우리 부부만 묵는 호사를 누리게 되었다. 집안 구석구석을 돌아보았다. 아하! 우리도 태안 만리포에 사둔 여관(당시 킹 여관)을 떠올리며 이왕 할 바에는 한옥펜션을 해보기로 하였다. 인터넷을 검색해 보니 흔치는 않았지만 전남지역과 경주지역을 둘러보고 산림 조합에서 운영하는 여주 목재유통센터를 방문하며 나름대로 구상을 하였다. 그리고 6월에 태안군청에 알아보니 만리포는 관광단지로 지정되어 조성 사업 중이며 특히 내가 소유한 지역은 "체육 오락 시설 지구"로 묶여 있어서 신축은 안 되고, 굳이 영업을 하려면 소규모 리모델링만(대수선 불가) 가능하다는 것이다. 설명을 듣고 실망을 하였는데, 다른 궁리를 하다가 문득 친구의 세컨드 하우스가 떠올랐다. 친구에게 전화 연락을 하여 그 집을 지은 사람을 소개해 달라고 부탁을 하였다.

용인 고향집과 가까운 "안성 너리굴 문화원"을 운영하는 임계두 원장을 소개받았다. 임 원장과 함께 문화원을 둘러보았다. 또 만리포도 함께 살펴보며 많은 검토와 협의 끝에 외관을 목재로 리모델링하는 것으로 가닥을 잡았다. 하지만 이곳 숙박업은 계절 편차가 심해 일부를 카페로 하기로 하였다. 약 3개월 동안 공사를 진행하는 동안 아내는 바리스타교육을 이수하였다.

좌충우돌하며 펜션을 운영하고 있다.

리모델링을 완성 후 펜션 이름을 새로 지어야 하는데 막상 떠오르지 않았다. 우연히 안성 너리굴 문화원을 방문하였는데 피노키오 인형이 눈에 띄었다. 아하! 저거다. 피노키오로 이름을 짓자. 이유는 첫째, 리모델링을 나무로 하였고, 둘째, 이제까지 살아오면서 자의적으로나 타의적으로나 거짓말을 많이 하고 살았으니 앞으로는 정직하게 살자고 하는 나의 의지에 맞았다. 그래서 "피노키오"로 상호를 정하고 문화원장에게 취지를 말하고, 그곳의 피노키오 인형을 빼앗다시피 가져오게 되었다.

당초 계획은 외부 바닥을 모두 방부목으로 깔기로 하였으나 자금이 부족해서 부득이 모래 바닥으로 남게 되었다. 할 수 없이 절개지에는 해당화, 평지에는 주목, 반송, 감나무, 사과나무, 살구나무, 배롱나무, 보리수, 동백나무, 느티나무로 조경을 하였다. 2010년 봄이 되자 모래 바닥이 훤히 드러나 야생화를 심었다. 노루귀, 복수초를 옮겨다 심어도 빈터가 많아서 갯뫼와 갯완두를 바닷가에서 캐다 심었는데 이듬해부터는 너무 많아서 뽑아 버리느라 힘들었다.

양재동 꽃시장, 내포야생화 화원에 들러 보는 대로 사다 심었고, 동네 이웃들도 묘목을 주어서 모래 화단에 계획 없이 심으면서 한수산 님의 '꿈꾸는 일에는 늙음이 없다'를 읊조려 보면서 열심히 물주고 거름 주고 잡초 뽑으며 가꾸었다.

*무엇을 기르면서 자라거라.
풀이든 강아지든 꽃나무든 아니면 벌레라도 좋다.
무엇을 기르는 사람이면 된단다.
무엇을 기를 때 가져야 할 기다림,
사람, 다른 것에 대한 마음 씀,
대상에 대한 믿음,
상대와의 사이에 놓이는 넉넉한 여유….
그런 것들 속에서 네가 자라고
그것들을 바탕으로 살아가면 되는 것이 아니겠니.

평생 농사일 한 것보다 9년 동안 한 일이 훨씬 많이 했으나 즐겁게 하였으니 건강과 기르는 재미가 쏠쏠했다.

펜션 일은 청소는 물론 모든 면에서 맥가이버가 되어야 한다. 변기, 배관, 보일러, 전기 등이 고장 났을 때 특히 주말에 사람을 불러도 오지 않고 급하긴 하고, 선무당이 사람 잡는다는 격으로 A/S팀이나 수리하는 사람이 왔을 때 잘 보고 물어보고 해서 직접 수리도 해야 한다. 손님을 항상 웃는 얼굴로 맞이하는 것은 기본이지만 그렇게 하다 보니 나 자신도 행복하다. 저녁에 바비큐 그릴에 불을 펴 주면서 대화도 하고 가끔 음식도 같이 먹는 부수적인 재미도 있다.

손님들이 오셔서 피노키오와 정원에서 예쁜 모습으로 사진 찍을 때는 미소가 절로 나오고 보람도 있다.

아마 힘들다고 생각하면 절대 해서는 안 되는 것이 정원 가꾸기와 펜션 운영이다. 이제는 화초와 나무들이 너무 잘 자라서 집이 좁아졌다.

요즈음은 겨울에도 꽃이 피고 미처 뽑지 못한 이름 모를 잡초가 피우는 예쁜 꽃을 보노라면 나태주 시인의 "풀꽃"이라는 시가 절로 나온다.

'자세히 보아야 예쁘다.
오래 보아야 사랑스럽다.
너도 그렇다.'

풀꽃만이 자세히 보아야 하는 것이 아니고, 인생사도 자세히 오래 보아야 사랑스럽고 창조적이지 않을까?

인생 2모작은 절대로 많은 돈을 벌려고 급히해서는 안 되고, 그냥 소일거리로 건강을 위해서 한다고 해야 된다는 게 내 생각이다. 또 한 가지는 전직이 무엇이든지 상관없이 모두 내려놓고 밑바닥부터 시작하되 포기하지 말아야 한다.

14. "SAM SITE, 여기 뭐하는 데고!" SAM SITE 대표 공선표 박사

'SAM SITE가 뭐하는 곳이에요?' SAM SITE라는 이름으로 1주에 한 번씩 현장에서 작업하고 있는 사진을 SNS에 간간이 올렸더니 지인들에게 생기는 의문인가 보다. 이제 어느 정도 진척이 되었으니, 내가 하고 싶어 하는 일을 밝혀도 괜찮다는 생각이 들긴 하지만 또 한편으로는 자랑질이나 하는 것으로 비쳐지지 않을까 걱정도 된다. 내가 꿈꾸고 있는 영주의 SAM SITE는 2007년부터 10년을 내다보고 만들어온 꿈의 터전이다. 2007년부터 10년 계획으로 2017년에 1차 인생설계 인프라 계획이 끝이 났기에 아내와 함께 이곳으로 이사를 왔다. 전체적인 부지조성의 큰 틀은 잡아놓았으니 2018년부터는 콘텐츠 등의 소프트를 준비할 2차 10개년 계획을 준비하고 있다.

나는 2017년 초에 영주 부석사가 있는 주변지역으로 귀농과 귀촌을 했다. 아내는 농사를 할 줄 모르니 귀촌이 된 것이고, 나는 시골에서 농사짓는 것을 어깨너머로 보고 자랐기에 귀농이라는 표현을 사용하고 있다. 올해로 귀농 2년 차에 접어들었지만 농사에 있어서는 많은 시행착오를 겪었다. 2007년부터 10년간에 걸친 부지조성을 하고 2017년에 이곳으로 이사를 와 부지 이름을 SAM SITE라 칭하고 이곳에서 살아가고 있다. 직장생활은 연구소(삼성경제연구소 인적자원 실장)에 근무한 관계로 책상 앞에서만 전반기 인생을 보냈다. 내가 잘하는 것이라고는 딱히 없고 전반기 인생에서 해온 강의 30년, 운동(헬스) 30년, 연구 30년으로 책 읽고 글 쓰고 강의하고 운동하는 정도이다. 책과 인연을 오랫동안 가져 왔다는 말이다. 그래서 후반기 인생에서도 책을 테마로 한 일을 준비하고 있다.

SAM SITE의 SAM은 새로운 출발(Start Again)을 하려는 사람들을 멘토링(Mentoring)한다는 SAM(선생님)의 뜻을 가지고 있고, SITE는 부지의 뜻을 갖기도 하고, 인터넷 사이트라는 뜻도 있다. 그래서 새로운 출발을 도와주고 멘토링해주는 사이트란 뜻을 갖는 SAM SITE가 된 것이다. 어떤 분들은 10년이나 준비했으니 연차별 단계적 추진계획으로 완벽한 프로젝트를 추진하고 있다고 칭찬을 하는데, 그건 남의 속 모르고 하는 소리이다. 10개년 계획으로 잡긴 했으나 계획한 대로 이루어진 것이 아니라 여러 가지 문제로 지지부진하다 보니 여기까지 왔다는 표현이 더 정확할 것 같다. 그동안 많은 고생을 했다는 말이다.

5단으로 구성된 이곳 부지에 잔디를 심고, 돌을 가져다 석축을 쌓고 또 나무를 꾸준히 심고 가꾸어 왔다. 1단은 잔디운동장, 2단은 서재와 강의실 그리고 내가 기거할 집이 들어서 있고, 3단은 꽃과 나무로 조성된 산책정원이 자리하고 있다. 그리고 4단에는 약재와 약초로 사용할 나무와 꽃 그리고 야채와 채소를 심을 수 있는 텃밭과 숙소 건축용 부지가 있고, 제일 꼭대기인 5단에는 금전적인 여유가 되면 상징적인 조형물이나 힐링 센터를 지을 예정이다. 부지 안에 도로도 만들고, 석축도 쌓고, 또한 나무도 엄청 심었는데, 도로와 석축은 예전 그대로인데 나무는 생각대로 잘되지 않았다. 병충해로 많은 나무를 죽였기 때문이다. 관상수도 심어 놓았지만 가지의 샌딩도 제대로 되지 않은 아마추어 솜씨에 불과하다. 페이스북에 올린 사진에서처럼….

생각보다 지지부진했던 이유는 여러 가지 어려운 일이 많이 있었지만 핵심요인은 미래의 수지문제에 있다. 건물을 지어놓고 나서 이들을 관리할 수 있을 만큼의 수입이 보장되는지의 여부를 따져야 하기 때문이다. 노후를 잘 보내기 위해 또는 내가 하고 싶은 일을 하기 위해 만든 놀이터인데 내가 하고 싶은 일은 뒤로 빠지고, 수지를 맞추기 위한 압박만이 남아서는 전반기의 직장생활과 다르지 않겠다는 생각 때문이다. 이곳에서 나오는 수입이 한 달에 얼마 정도 이상의 수입이 되어야 사이트 운영관리가 가능하다고 생각하는 압박이 싫었던 것이다. 그런 스트레스를 받으면서 생활한다면 전반기의 생존과 경쟁에서 살아남으려던 직장생활과 다를 바가 없지 않은가? 이곳에 고객이나 손님이 적게 온다고 해도 이곳 SAM SITE 운영이 문제가 되어서는 안 된다는 판단 때문이다.

그래서 생각한 것이 주변지역에서 강의나 다른 부수적인 비즈니스로 SAM SITE의 운영비를 벌어야겠다는 생각을 갖게 되었다. SAM SITE에서는 수지 압박을 받지 않고, 내가 하고 싶은 강의도 하고, 읽고 싶은 책도 읽고, 쓰고 싶은 글을 쓸 수 있는 곳으로 만들고 싶었던 것이다. 1주일에 3일 정도 주변에서 부수적인 비즈니스로 유지비를 벌고, 나머지는 영주 SAM SITE에서 내가 하고 싶은 일에 몰두하기로 한 것이다. 지금의 부지에 대해 연수원 허가를 받아 놓긴 했지만 연수원이라기보다 작은 평생교육원이나 심신치유를 위한 북 카페와 작은 도서관을 만드는 것이 나의 꿈이다. 주변지역에서 내가 하려는 강의 일을 하면서 뒷수습이 필요한 보충교육이나 심화교육이 필요한 사람들에게 교육과 힐링이라는 주제로 SAM SITE에서 하고 싶은 것이다. 서울에서 좀 떨어져 있다는 단점을 보완하기 위해서는 SAM SITE를 디지털 단지로 만들겠다는 생각도 가지고 있다. SAM SITE를 디지털로 무장한 기가마을로 만들어 시골이 더 이상의 시골이 아닌 마을로 거듭나게 만들 생각이다. 오히려 화려한 도시보다 더 첨단의 정보화단지를 만들어 시골이 정보에 뒤떨어진다는 생각을 뒤엎고 싶은 것이다.

가끔 이곳에 와서 생활하다 보면 다소 불편한 장소이긴 하지만 잠시라도 머무르게 되면 다른 곳에서 느껴보지 못했던 편안함을 나는 느낀다. 나는 이곳이 나의 꿈을 펼칠 중요한 장소가 될 것이라 생각하고 있고 또 제2의 인생터전이 될 것으로 확신하고 있다. 전반기 인생에서처럼 사업이나 인생에서 성공하기를 바라는 것이 아니라, 내가 하고 싶어 하는 일을 하는 삶의 의미와 완성에 더 큰 의미를 두고 있기에 더 그렇다. 내가 이곳에서 하고 싶은 것은 다음과 같은 일들이다.

첫째, 제2의 인생을 준비하는 시니어들의 학습터전을 만들고자 한다.

나는 이곳에서 분기에 한 번 정도 시니어들이 고민을 꺼내놓고 학습할 수 있는 '학습장터'를 만들어 그들과 소통하는 자리를 만들고 싶다. 은퇴 후 어떤 어려움을 겪었고 또 어떻게 극복했는지에 대해 그들의 의견을 들어보는 장터를 마련하고자 한다. 나를 제외한 다른 사람들이 인생을 어떻게 보고 있고 또 어떻게 살아가는 것이 좋은지 그들의 가치관을 살펴보는 시간도 가지려 한다. 제2의 인생을 잘 살아가기 위해 어떤 노력을 해야 하는지, 또 무엇을 어떻게 해야 하는지 그 해답도 스스로 찾아볼 것이다. 젊은이들이 그들만의 소통을 위한 청춘콘서트가 있다면, 시니어를 위한 시니어 콘서트도 있어야 하지 않겠느냐는 생각에서다.

둘째, 시니어들의 사회참여의 폭을 넓히는 중심축 역할을 하는 곳으로 만들고자 한다.

일본에서 히트를 친 촌작(村作)이라는 마을 만들기와 같이 은퇴자들의 사회 참여를 활성화하기 위한 방법을 찾아보겠다는 꿈을 가지고 있다. 시골지역의 살기 좋은 마을 만들기를 위한 중심축 역할을 SAM SITE가 해보자는 생각에서다. 이 마을에 많은 사람들이 찾아와서 북적거릴 수 있는 차별적인 테마도 개발하고, 그 테마를 확대해감으로써 시니어들의 사회참여의 폭을 점진적으로 넓혀보자는 의미다. 인생에 대해서 하고 싶은 이야기도 하고, 마음 깊은 곳에 숨겨놓았던 속마음도 터놓을 공간도 필요하지만 우리 시니어 세대들이 가진 경험과 노하우를 새로운 지식의 틀로 다시 포장해서 사회에 도움이 될 수 있는 방법을 찾기 위해서이다. 제1의 인생에서 갈고 닦았던 기능지식, 사회구성원으로서 알고 있어야 하는 교양지식 뿐만 아니라, 미래 경쟁력의 핵심이 되는 새로운 창조지식들을 망라하고자 한다.

제1의 인생에서 쌓아왔던 경험과 연륜이 헛된 지식이나 아무 쓸모도 없는 무용지식이 아니라, 사회에서 바로 써먹을 수 있는 지식으로 새롭게 포장해야 우리가 건설해온 이 사회를 한 단계 더 도약시킬 수 있지 않을까 해서다. 시니어들이 지금까지 off 상태로 있던 사회참여 스위치를 on으로 바꾸어서 제2의 인생도 준비하면서 또 사회참여의 길도 넓혀보자는 생각에서다.

셋째, 시니어들의 새로운 일자리 마련의 전초기지로 만들고 싶다.

① 도농 커뮤니티의 허브

농촌을 사전에 체험하고자 원하는 도시의 은퇴자나 은퇴예정자에게 농촌의 실정을 알려주고, 또 농촌에서 할 수 있는 일들에는 어떤 것이 있는지를 알리는 일을 하고 싶다. 마을극장을 설치하여 농촌의 변화 의지와 성공사례를 담은 영화나 다큐멘터리를 준비하여 보여주고, 이를 바탕으로 제2의 인생을 살아가게끔 하는 의욕을 불태울 수 있는 커뮤니티를 만들고 싶은 것이다. 공통의 관심사와 미래방향에 대한 길을 제시하는 기록물이나 영화를 선정하여 주기적으로 보여주면서 이 지역에 사람들이 모일 수 있는 계기를 마련하고자 한다. 시니어 은퇴자들이 안고 있는 고민과 앞으로 살아가야 할 방향을 연결하면서 도시의 고령인력과 농촌의 비전을 연결하는 허브로서 말이다.

② 영농인턴제 도입

귀농과 귀촌을 한 사람들이 적응을 제대로 하지 못해 다시 도시로 돌아가는 사람들이 많은 이유는 본인의 적응 여부를 미리 판단할 수 있는 기회가 없기 때문이다. 귀농과 귀촌의 적응 여부를 판단하기 위해서는 실제 이주를 하기 전에 그러한 일을 미리 경험해 보는 일이 필요하다. 시골에서 할 수 있는 일을 직접 경험해보는 일을 먼저 해보고 그 적응 여부를 판단하자는 것이다. 귀촌과 귀농을 준비하는 시니어 은퇴자들이 일정 기간 동안 현장에서 직접 체험해보는 기회를 갖는 영농인턴제를 도입하고 싶다. 농촌에서는 일손을 구하기가 어렵고, 도시에는 할 일이 없는 은퇴인력들이 소일거리를 찾고 있는 미스매치의 문제를 해결해 보자는 뜻이다.

넷째, 사회의 소외계층이나 우리의 도움을 필요로 하는 계층을 위한 SAM SITE가 되었으면 한다. 뭔가 의미 있는 일을 하기 위해서는 사회에 도움이 되는 시스템을 이해해야 한다. 그래서 사회적 기업이라는 조직을 이해하기 위해서 3년 전에 아내와 함께 사회적 기업 관련 전문교육을 받았다. 사회에 도움이 되는 일을 하기 위해서는 사회적 기업이 뭔지, 어떤 메커니즘으로 사회적 기업이 움직이는지를 알아야 했기 때문이다. 이익을 내는 주식회사도 운영하기가 어려운데, 이익도 내고 사회적 가치를 실현하려는 일이 쉬운 일은 아님을 피부로 느끼고 돌아왔다. 그냥 돈 버는 일을 전반기 인생 동안 해왔는데, 사회적 기업을 성공시키기가 더 어려운 일임을 알게 되었다. 사회적 기업에 관련한 공부를 하면서 사회적 기업에 관한 자신의 가치정립 문제가 제일 중요함을 알게 되었다.

교육 중에 생각났던 교훈 중의 하나가 예전의 오프라인 방식으로 SAM SITE의 운영이 쉽지 않다는 생각이다. 인터넷을 활용한 SNS가 기반이 되지 않고서는 기업운영도 어려울 뿐 아니라 사회의 네트워크 형성 자체에도 힘이 들겠다는 생각이었다. 그래서 나온 돌파구가 SNS 활용법을 배우는 일이었다. 예전에 그토록 써먹던 무한경쟁에서 이기기 위해서는 인터넷을 기반으로 한 SNS 활용교육이 필요하다는 생각을 한 것이다. 블로그도 만들어 정보와 지식의 원천이 되는 샘(泉)도 만들어야 하고, 이들 콘텐츠를 카카오스토리나 페이스북으로 퍼나르는 기술도 익혀야 했다. 미래의 권력으로 부상 하고 있는 구글과 페이스북을 중점적으로 활용해야겠다는 생각이었다. 영국의 실버서퍼들[2]처럼 젊은이들보다 인터넷을 훨씬 잘 다루는 액티브 시니어가 되어야겠다는 결심이었다.

다섯째, 은퇴자들의 전원마을을 조성하는 데 초석이 되었으면 한다. SAM SITE를 구상하게 된 최종 목적은 은퇴 후 살기 좋은 전원마을을 만들기 위해서다. 지금 당장 할 수 있는 일은 아니지만 강의장과 공원과 같은 교육시설과 주민 편의시설을 공동시설로 활용하여 이곳으로 이주해온 주민들 모두가 공유하는 공간으로 하자는 생각을 했다. 쾌적한 삶을 위해 먹고 자고 입는 것에서 전통 콘셉트를 유지하여 도시인들도 이곳을 방

2) 실버서퍼(silver surfer)는 어르신이면서 인터넷은 물론이고 스마트폰과 태블릿 등 각종 스마트 기기 조작에 젊은이들보다 능한 사람을 지칭한다. 영국의 경우 55세에서 64세 연령대의 30% 이상이 SNS를 활용하고 있고 또 SNS 성장의 1등공신은 젊은이가 아닌 실버 서퍼족이라 하지 않았는가? 요즘은 70~80대라도 50대 못지않은 원기와 활력을 보여주는 사람들도 많기에 충분히 가능한 것들이다. 시니어가 젊은이들보다 약한 것이 인터넷을 다루는 기술이다. 젊은이들이 시니어들보다 디지털감이 뛰어나다 하더라도 시니어들이 배움으로 무장한다면 그들을 능가할 수 있다. SNS 분야의 교육도 길게 보아 3개월만 교육받으면 젊은이보다 훨씬 잘할 수 있다. 나도 SNS 전문과정의 교육에 3개월 정도 투자했는데 이 교육은 받길 잘했다고 생각하고 있는 교육 중의 하나이다.

문하고 싶고 또 이곳에서 살고 싶어 하는 마을을 만들어보자는 뜻에서다. 먹거리의 경우 주변지역에서 직접 재배한 재료를 사용하고, 가족단위의 시골풍의 잠자리를 보장하면서 도시에서는 맛볼 수 없는 친환경 시골생활을 만들고 싶은 것이다.

나는 이곳을 책을 테마로 한 시티로 만들고 싶다. 그저 숙박하러 오는 사람들을 받아들이는 펜션이나 숙박업소가 아니라 어떤 테마나 주제를 가지고 토론을 하러 오는 사람들에게 숙박과 음식을 제공하는 사이트를 만들고 싶은 것이다. 예약 고객들에게 이곳을 방문하는 주요 테마가 무엇인지를 파악해서 그 테마에 관련된 책과 정보를 제공하고 자신의 문제를 해결하는 데 도움을 주고자 한다. 이곳에는 통찰방, 성찰방을 두어 종교와 상관없이 기도와 명상을 할 수 있게 할 것이다. 이곳을 방문하는 누구나 들어가서 명상이나 기도를 할 수 있는 지하토굴을 만들어 아침이나 저녁에 조용하게 자신의 마음을 다스릴 수 있는 '나만의 방'을 제공할 생각이다.

울음방, 울음방을 만들어 마음 내키는 대로 울고 싶을 때 실컷 울고 또 웃고 싶을 때 실컷 웃을 수 있는 환경을 만들고자 한다. 뻐꾸기 시계처럼 정해놓고 울 것이 아니라 울고 싶을 때 혼자 들어가서 실컷 울 수도 있게 하고, 또 실컷 웃고 싶을 때가 있으면 마음 놓고 큰 소리로 웃을 수 있는 웃음방을 기획하고 있다. 또한 서재, 도서관을 겸한 강의장을 만들어 평생학습 분위기를 조성하고자 한다. 이곳의 서재는 '선인재'로 이름 짓고, 지금 내 서재에 있는 책으로 작은 도서관을 만들 생각이다. 이곳을 방문하는 사람들이 읽어야 할 책들, 예를 들면 마음공부법, 새로운 출발을 다짐하는 책들을 비치해 놓고 동행한 사람들과 토론을 벌이며 현장에서 지식을 습득하고 이를 바로 실천하는 방식을 도입해보고자 한다.

그래서 앞으로 하고자 하는 일은 미래에 대비한 아이디어 "내기", 농촌에서 일거리 "찾기", 그리고 평생 동안 집중할 나의 천직 "만들기" 등 세 가지 기술에 집중할 생각이다. 그래서 이곳을 방문하는 사람들에게 "나의 인생설계와 미래준비"라는 테마로 다음과 같은 정보를 제공하고 있다.

1. 미래: 남의 미래예측과 생각을 내 머리에 넣기 –앞으로 어떤 세상이 펼쳐질 것인가?
   아이디어: 내 머리의 생각을 내 노후계획에 넣기 –노후에 나는 무슨 일을 하며 살아갈 것인가?
2. 품목: 노후에 해야 할 품목과 테마 정하기 –내가 노후에 해야 할 의미 있는 일은 무엇인가?
   서비스: 테마와 서비스 프로그램 구체화 –내가 해야 할 일에 어떤 차별적 서비스를 부가할 것인가?
3. value: 삶과 인생의 가치, 나의 가치기둥 만들기 –나는 어떤 사회적 가치를 위해 살아갈 것인가?
   비전: 나의 꿈과 비전 만들기 –후반기 인생 30년 동안 해야 할 일의 계획을 가지고 있는가?
4. 도구: 지식과 정보를 내 것으로 만드는 도구와 방법 –짧

은 시간에 즉석으로 학습하는 방법은 없는가?

전략: 나의 일 성공시키기 위한 방법 –하고자 하는 나의 일을 성공시키는 전략과 전술은 없는가?

5. 천직: 내가 잘하고 좋아하는 일로 나의 천직 만들기 –나의 후반기 인생 동안 일할 천직은 무엇인가?

귀인: 나의 일, 내 노후 성심껏 도와줄 귀인 찾기 –나를 도와줄 귀인은 어디서 어떻게 찾을 것인가?

15. "농심(農心)이 교심(敎心)이다." 텃밭 가꾸는 농부! 김갑철 교장

김갑철 교장(이하의 글에서 본인 이름의 첫 자를 따 '갑'이라 하였다)은 1943년, 이 세상에 왔다.

국민은 국가의 근본이요 주인이다. 개인과 공동체는 운명을 같이한다. 나의 일이 곧 동시에 공동체의 일이며 시대가 요청하는 사명이요 역할이다.

갑도 국민의 한 사람으로 숨을 거두는 그 순간까지 스스로를 위하여 공동체를 위하여 일(직업)을 하며 살아야 한다. 갑이 생애 주기의 하나인 노인기에 접어들면서 퇴임 후 선택한 것은 농부의 길이다.

1) 청년 시절: 제1 인생

인생의 여정에서 청소년 시절을 거치며 사람은 누구나 다 "나는 누구인가? 어디에서 와서 어디로 가는가? 무엇을 하며 어떻게 살 것인가?"를 고민하게 된다. 이 시대 이 땅에 태어난 갑도 고심하고 고민했다. 한국의 자연환경과 사람이 가꾸는 문화와 사회, 역사적 환경에서 자라고 살면서 부모님과 선생님의 가르침과 교육, 그리고 자신의 경험이 보태어지면서 청소년 시절 삶의 가치 의식이 형성되었다. 이 가치 의식이 개인의 삶과 공동체 삶도 운전해 간다고 생각하여 본다.

무엇을 하며 어떻게 살 것인가?

청년 시절 군복무와 학업을 마치고 사회인으로서 첫 번째 선택한 길이 사회복지사의 길이다. 제1의 인생이라고 할 수 있다. 김유신 장군이 애마(愛馬)를 칼로 자르는 결단의 심정으로 전공한 법정의 길을 미련 없이 과감히 포기했다. 국립사회사업연수원에 입학하여 사회사업종사자(현재: 사회복지사) 자격을 취득하여[한때 중고 시절 4 · 19 의거(혁명)에 참여하고 대학 시절 학생회 활동을 하면서 경천(敬天) 애국(愛國) 애인(愛人) 친자연(親自然)(고교 모교 교훈이다)을 마음에 새기며 법정의 길을 가려고 했다] 복지시설인 서울특별시 시립 아동 보호소에서 시공무원(교도원: 教導員)으로 일하다가 보사부 등록 단체인 국제 엠마우스 한국개미회로 이직하였다.

엠마우스 운동은 프랑스 피에르 신부가 2차 대전 후 황폐된 사회에서 "폐품재생"과 "인간갱생"을 목표로 펼친 빈민 구호활동이다. 당시 전 세계 44개국 350여 개의 단체가 활동했었다.

2) 중 · 장년 시절: 제2의 인생

중 · 장년에 걸친 두 번째 길은 교육의 길이다. 제2의 인생이라고 할 수 있다. 반평생 이 길을 걸었다. 교육은 국가의 백년대계로 농업과 함께 "천하대본(天下大本)"이라고 생각했다. 개인의 행복과 국가의 발전은 교육 농사에 달려 있다고 생각했다. 정치를 정치답게, 경제를 경제답게, 문화를 문화답게. 교육을 교육답게 하는 것도 교육이라고 생각했다.

정규 학교로서는 보성 중 · 고등학교에서 근속 30년, 근로 청소년을 위한 비정규 학교에서 야학 교육봉사 활동까지 포함하면 약 40년의 교육 인생이다. 하느님의 소명으로 생각하고 천직으로 생각했다.

사회 복지 제도가 오늘날같이 확립되고 정착되지 않았던 당시에는 생계도 걱정할 정도로 열악했고 "내가 있어야 남에게 줄 수 있고 내가 알아야 타인에게 도움이 될 수 있다는 것"을 뼈아프게 절감하고 사회복지사의 길을 접었다.

이에 대학원에 진학하여 더 공부하고 연구하기로 결심하고 교육대학원에 입학하여 석사 학위와 교사자격증을 취득하였다, 당시에는 서울시교육위원회에서 실시하는 "순위 고사 제도"가 있어서 응시, 합격하여 채용 자격을 얻었다. 교사 채용 공고를 보고 이력서를 보냈다. 연구소 한 곳과 세 학교에서 면접 통보가 왔다.

보성중학교를 택했다. '사회'를 지도했다. 30년간 10년 단위로. MRA(도덕재무장운동) 지도 교사, 전통문화연구반 지도교사, 봉사를 목표로 하는 국제 로타리 제3650지구 인터랙트 지도교사로 활동했다. 사회교육(평생교육)과 연계한 학교교육의 하나다. 중학교에서 고등학교로 옮겨 부장 교사, 교감, 교장의 직책을 맡기도 했다.

보성중고등학교는 1906년 대한제국 말기에 당시 내장원경이었던 이용익 선생이 보성전문(현재 고려대학교)과 함께 흥학교이부국가(興學校以扶國家: 학교를 세워 나라를 버틴다)의 건학정신으로 창학(創學)한 학교다. 3.1운동 당시에는 천도교에서 운영, 교주가 손병희 선생으로 독립선언서를 교내 인쇄소에서 찍어 배포한 3.1 자주독립 운동의 요람지이다. 1940년 민족문화수호자인 간송 전형필(澗松 全鎣弼) 선생님이 학교법인 동성학원을 설립하고 인수하여 흥학교이부국가(興學校以扶國家)의 정신, 3.1자주독립 정신, 민족문화 창달 3대 정신이 계승되고 있는 민족사학(民族私學)이다.

70년대부터인가? 경제가 개발되면서 교직을 떠나는 자가 늘고 갑도 이직 권유와 유혹(?)을 받았지만 미래 이날의 주역인 청소년들과 함께 "가르치며 배우는 것"이 좋았고 즐거웠으며 보람 있고 행복했다. 보성의 3대 정신이 이어져 오는 보성(普成)이 너무 좋아 정년까지 근속했다.

3) 노인기: 제3의 인생

정년 후, 남은 여생(餘生)은 무엇을 하며 어떻게 살 것인가?

일기일회(一期一回)의 인생, 이 노인기를 어떻게 마무리할까?

100세 시대라고 한다.

지천명(知天命)과 이순(耳順)의 나이를 넘어섰다. 퇴직 앞에서 있는 자는 누구나 그러하듯이 갑도 정년을 앞두고 생각하고 고심했다.

이 생각 저 생각하다가 편리한 도시 문명(서울)을 떠나 자연으로 가서 농사를 지으며 남은 여생(餘生)을 마무리하기로 결심했다.

자연 중에서도 어디로 가나? 산촌(山村)으로 가자! 철인 스피노자같이 "내일 세상이 멸망하더라도 오늘 사과나무 한 그루를 심겠다."라는 심경으로 농사지으며 꽃과 나무를 심고 가꾸자고 다짐했다.

고교 시절 유달영 교수가 쓴 "덴마크 갱생사"를 읽으며 학우들과 함께했던 농촌 계몽 활동(당시는 계몽 활동이라고 했지만 지금 생각하면 봉사활동에 불과하다.)과 재직 시 매년 학생들과 농촌 봉사활동을 한 영향이 내면에서 작용한 것 같다. 제초제 뿌리고 농약 치는 일반 농가 인근은 의도적으로 피했다.

제일 먼저 한 것은 국민대학교 평생교육원에 등록하여 숲과 문화에 대한 공부를 하고 "숲 해설가"로 불리는 "산림교육전문가자격증"을 취득했다. 아내와 함께 살만한 적당한 곳을 찾아서 전국을 다녔다. 울릉도 제주도도 가서 보았다. 서울 인근 경기도는 땅이 너무 비쌌다. 최종적으로 조카가 안내한 현재의 강원도 평창 봉평면 흥정산 계곡에 터를 잡고 15년째 살고 있다.

서울 아파트를 팔아 대지를 포함한 임야 약 3천 평을 먼저 와 집을 짓고 사는 앞집 분할 판매업자로부터 구매할 수 있었다. 처음 8가구가 매입했으나 정작 두 가구만 들어와 집을 지어 살고 있다.

해발 700미터 고지이다. 사시사철 계곡에 맑은 물이 흐르고 숲으로 우거진 공기 좋은 청정지역이다. 해발 600~700미터가 인체에 가장 좋은 위치라고 한다. 봉평면은 이효석 선생 생가가 있고 문학관이 있으며 매년 메밀꽃이 필 무렵이면 "이효석 문화제"를 하는 문학의 정서가 깃들어 있는 곳이다.

2002년 땅을 매입, 아내가 콘테이너를 설치하고 건축 기사들을 감독하며 2층 집을 지었다. 2003년 7월 17일 어머니와 아내가 이사를 했다. 아내는 3년에 걸쳐 정원을 꾸미고 갑의 퇴임기념선물이라며 정자도 세웠다. 갑은 정자 이름을 보성정(普成亭)이라고 이름을 지었다. 음악을 감상하며 차를 마실 수 있는 "천사의 소리"라는 찻집을 짓기도 했다. 갑은 2006년 퇴임 후 정식 입주했다. 아내는 한때 민박(농박)을 경영하기도 했다. 이 계곡에는 펜션이 많이 있다. 여름 한 철 시즌에는 방이 없을 정도로 성황을 이룬다.

갑은 텃밭을 일구기 시작했다. 돌밭에 모래흙을 사서 깔고 삽과 곡괭이로 돌을 골라냈다. 조금씩, 조금씩 넓혀 500평 텃밭을 일구었다. 100평 정도의 비닐 온실도 설치했다. 텃밭과 온실에 농사를 짓기 시작했다. 인근 대화면과 진부면에는 도서관이 있는데 유감스럽게도 문학의 정서가 깃든 갑이 사는 봉평면(이태 전 봉평면에도 도서관이 설치됨)에는 없었다. 마을 주민들을 생각하며 온실에 "숲 속 작은 마을 도서관"을 설치했다. 텃밭 토전(土田)에 도서관 심전(心田)이다. 와서 읽고 돌려 읽고 빌려 읽는 점진적인 독서 운동을 폈다. 지난해 겨울 다량의 눈비가 내려 그만 폭삭 붕괴되고 말았다. 다량의 책이 물에 젖어 폐기 처분해야 했다. 이참에 면에 도서관도 개관되었고 이용자도 많지 않으니 여기서 접을까? 좌절하고 실망하고 있을 때 성당 청년 교우들이 봉사활동으로 온실 "작은 숲 도서관"을 복구하여 주었다.

농법은 자연 농법을 원칙으로 하고 유기농법을 택했다. 낫으로 풀을 베고 낙엽을 모아 퇴비를 만들었다. 농기구는 삽과 괭이 호미 낫 쇠스랑 톱이 전부다. 그야말로 원시 농법이요 전통농법이다. 대농도 아니고 중농도 아니기에 이것으로 충분하고 족하다. 산에는 사과나무와 배나무 그리고 밤나무를 심었다. 지난 10년은 텃밭을 일구고 지렁이(지렁이가 살아야 좋은 농토라고 한다)가 살도록 가꾸었다. 앞으로 10년은 점진적으로 과실수와 약이 되는 나무를 심으려고 한다. 일부 간벌을 하였다. 어느 해 실험 삼아 산에 장뇌삼을 심은 적이 있다. 2년 지나 3년째 되는 해에 등산객들이 하나도 남김없이 뽑아 가버렸다. 갑은 황당했지만 아마 그들은 자연 산삼을 발견했다고 생각했을 것이다.

일군 텃밭에는 실험 삼아 여러 가지 심어보지만 주로 야채(고추 상추 오이 가지 배추 무 감자 고구마 옥수수 도라지 호박 부추 더덕 등)를 심고 생산한 것을 부부가 먹는다. 경제적으로 생각하면 자급자족하는 생산자고 소비자다. 사서 먹는 것보다 유기농법으로 직접 재배하여 먹으니 더 맛이 있는 것 같다. 조금씩 자녀들에게도 보낸다. 재배 양으로 보아 아직 서울에 사는 친구 지인 이웃들과 나누어 먹고 선물하거나 팔 정도는 아니다.

4) 산촌 생활의 지각(知覺)

올해도 서서히 한 해가 저물어 간다. 내년은 예수님이 세상에 오신 지 2019년이 된다.

갑의 나이도 한국 나이로 77세가 된다. 이곳 홍정산 계곡에서의 농부의 삶도 어느덧 15년이 되었다. 현재까지 건강하고 행복하다. 다만 갑이 몸담아 살아온 한국 공동체라는 배가 중심을 잃고 방황하다가 파손되고 침몰되지 않을까 걱정되고 우려된다. 다만 위기가 기회라는 말과 같이 평화 통일과 선진 복지국가로 발전의 기회가 되기를 염원하면서 일하며 기도할 뿐이다.

그동안 산촌의 텃밭 가꾸는 농부로서 배우고 느끼고 생각하고 깨닫는 일이 많다.

옛부터 교육을 사람 농사라고 하고 인재(人材)를 기른다고 말하였다. 농사는 농부가 씨 뿌리고 물을 주고 거름 주며 잡초를 뽑고 정성을 다하여 가꾼다. 성서에 “하느님은 농부이시다”라는 성구가 있다. 교육도 이러하다. 교심이 농심이고 농심이 교심이다. 하느님 마음도 농심이라고 생각하게 된다.

옛부터 농업을 농자천하지대본(農者天下之大本)이라 하였다. 오늘날 농업을 “생명 산업”이라고 한다. 농업에 기반을 두고 공업과 과학 기술을 발전시켜야 한다. 현대사회는 “과학시대”로 “4차 산업혁명 시대”라고 한다. 농업도 과학농업으로 발전하고 있다. 한국 농업도 과학농업으로 날로 발전하여 가기를 생각하게 한다.

갑이 일 년 중 가장 기쁘고 즐거운 순간은 추수 때이다. 성취감과 행복감을 느낀다. 감자와 고구마를 거둘 때 알차고 큰 열매를 발견하는 순간 희열과 법열까지 느낀다.

일이란 나를 위하고 동시에 이웃을 위한 것이다. 인생은 일, 쉼, 공부, 사랑 4 바퀴로 굴러가는 자동차와 같다. 흙을 밟으며 맑은 공기를 마시며 농사일을 하는 것은 그 자체가 바로 운동이다. 욕심 부리지 않고 나이에 알맞게 적당히 기쁘고 즐겁게 하면 건강에 좋고 치유 효과도 얻을 수 있음을 깨닫는다. 일 욕심(무리)은 절대 금물이다. 병인이 된다.

모든 생명체는 반드시 생성(출생)하면 성장 성숙을 거쳐 소멸(죽음)한다는 태초에 창조된 자연의 법칙을 지각하게 된다. 일 년에 봄, 여름, 가을, 겨울 4계절이 있듯이 겨울인 노인기를 절감하며 아름답게 인생을 장식하려는 마음이 일어난다. 갑은 새벽의 햇귀보다 석양의 황혼이 더 아름답다고 느낀다.

사람은 거짓말을 많이 하지만 자연은 거짓이 없다. 질서와 조화를 이루며 뿌리는 대로 땀 흘리는 대로 거두는 인과법칙(因果法則)에 의해 운영되고 있음을 절실히 지각한다.

들에 산에 나무가 살아야 공기와 물이 살고 공기와 물이 살아야 동식물이 살고 동식물이 살아야 인간도 살 수 있음을 절감하며 자각한다.

5) 마무리하면서

현재 한국 농촌은 과거의 농촌이 아니다. 도시화가 이루어지면서 옛 풍경과 정서는 사라져 가고 있지만 경제 발전과 교통통신 발달로 넉넉하고 편리한 생활을 하고 있다. 원주민과 도시민이 동시에 사용할 수 있는 여가를 위한 문화 시설 레저 스포츠 시설 사회교육(평생교육) 시설과 교육 프로그램도 증가하고 있다. 과거에는 농촌에서 도시로, 도시로 이주했지만 요즈음은 귀촌(歸村) 귀농(歸農) 인구가 늘어나고 있다. 정부에서 귀농 정책을 권장하고 자금도 지원한다. 퇴임 후 귀농(귀촌)한 사람들은 밭을 경작하며 문화관광 해설, 숲 해설, 산불예방, 보건의료 봉사 활동을 하며 수당을 받고 지역사회에 공헌한다.

우리와 같이 1948년 건국한 이스라엘은 우리나라 강원도 넓이이다. 우리나라는 국토 대부분이 산악이지만 이스라엘은 준사막이다. 연 강우량은 평균 200mm 안팎인 나라이다. 건국 초대 수상이 벤구리온 수상이다. 그는 러시아에서 맨손으로 넘어온 개척자로 과학이나 농업에 대하여서는 문외한이었다.

그러한 그가 임기를 마치고 수상 퇴임식을 하고 난 오후에 트럭에 삽과 괭이를 싣고 사막으로 들어갔다. 신문기자가 임기를 마치고 트럭을 몰고 가는 수상에게 어디로 가는지 물었다. 사막으로 들어간다고 했다. 기자가 의아하여 왜 사막으로 가는지 다시 물었다. "이스라엘 미래는 사막 경영에 있소이다." 라고 답하였다. 한국의 미래도 산에 있고 농업에 있다고 생각하여 본다.

벤구리온 수상은 퇴임 후 사막 깊숙한 곳에 농업을 전문으로 하는 키부츠를 세우고 개척자로 살다가 그곳에서 일생을 마치고 그곳에 묻혀있다. 이스라엘은 농산물을 자립하고서도 100억 달러 수출하는 국가가 되었다.

세월이 가면 낙엽이 지고 열매도 떨어진다. 때가 되면 인생도 세상을 떠나기 마련이다. 노인기가 되면 세상 살아가는 일보다 세상 떠날 일을 더 많이 생각하게 된다. 이 세상에 와 76년을 살았다.

이제는 자칭 타칭 "자유인 자연인"이라고 한다. 어찌 생각하면 76년 죽은 셈이다. 떠날 때 미소 지으며 떠나고 싶다. 노인기의 꿈이요 희망이다. 숨을 멈추는 그 순간까지는 일하고 공부하고 사랑하며 건강하게 살고 싶다.

문득 "인생의 시계"라는 무명의 시가 생각난다.

〈인생의 시계〉

인생의 시계는 단 한 번밖에 태엽을 감지 않는다.

살라

사랑하라

마음을 다하여 일하라

내일이 있다고 생각해서는 안 된다.

그때 인생의 시계는 멈춰 있을지 모르기 때문에…

6부
황혼에 접어들어 생각해 보니
나의 삶에서 잘한 것 4가지

1. 초등교육자! 나에게 내려진 하늘의 명령

초등교육은 초보교육인가?

TV나 매스컴에 나와서 초등교육문제를 이야기하는 사람들은 왜 대학 교수들이어야만 하는가?

우리 사회 여러 계층의 사람들에게 묻는다.

초등학교 선생님들보다는 중학교, 중학교보다는 고등학교 선생님, 고등학교보다는 대학교수들이 월등하다고 차등적인 생각을 하며 계층적으로 더 대접받는 사회 구조는 분명 잘못된 사회 모습이다. 이런 생각을 가지고 있는 사람은 생각을 바꾸어야 할 것이다.

한편 초등학교 학생들을 누구나 가르칠 수 있다고 생각하며 초등교육을 초보적인 교육으로 무시해 버리는 경향이 만연한 사회는 바른 사회라고 할 수 없다. 인생을 살아오면서 우리는 초등학교 6년간의 교육을 통해서 인생의 방향이 결정된 경험을 가지고 있을 것이다.

사회적으로 각 분야에서 성공했다고 하는 사람들의 이야기를 들어보면 이구동성으로 초등학교 학생 시절의 결정적 시기를 경험하여 지금의 자기 분야를 결정하였으며, 지금에 이르렀다고 말한다.

초등교육자가 되는 것을 필자에게 내려진 사명으로 받아들였다. 그럴만한 이유가 있다.

교직을 전문직이라고 생각하는가?

"예. 그렇다."

그러면 이 글을 읽을 준비가 되어있다고 본다.

매스컴에서 늘 학생들의 교육만을 생각하는 필자(교장 시절)를 취재하는 인터뷰에서

"왜 삐에로 복장으로 입학식장에 나타났을까?"

학생들을 좋아하기에 학생들에게 기쁨을 주고 추억을 만들어 주기 위해서이다.

"왜 매일 아침마다 교문에서 등교하는 1,000여 명의 학생들과 악수하며 웃음으로 맞을까?"

학생들을 사랑하기에 학교의 주인인 학생들이 행복한 학교, 즐거운 학교생활을 하도록 하는 학교 문화를 만들어 가기 위해서이다.

"왜 직접 대립토론 수업을 하고 있을까?"

단답 위주의 시험 중심 교육, 인스턴트적인 교육을 탈피하고, 학생 스스로 탐구하고 연구하는 교육 풍토를 만들기 위하

여 지금까지 28년 동안 대립토론 기법을 연구 개발하여 학생들에게 가르치고 있다. 대립토론교육전문가로서 학생들을 이해하고, 수업감각을 키우며 토론문화를 만들어 가기 위해서이다.

직접 학생들에게 대립토론 수업을 하고, 전국을 다니며 강의, 연수에 전념하고 있다.

필자는 50여 년 전이나 지금이나 오직 교직을 전문직이라 생각하고 이 길을 걸어 왔기에 이렇게 자신 있게 그리고 교직을 전문직이라고 생각하는 사람들에게 대립토론의 중요성을 호소하며 함께 교육현장에 적용하여 우리 사회에 토론 문화를 만들어 가자고 부탁을 하게 되었다.

필자가 28여 년 동안 대립토론을 연구하고 지도하며 이렇게 살아왔다.

가정 통신문을 보낼 때 "늘 학생들의 교육만을 생각하는 박보영 교장 선생님이 보냅니다."라는 글로 마무리하였다. 그것은 교육은 내 삶의 뿌리이자 꽃이며 열매라는 평소의 소신을 가지고 있기 때문이었다.

늘 학생들의 교육만을 생각하는 필자는 농촌에서 장손 집안의 맏이로 태어나 집안 간 대소사를 책임져야 하는 의무부터 익혀야 했다. 중 · 고 시절 가난과 무지로 무기력한 삶을 살아가는 농어촌 사람들을 위하는 길은 없을까를 고심하다가, 어느 날 덴마크의 영웅이자 농촌 운동가인 달가스(Dalgas)와 그룬트비히(Nikolai Grundtvig)에 대한 관련서적을 읽게 되었다. 내 삶의 지표를 그들에게서 찾아냈다.

우리나라의 달가스와 구룬트비히 같은 인물을 찾다가 도산 안창호 선생님을 알고 깊은 관심을 갖게 되었다. 그분의 사상과 실천모습을 더 깊이 파고들며 닮고자 노력하였다. 도산아카데미 활동에도 적극 참여하였고, 이웃을 위하는 삶을 실천하려고 노력하였다.

'죽더라도 거짓을 말라', '작은 약속이라도 꼭 지켜라', '주인의식을 가지고 살아가라'는 말씀에서 삶의 길을 배울 수 있었고, 국민에게 주인정신을 심어주는 일에 나의 생애를 바쳐야겠다고 결심하게 되었다.

이런 활동을 통해 나는 교육자가 되겠다고 다짐하였다. 교육자 중에서도 초등학교 교육자가 되고자 마침내 교육대학교에 진학하게 되었다.

대학 생활 중 교육자로서 내가 갖추어야 할 덕목은 '교육은 예술이다. 교육을 예술로 승화시키는 교육자가 되어야 한다!'라고 내 삶의 나침반을 세우기에 이르렀다. 특히 바른 교육자로 살아가시는 스승(한글학자 고 김계곤 교수)을 만나 지금까지 그분의 가르침을 가슴에 간직하고 생활하고 있다.

그리고 친구요, 동지요, 혈연 가족처럼 살아가고 있는 몇몇 학생들을 만나게 되었다. 교육혁신을 위해서 평생을 바른 교육자로 살아가자고 결속하여(황무지라는 이름으로) 지금까지 그 뜻을 함께 실천하고 있다.

교직의 첫걸음은 그 당시 섬이었던 강화도의 초등학교로 정하였다. 남다른 시작을 해보자는 뜻이었다.

하지만 그 뜻을 펼치기도 전에 전혀 예상치 못한 현실에 부딪히고 말았다. 교육이라는 이름은 물론이요, 사회정의 면에서도 개혁과 개선이 필요했다. 하지만 어디서부터 어떻게 손을 써서 시작해야 할지 극심한 혼란기를 거치는 동안 가나안 농군학교에서 15일간 교육을 받게 되었다. 그것은 나에게 커다란 행운이고 전환점이었다. 그곳에서 두 가지를 깨달았고 바른 교육자의 길을 갈 수 있는 기틀을 마련했다.

그 하나는 본분이요, 철학과 종교이었다.

상대되는 두 낱말, 즉 부모–자식, 남편–아내, 교육자–피교육자, 스승–제자 각각의 사이에는 해야 할 본분이 있음을 깨닫고 그에 합당한 행동을 기준으로 삼았다.

또한 철학과 종교는 그러한 길잡이의 신념을 확고히 해 준다는 뜻에서도 바람직한 일이었다. 특히 가톨릭을 택하여 역시 한 사회인인 교육자로서 여러 가지 유혹에 흔들릴 때나, 힘들고 어려울 때나 많은 힘이 되고 있다.

이렇게 40여 년간을 바른 교육자로서 그리고 연구하는 교육자로 살려고 노력하였다.

처음에는 깊은 뜻을 가지고 섬 지역의 학교를 택하였지만 배움이 부족하다는 점을 인식하고 3년 후 인천 시내학교로 옮겨 서울로 야간 대학을 다녔다. 졸업 후 다시 대학원에서 초등학교와 관련 있는 유아교육을 전공하였다.

그리고 평생 배우는 자세가 중요하다는 측면에서 더 학교를 다니게 되었고 마침내 1998년에 박사학위를 받게 되었다.

인간의 발달과정에서 가장 중요한 단계는 초등학교과정이라고 판단하고 지금까지 대학 등 타 기관으로부터 유혹을 받기도 하였지만 초등학교만을 고집하여 왔다.

2003년 초등학교 교장이 되어 「교육은 예술이다.」를 실천하려고 노력하였다. 특히 늘 즐겨 사용하는 『처음처럼』, 『나부터 나만이라도』라는 말을 실행에 옮기려 하였다.

- 열심히 연구하고 끊임없이 변화하는 학교
- 학생들은 신나게 공부하며 자기의 일을 스스로 찾아서 하는 학생들의 학교
- 학부모님들은 학교의 선생님을 신뢰하고 존경하며, 학교 교육 활동에 적극 협조하는 문화가 형성된 학교

그런 학교로 만들어 가는데 B/S, 즉 Before Service를 충실히 하는 교장으로서 교사, 학부모, 학생들에게 평가받도록 노력하였다.

교육에는 A/S가 없다. 바른 교육을 위해서 사전에 서비스를 다하는 자세, B/S를 제공함이 중요하다고 본다.

모든 선생님은 학생이 있기에 존재하며, 교장 교감은 선생님과 학생들이 있기에 존재한다고 평소 생각해 왔다. 특히 교장이 선생님들을 아끼고 사랑하며 존경할 때, 선생님들 역시 학생들을 아끼고 사랑하게 된다는 것을 신념으로 삼고 있었다.

교장으로 있을 때 이런 신념들을 학교교육에 구체적으로 실현시켜 학교가 제2도약의 계기가 될 수 있도록 최선의 노력을

하였다.

40여 년의 교직에 근무하는 동안 교직을 전문직이라고 생각하며 교육발전을 위해 전념했고 앞으로도 이런 믿음을 가지고 걸어갈 것이다. 교육은 사람을 기르는 하늘의 명령이다. 특히 초등교육만을 위해 노력하는 자세로 나에게 내려준 사명을 다할 것이다.

또 하나 부여된 대립토론교육! 대립토론이 우리 사회에 뿌리내리도록 노력할 것이다.

학생들 교육에 대립토론을 도입하기 전에 교사 자신이 대립토론을 경험하지 않으면 안 된다고 본다.

필자가 교사들에게 대립토론이 필요하다고 생각하는 이유는 대립토론의 의의를 이해해 주기 바라는 것만은 아니다. 더 본질적인 이유가 있다. 그것은 수업이라는 행위가 대립토론적 성격을 갖고 있기 때문이다. 교사들에게는 대립토론 능력이 꼭 필요하다는 것이다.

그러면 대립토론을 통해서 교사들에게 어떤 능력이 생기며, 대립토론은 교사들에게 왜 필요할까? 크게 말해서 3가지 측면에서 의견을 주고자 한다.

첫 번째, 교사의 연구역량이다.

대립토론의 방법을 익히고 이를 교육활동에 적용하면서 교사 개개인의 연구 역량이 키워진다. 교사는 항상 전문가로서 실력 향상에 노력하면서 연구 역량을 키워가야 한다.

학생들을 교육하면서 바르지 못한 행동이나 잘못된 지식 전달로 학생들의 발달을 저해한다든지, 심한 충격을 주어 잘못된 결과를 초래한다면 결국은 학생들을 죽이는 우를 범하게 되는 것이다. 교사들은 끊임없이 넓은 시야를 가질 필요가 있고 끊임없이 연구 노력하는 자세가 필요하다.

교사들은 여러 가지 사상, 견해, 지도 방법 등을 비교, 검토하는 활동이 극히 적은 실정이다.

그러면 서클이나 연구회는 어떤가? 서클이나 연구회는 교육이론, 교육방법 등을 듣기만 하는 공부 모임으로 전락하는 일이 많다. 이것만으로는 변화와 발전이 어렵다고 본다.

교사가 자신의 연구역량을 키우기 위해서는 어떤 이론, 실천방법과 관련된 자료를 찾아서 정리, 비교, 분석하는 활동을 끊임없이 하여야 한다. 아무래도 자신이 지지하고 선호하는 이론이나 실천방법에 치우치기 쉽기 때문이다.

자신의 사물을 보는 방법을 가장 잘 정리, 분석하고 다른 이론이나 방법과 비교, 분석하기 위해서는 자신의 생각과 가장 대립되는 생각을 비교, 분석하는 것이 좋다. 상대의 생각을 거울로 해서 자신의 생각을 되돌아볼 수 있어야 한다. 생각이 대립하면 대립할수록 그 거울의 반사는 좋은 것이다.

이와 같이 어떤 이론, 어떤 실천을 비판하기 위해서 그것에 대립되는 모든 자료를 찾게 되는 것이다. 상대의 이론을 비판하기 위해서 어떤 자료를 어떠한 관점에서 사용해야 하는가와 같이 구체적인 목적을 갖고 자료를 수집하고 분석하기 때문이다.

이론, 방법의 대립되는 자료를 분석, 정리하는 연구역량이 교사들에게 꼭 필요하다. 이러한 연구역량은 대립토론을 통해서 길러진다.

두 번째, 교사의 합의점 도출 능력이다.

'학교는 좋은 곳', '학교는 신성한 곳', '교육은 성스럽다', '교직은 전문직'이라고 생각하는 신화는 붕괴된 지 꽤 오래되었다. 교내폭력, 괴롭힘, 등교거부, 입시교육, 왕따 등과 같은 크고 작은 문제들로 인하여 학교라는 공동체는 불안정한 것으로 변모되어 가고 있다. 하지만 더욱 안타까운 것은 당연하다고 생각했던 전체가 당연하지 않게 된 것이다.

그것을 당연하다고밖에 생각하지 않는다면 관리주의적 대응밖에 할 수 없다. 이와 같은 상황에서 교사는 부모와 학생들에게 학교의 존재의식을 호소하여야 하고, 그것은 교육의 기본이라는 것에서부터 출발하는 것임을 강하게 주장해야 한다.

'왜 학교는 필요한가?'

'왜 학교에 오지 않으면 안 되는가?'

그 합리적 근거를 말할 수 없으면 안 된다. 지금까지는 깊은 생각 없이 당연 사항이었지만 이제는 부모와 학생의 합의점을 찾아낼 수 없다면 지금부터 학교 교육은 설 땅이 없어지며 한 발도 나아가지 못하는 것이다. 따라서 대립토론 능력이 없는 교사는 살아갈 수 없는 것이다.

가령 생활 지도에서 교사는 다음과 같은 안건으로 학생과 대립토론을 할 수 있을 것이다.

'왜 학급을 만들지 않으면 안 되는가?'

'왜 청소를 하지 않으면 안 되는가?'

'왜 지각을 하면 안 되는가?'

이와 같은 안건을 가지고 대립토론을 통해 학생을 설득할 수 있을 것이다. 학급을 만드는 것은 당연, 청소하는 것은 당연, 지각을 해서는 안 된다는 것도 당연하다고 생각하고 있는 교사는 학생들을 제대로 지도해 나갈 수 없게 된다.

이와 같이 대립토론에 의한 합의점 도출과정이 생활 지도의 토대가 되어야 할 것이다. 합의점 도출에 기초를 두기 때문에 학생들에게 신뢰관계가 생길 것이다. 상호신뢰가 없다면 건설적인 비판도 생기지 않는다. 교사는 대립토론적인 논쟁에 의해 신뢰를 획득하지 않으면, 생활 지도는 할 수 없게 된다는 것이다.

또 학생은 학교 밖에서도 다양한 내용을 학습하고 있다. 입시학원, 논술학원, 예능학원, 사회체육센터 등 다양한 생활양식을 갖게 된다. 따라서 학교의 존재의식, 수업의 의의에 대한 명확한 근거를 교사는 갖지 않으면 안 된다.

'국어 시간에 왜 이 작품을 읽는 것인가?'

'왜 분수의 곱셈을 공부해야 하는가?'

교사는 자신이 가르치려고 하는 교과 내용이 학생들에게 어떤 의미를 갖는가를 이야기하고, 설득할 수 있어야 한다. 이것이 바로 대립토론 능력, 즉 합의점 도출능력이다.

세 번째, 교사의 순간적인 대응 능력이다.

대립토론이 재미있고 핵심적인 것은 반박발언과 질문 및 반대심문 부분이다. 입론에서는 서로가 가장 자신이 있는 부분을 제시하는 것뿐이다. 물론 긴장은 하지만, 조사해 온 것을 발표하면 되기 때문에 비교적 수월하다.

그러나 반박발언과 질문 및 반대심문은 그래서는 안 된다. 입론에서 던져진 공을 되받아 공격해야 하기 때문이다. 어떻게 반격할 것인가를 모르는 경우 공포인 것이다. 무서운 것이다. 또 상대가 치는 공을 되받아 공격하지 않으면 안 된다. 공격과 방어를 순간적으로 판단하지 않으면 안 된다.

이와 같은 순간적인 대응력, 즉 예기치 않은 상황에 대처하는 순발력은 교사에게 필요하다.

수업이라는 교육활동은 의도적이다. 따라서 당연히 학생에게 어떻게 작용할 것인가를 사전에 계획하지 않으면 안 된다. 그러나 현실의 작용은 계획대로는 안 되는 것이 많다. 활동의 대상인 학생이 계획 외의 반응을 하기 때문이다. 그와 같은 때 순간적으로 계획과는 다른 대응을 할 수 없다면 수업은 실패한다.

또 훌륭한 질문에 대해서는 학생들이 다양한 대답을 하게 된다. 이 다양한 대답을 취사선택할 수 없다면, 그 후의 전개되는 교육활동은 어떻게 될 것인가? 더욱이 이 취사선택은 순간적으로 행해져야 한다. 어떤 답을 버리고 어떤 답은 받아들일 것인가를 순간적으로 판단하는 것은 아주 어렵다. 그 판단력이 있는 교사가 수업력이 있다고 인정되어 온 것이다.

그러나 문제는 그와 같이 판단력을 몸에 익히는 방법이 판명되지 않았던 것이다. 그 방법을 제안하고 있는 것은 「수업연구」 향상 이론이다.

순간적인 임기응변의 대응력은 대립토론으로 몸에 익혀질 수 있다고 확신한다. 대립토론에서는 순간적으로 논리를 세우고 상대를 논파하기도 하고, 자신들의 논리를 방어하기도 한다. 이 순간적인 대응력은 진지한 승부 싸움에서 가장 잘 단련될 수 있기 때문이다.

교사에게 필요한 이상의 3가지 능력이 대립토론을 통해서 길러진다는 것을 확인하고 교직을 전문직으로 승화시키며 이 길을 걸어 왔다.

초등교육을 강조하며 대립토론을 전파하는 교육을 지금까지, 아니 앞으로도 계속하고자 한다. 필자의 삶을 되돌아보면서 잘했다고 생각하는 첫 번째 이야기이다.

읽을거리를 함께 싣는다.

포스코 교육재단에는 12개 학교가 있다.

스승의 날을 맞아 스승 존경 풍토를 조성하기 위하여 선생님 주제 글짓기 대회를 매년 실시하고 있다.

광양 포항지역을 중심으로 '잊지 못하는 선생님'에 대한 글짓기 작품을 공모하여 시상하고 있다.

그런데 중학생 부문 최우수상을 수상한 작품을 중학교 선생님이 보내왔다. 필자는 읽고 놀랐다. 스승의 날에 큰 선물로 받았기 때문이다. 필자를 거론하는 글이기에 쑥스럽지만 소개한다.

〈친구 같은 교장선생님〉

사람은 누구나 학창 시절 교장선생님 하면 딱딱한 이미지를 떠올릴 것이다. 나 역시 초등학교 6학년으로 진급하기 전까지는 그렇게 생각하였다. 그러나 6학년이 된 작년 3월 박보영 교장선생님께서 우리 학교로 오신 후로는 생각이 달라졌다.

박보영 교장선생님은 전근 오신 첫날부터 교문 앞에 서 계셨다. 그리고는 등교하는 학생 한 명 한 명마다 일일이 악수를 해주시고는 "어서 와라" "오늘도 활기차게" "즐거운 하루"라며 웃는 얼굴로 맞이해 주셨다. 나는 속으로 '처음에만 좋은 이미지 보이려고 이러시겠지. 조금 지나면 그만하실걸'이라고 생각했다. 나의 생각은 빗나갔다. 일주일이 지나도 이 주일이 지나도 한 달이 지나도, 두 달이 지나도 비가 오는 날에도, 무더운 여름날에도 추운 겨울에도 항상 교문 앞에 서 계시며 우리를 반갑게 맞이해 주셨다.

박보영 교장선생님이 전근 오신 후 우리 학교에는 많은 변화가 생겨났다. 그중 첫 번째가 FIC 추방운동이다. F(패스트푸드) I(인스턴트 음식) C(탄산음료)를 뜻하는 FIC는 우리 몸에 백해무익하다고 교장선생님께서 항상 이야기를 하셨다. 전교생이 한뜻을 모아 FIC 추방 운동에 참여를 해 한 방송국에서는 우리 학교를 취재해 가기도 하였다.

두 번째는 POS-V 교육시스템이다. 논술, 수학, 영어, 한문을 집중적으로 공략하는 POS-V 교육은 나에게도 많은 변화를 가져다주었다. 나뿐만 아니라 다른 학생들에게도 많은 변화를 주었을 것이라고 나는 확신한다. 내가 이렇게 확신하는 이유는, POS-V 교육을 받고 변화된 모습이 눈에 띄게 보였다는 것이다.

또 학교에서는 항상 토론대회를 여는데 평소와 다르게 많은 학생들이 참여를 했다. 그리고 박빙의 대결을 펼쳤다. 영어는 동화책을 가지고 수업을 하는데, 지나다니는 학생들마다 동화책들을 달달달 외우고 다녔다. 수학은 MIC라는 책을 가지고 하는데, 주로 우리 주변의 사물을 대상으로 공부를 하게 된다. MIC 책으로 교육을 받고 나니 주변 대부분의 것들을 수학적으로 생각하게 되었다. 한문은 항상 부수와 글자를 병행하며 쓰는 교육을 받았는데, 평소 싫어하던 한문에 자신감을 높여 주었다.

세 번째는 아버지 교육이다. 박보영 교장선생님은 부모님도 같이 참된 교육을 받아야 아이들이 더욱 제대로 된 교육을 받을 수 있다고 생각하셨다. 그래서 '교육은 예술이다 실천 아버지 모임'이라는 아버지 모임 프로그램을 마련해 아버지들에게 우리 학교의 많은 교육체제들을 가르쳐 주셨다.

마지막으로 네 번째는 아이들 눈높이에 맞추어 주는 교육이다. 이것은 내가 느낀 박보영 교장선생님만의 교육방식일지도 모른다. 교장선생님은 항상 점심시간이면 운동장에 나오셔서 다치는 아이들이 없나 살펴보시고 2학년 여자아이들과 줄넘기, 고무줄을 하셨다. 또 어린이날 행사에는 페이스 페인팅 프로그램에서 아이들과 서로의 얼굴을 꾸며주고 깔깔거리며 아이들과 함께 놀아 주셨다. 입학식에서도 삐에로 복장을 하시고 입학하는 동생들의 긴장감을 풀어주셨다.

박보영 교장선생님을 보면 저절로 고개가 숙여지고 존경심이 우러나온다. 우리나라의 미래를 짊어진 어린이들의 교육만을 생각하시는 박보영 교장선생님, 자신을 낮추어 아이들 눈높이에서 끝까지 맞춰 주시고 이끌어 주시는 박보영 교장선생님, 어린이들과 늘 함께하시는 친구 같은 교장선생님 사랑합니다. 그리고 존경합니다. (금인훈 광양제철중학교 1학년)

2. 나는 천주교인이다

김성우 안토니오 성인은 유방제 신부로부터 세례를 받고, 한동안 유방제 신부를 모시고, 회장직을 수행하며 온 마을에 복음을 전하였다.

1836년 모방(Maubant) 나(羅) 신부가 입국하자 자기 집에 모시고 우리말과 조선의 풍습을 가르치기도 하였다.

1839년 기해박해가 일어나자 경기도 하남의 구산에서도 그 여파가 밀려와 그는 공소의 회장으로서 사학(天主學)의 괴수로 지목되어 한양 포도청으로 압송되었다. 곤장과 치도곤을 맞으며 배교하라는 재판관의 강요에 아무런 굽힘 없이『나는 천주교인이요. 살아도 천주교인으로 살고 죽어도 천주교인으로 죽을 따름이오.』라는 말을 남기고 순교하셨다. 남기신 이 말은 오늘날 우리의 심금을 찡하게 울리는 그의 굳은 신앙심을 표현한 명언이 되었다.

구산성지를 소개하는 글의 일부이지만 구산성지를 갈 때마다 김성우 안토니오 성인의 말씀을 기억하며 천주교 신자가 된 나를 다시 묵상하는 시간을 갖곤 한다.

물론 내가 택할 수 있는 일은 아니다. 주님이 나를 불러 주셨기에 감사하면서 바른 신앙생활을 하도록 노력하고 있다.

필자가 교직자의 길을 택하여 바른 교육자로서 역할을 다하고자 진로를 결정하면서 곰곰이 생각하였던 기억이 생생하다. 바른 교육자의 길을 걸어가려면 어려움이 많을 것이다. 그것을 극복하는 길은 종교를 갖는 것이라고 생각해 왔다. 예를 들면 독립운동을 하던 조상들은 그 어려움을 신앙으로 극복하지 않았던가? 특히 가나안농군학교에 다녀오면서 종교를 가져야 하겠다고 마음먹은 것을 늘 잊지 않고 생활하였다. 1987년 천주교 신자가 되었다.

지금도 필자는 생각한다. 만일 천주교 신자가 되지 않았다면 어떤 생활을 하고 있을까?

교육자의 길을 걸어오면서 힘들고 어려운 고비도 많았다. 특히나 참된 교육을 고민하는 교사에게는 바른 교육자의 길을 간다는 것은 가시밭길이기도 했다. 어렵고 힘들 때마다 '고통은 끝이 있다. 나에게 고통을 주시는 것은 나를 아껴 주시는 것이다. 예술가는 자기의 작품을 끔찍이 아낀다. 인간은 창조주 하느님의 작품이다. 그러니 나를 아끼시는 마음이 크시기에 이렇게 고통스럽게 버려두시지는 않을 것이다. 오직 나에게 관심이 크시기에 나를 시험하신다'고 믿으니 마음이 기뻐지고 더욱 주님께 매달리게 된다. 어려움과 고통을 이기며 흔들리지 않고 이렇게 살아왔다. 언제가 될지 모르지만 닥치는 어려움과 고통을 극복하기 위해 종교의 필요성을 절감하였다. 결국 천주교 신자로서 바르게 살아가려고 노력하고 있다. 세례명을 '유스티노'라고 정하고 성인의 삶을 닮아 주님이 보시기에 좋은 모습으로 살아가련다.

믿음이 없었던 필자의 입장에서 볼 때는 천주교 신자가 된 것은 올바른 교육자가 되기 위한 '선택'이었지만, 천주교 신자가 되어 신앙인의 입장에서는 '선택'이 아닌 주님의 '허락'이었다. 주님의 부르심을 받은 것을 '다행이요, 기쁨이요, 영광이다.'라고 생각하며 나의 인생에서 잘했다고 말할 수 있는 두 번째 이야기가 된다.

3. '아내'라는 말이 '안 해(sun)'에서 온 말

표 창 장

아내(안 해: 집안의 태양)
김정임 소화데레사

당신이 1954년 11월 8일 이 세상에 태어남을 축하합니다.

그로부터 1978년 12월 23일까지의 삶의 자리를 접고, 나와 혼인하여 본인 자신보다는 오직 남편과 집안 그리고 자식을 위해 헌신 노력한 것에 깊이 감사합니다. 아내로서, 며느리로서, 엄마로서, 집안의 태양(안 해)으로서 그 역할을 완벽하게 해 왔기에 '아내에게 감사하는 111가지 이유'를 근거로 이를 높이 칭찬하고자 가족과 함께 기뻐하고 축하하며 가족 모두의 정성을 담아 이 상장을 드립니다.

2013년 11월 8일
늘 당신만을 사랑하는 남편
笑山 박보영 유스티노 드림

59회 생일을 맞아 아내에게 표창장을 주었다. 그리고 회갑을 맞아 회갑기념으로 책을 만들어 아내에게 선물하였는데 거기에 실린 글이다. 아내 바보, 팔불출이라고 불릴 각오로 나의 삶에서 잘한 세 번째 이야기를 털어놓는다.

나는 '아내'라는 말이 '안 해(sun)'에서 온 말이라고 늘 생각하고 있다.

아내는 바로 집안의 태양과 같기 때문에 이런 생각을 하게 되었다.

집안의 태양으로서 아내가 늘 밝게 빛나고, 따뜻한 볕을 가족에게 주어야 가정이 잘되고 가정구성원이 에너지를 받으며 각자가 하는 일에 열정을 다하며 활기를 가지고 삶을 살아갈 것이라는 생각에서 아내를 안 해(sun)로 부르고 있는 것이다.

팔불출 같은, 아니 아내 바보로서 이야기를 하려고 한다.

그리고 내 자신이 팔불출이 되려 한다.

나에게 존경하는 인물을 대라면 두말 않고 "나는 아내를 존경한다."라고 말하곤 한다.

또 언제부터인가 그렇게 생각하고 있다.

'아내에게 감사하는 111가지 이유'에서 밝히듯이 아내의 삶은 이웃을 위한 삶이었고, 남편을 위한 삶이었으며, 자식을 위한 삶인 동시에, 부모를 위한 삶이 전부였다.

본인을 위한 삶을 포기하고, 아니 포기한 듯한 삶을 지금까지 살아왔다.

남편인 나의 입장에서 결혼 이후의 삶을 뒤돌아보면서 아내를 존경하게 되었다.

아내를 존경한다고 하는 사람이 또 어디에 있을까? 그러니 내가 팔불출에 속하지 않는가?

아내 바보라도 나는 괜찮다.

나는 초등교육만을 위해 살아왔다. 처음부터 그런 삶을 살아가겠다는 나의 꿈이었고 또 인간의 삶 속에서 초등학교 6년이 얼마나 소중한가를 미리부터 느껴왔기에 초등교육을 중요시해 이 길을 고집하여 왔다. 그러나 초등학교 교육자로서 바른 길을 걸어가는 데에는 어려움이 한두 가지가 아니었다. 사회적인 대우나 경제적인 문제 그리고 학교 현장에서 겪는 바르지 못한 유혹들 속에서 나름대로는 학생들의 교육만을 생각하는 교육자로서 바른 길을 걸어 왔다고 스스로 자부해 본다.

지금에 이르기까지 늘 조언해 주고, 지적해 주고 쓴소리로 나를 세워준 아내가 있었기에 가능했다. 흔들릴 때면 직언으로써 또 강한 충고로 바로잡아 주었던 것이다. 어려운 살림에서도 절약하고 쪼개어 내가 석사 · 박사과정을 밟도록 지원해 주어 1998년 교육학박사 학위를 받게 해 주었다. 초등학교 교장이 되도록 참고 기다려 주고 뒷바라지를 해 준 사람도 아내였다. 교장이 되어서도 늘 낮은 자세로 B/S(Before Service) 하라는 말을 나는 귀에 달고 살았다. 실천하려고 노력했다.

신앙생활 또한 아내의 뒷받침과 기도에 힘입어 잘해 왔다고 생각한다. 성당의 사목협의회장으로서 임무를 수행할 수 있었던 것도 뒤에서 적극적인 아내의 지원이 있었기에 가능했다. 모임 후 술자리가 벌어지면 술을 마시지 않으면서도 밤늦게까지 자리를 함께하면서 운전을 책임져 주는 일, 신자들을 향해서 하는 말이나 글도 꼼꼼히 점검해 주고 교정해 주고 모니터링해 주는 아내가 있었기에 나는 다른 사람 앞에서 떳떳하고 자신 있게 맡은 일을 할 수 있었다고 본다.

한 예로 광영가족에 삶의 자리 글을 쓰면 반드시 아내에게 먼저 보여 준다. 며칠을 두고두고 고민하면서 쓴 글을 가차 없이 빡빡 줄을 그어 버리는 것이 아닌가? 짜증스럽고 신경질 나고 어느 때는 자존심도 상하지만 다시 고쳐서 글을 완성해 보면 내가 생각하기에도 역시 좋은 글이 나오곤 했다. 이런 행동들이 나에게는 아내가 고맙게 느껴지게 하는 일들이다. 이런 도움으로 행복하게 사목협의회 회장직을 마쳤다고 생각한다.

집안에서는 내가 가장으로 자리매김하도록 주위의 울타리가 되어 주었다. 자신보다는 남을 배려하는 삶을 살도록 격려하고 때로는 책망하며 나를 지켜 주었다. 자녀들 교육의 핵심은 나 자신에게 정직하고, 이웃을 사랑하며, 모든 일에 최선을 다하는 사람이 되어야 한다는 것이었다. 두 애들이 그렇게 자라 주어 고맙다. 아들과 딸의 신앙생활 또한 열심인 신앙인, 바른 신앙인 그리고 행동하는 신앙인을 강조하며 바르게 이끌어 준 사람이 바로 아내다. 모든 면에서 앞에 나서지 않고 신앙인으로서, 아내로서, 엄마로서, 집안의 며느리로서 한 가정의 안 해Sun 역할을 다하는 모습을 보면서 나는 아내를 존경하게 되었다.

또 한 가지! 필자가 교장 취임하는 날 도반 홍성남 신부가 쓴 〈힘드시죠〉라는 글을 주면서 "혼잣말도 이렇게 중요하지만 제발 말을 적게 하세요"라고 아내는 나에게 부탁을 하였다. (다음 쪽 참조)

2003년 교장으로 부임하는 나에게 약속해 달라고 신신당부하는 것은 "말을 적게 하시오"였다.

아울러, "나이가 들수록 지갑은 열고 입은 닫는 것이 좋아요. 입이 하나요, 귀가 둘인 것은 말하는 것과 듣는 비율을 1:2로 하라는 뜻이에요. 말은 느리고 적게, 듣는 것은 빠르게 또 많이 들으라고 선조들이 남기신 가르침을 우리는 기억해야 해요. 나이가 들수록 꼭 지킬 것은 말수를 적게 하는 것이에요."

나는 아내와 약속했다.

꼭 지키겠다.

지금까지 지키려고 노력하고 있고 앞으로도 나는 지킬 것이다.

교장으로 활동할 때에도 교무회의에서나 학생들과의 모임에서, 또 기념식, 입학식, 졸업식, 축하식 등 공식 석상에서 가급적 말을 하지 않는 것을 원칙으로 했지만 꼭 해야 할 때에는 말을 짧게 하였던 것은 이런 이유에서 이루어진 나의 모습들이다.

주위의 많은 사람들이 시간이 꽤 흘렀는데도 이것을 지금도 이야기하는 것은 과히 나쁘지 않았던 모양이다.

이것 또한 아내에게 고마워해야 하는 일이 아닌가?

이것은 앞으로도 반드시 지켜 나갈 것이다.

나의 가치관으로 정착되었고, 행동 습관이 되었다.

취임하던 날 아내가 필자에게 준 글이다.

사람이 만든 생존도구 중에 말이란 것은 참으로 대단합니다. 말은 다른 사람에게 나의 감정과 생각을 전달해 주는 아주 중요한 역할을 합니다. 또 말은 다른 사람들이 나를 평가하는 아주 중요한 도구가 되기도 합니다. 말을 조리 있게 하면 사람이 괜찮다, 똑똑하다는 말을 듣는 반면 말을 잘 못하면 배우지 못해서 저렇다고 무시당하기도 합니다. 그래서 우리는 다른 사람에게 말하는 것에 대해서 신중하게 고려하고 연습조차 합니다. 그런데 같은 말이라도 우리가 아주 소홀히 하는 말이 있습니다.

바로 혼잣말입니다.
이런 혼잣말은 다른 사람이 들으라고 하는 말이 아니기에 혼잣말을 할 때 자기도 모르게 함부로 하는 경향이 있습니다. 그러나 혼잣말은 아무리 남이 듣지 않는다고 해도 막말처럼 해서는 안 되는 것입니다.
왜냐하면 혼잣말은 셀프 프로페시, 즉 자기예언의 기능이 있기 때문입니다. 이것은 자기가 자기 자신의 앞날을 예언하는 기능을 말합니다. 혼잣말로 '나는 하는 일마다 재수 없어' 하면서 구시렁거리면 정말로 하는 일이 다 꼬이고 자빠지고 깨지고 하는데, '그러다 말겠지. 끝까지 이럴라고' 하면서 자기 자신을 위로해 주는 혼잣말을 하면 궁지에서 벗어나는 기회가 금방 찾아온다는 것이다.(도반 홍성남 신부, 〈힘드시죠〉에서)

필자는 교직 40여 년을 마무리하면서 정년퇴임하는 날, 아내에게 짤막한 쪽지를 건넸다.

여보!
사랑합니다.
교육은 사람을 기르는 하늘의 명령입니다.
나는 평생을 늘 교육만을 생각하는 교육자로서 한 점 흐트러짐 없이 그 하늘의 명령을 무사히 마치려고 노력하였습니다.
그래서 '늘 학생들의 교육만을 생각하는 교장 박보영'이라는 글귀를 사용하며 나를 지키려고 부단히도 노력해 왔습니다.
어느 선생님에게서 이런 메모를 받았습니다.
"늘 작은 소리에 귀 기울여 주시고 교사들을 존중해 주셨습니다. 항상 아이들 생각을 최우선으로 하신 선생님!"

이런 과분한 칭찬을 받으니 몸 둘 바를 모르겠습니다.
훈장을 받은 기분입니다. 정년퇴임을 하면서 과연 이렇게 살았는지 반성도 해 봅니다.
취임하던 날 당신이 부탁한 것("제발 말을 적게 하세요")을 어느 정도는 실천했다고 생각하며 당신에게 감사하네요.
한편 교육을 위해 원 없이 열정을 쏟고 나니 홀가분합니다.
여보! 그동안 감사했어요.
이제 나의 소멸이 이 세상에서 가장 아름다운 노을로 장식되기를 바랄 뿐입니다.
꼭 행복해야 합니다.(당신만을 사랑하는 남편으로부터)

결혼 후의 생활을 뒤돌아보면 정말 나는 너무했다는 생각마저 갖게 된다.

조금이라도 더 챙겨 줄걸, 조금만 더 아내의 개인적인 삶을 챙겨 줄걸, 하는 반성도 한다. 하지만 분명한 것은 아내를 존경하고 있다는 것이다.

그리고, 기회는 있다. 남은 인생이 바로 기회가 아닌가.

4. 나이 71세! 산티아고 순례길을 걸었다

지난 2016년 4월 12일부터 5월 13일까지 스페인의 산티아고 순례길 800km를 31박 32일 동안 걸었다. 나이 71세였다. 걷는 사람들 중에 결코 적은 나이는 아니었다.

왜 산티아고 순례길인가?

성인을 찾아 수많은 사람들이 걸었던 그 길을 걸으면서 지난 내 삶을 반성하고 남은 여생을 어떻게 보낼 것인가를 긴 여정을 통해 생각하고 또 생각했다.

나는 지간 신경증, 아들 태원이는 족저 근막염을 치료받고 있었다. 출발할 때 완치되지 않은 상태로 떠났다. 염려되었다. 출발 전에 이런 말을 들었다. 사람들은 두 부류가 있다.

산티아고 순례길을 걸은 사람과 걷지 않은 사람이 있다고 한다. 산티아고 순례길을 걷는다는 것이 얼마나 중요하기에 또 무슨 의미가 있기에 이런 말들을 할까?

왜 순례길을 걷는다고 오늘 함께하는 사람과 또 그런 고생을 하는 사람들로 붐비고 있단 말인가?

여러 가지 생각에 잠긴다.

왜 나는 산티아고로 간다고 했을까?

과연 해낼 수 있을까?

염려, 근심, 설렘, 걱정, 기대, 희망을 가지고 갔다.

걷는다고 무엇이 달라질까?

이제 갈 수밖에 없다. 가야 한다. 그리고 가야 할 것이다. 여하튼 가고 싶다.

그래서 나는 산티아고로 갔다.

떠나는 날 나는 지인으로부터 다음과 같은 메일을 받고 마음이 더욱 설렜었다.

"살아가면서 그런 기회를 가지는 것은 정말 아무나 가질 수 없는 행운이지요.

시간, 건강, 기회, 마음과 의지가 있어야 하지 않는가? 그러니 축복이지요.

아주 아주 잘 다녀오시지요."

그렇겠지.

나를 돌아보는 시간을 가졌다.

40년 교육자의 길을 걸어오면서 25여 년 동안 "토론의 달인 세상을 이끈다."라는 신념을 가지고 우리나라에 토론문화를 정립하기 위해서 토론게임(대립토론)을 전파하며 이를 강조하여 왔다. 그렇다고 모두 호응하는 것이 아니고 그것이 뭐 그리 중요한가라고 하찮게 생각하는 사람도 있었다. 나의 말을 시큰둥하게 생각하는 사람도 있었다. 그러나 그것이 우리가 사는 데 뭐 그리 중요한가라고 말한다면 할 말이 없어진다. 하지만 이제는 교과서에도 단원으로 들어가 있으니 다소 마음은 놓이지만 그래도 미흡하다.

나는 모든 것을 내려놓기로 하고 나의 길을 묵묵히 가려고 다짐하기 위해 산티아고 순례길을 걸었던 것이다.

그래서 아들과 함께 고난의 길 순례의 길을 떠났던 것이다.

산티아고 순례길 800km를 걸으면서 산티아고 순례길을 이렇게 부르고 싶었다.

70+1세에 만나는 길이기에 더욱 의미 있는 순례길로 다가왔지만 은퇴 후의 나의 삶의 이정표를 다시 작성하고 있었다.

신앙인의 길, 치유의 길, 기도의 길, 묵상의 길, 눈물의 길, 웃음의 길, 배려의 길, 고통의 길, 기쁨의 길, 대화의 길, 자신과의 싸움의 길, 환희의 길, 물과 함께하는 길, 새소리와 함께하는 길, 만남과 헤어짐의 길, 세계인이 함께하는 길, 커피와 함께하는 길, 여러 언어가 교차하는 길, 사귐의 길이라고 부르고자 한다. 이해를 돕기 위해 구체적인 설명을 붙이고자 한다.

–왜 신앙의 길인가?

두말할 필요가 없다. 야고보 성인이 그리스도를 전파하기 위해서 이 길을 걸었다. 지금도 가는 곳곳에 성당이 중심이 된 마을이 있다. 순례길을 걸으며 성체조배를 하고, 기도도 하며 자기성찰의 시간을 갖게 된다. 그리고 미사에 참여한다. 정말로 신앙인이라면 꼭 걸어야 하는 길이다.

신앙인이 아니더라도 나를 생각해 보고 고통을 참으며 자기성찰의 시간의 연속이기에 나는 신앙의 길이라 말하고 싶다.

–왜 치유의 길인가?

모든 운동의 기본이 걷기이고 가장 좋은 운동이고 누구나 쉽게 할 수 있는 운동이 걷기이다.

걸으면 육체적으로나 정신적으로 건강해진다. 특히 당뇨, 혈압, 심혈관 질환에 좋은 운동이 걷기 운동이다. 먹는 것을 거칠게(즉 과식하거나 지나치게 기름지거나 한 음식이 아님) 먹을 수밖에 없고 간단하게 심지어는 걷기 위해서 먹는 정도이기도 하다. 전 구간을 걸으면 보통 5~10kg은 체중이 빠진다. 그러나 작은 질병은 치유된다.

-왜 기도의 길인가?

나의 경우 깨어 있는 한 늘 기도하게 된다. 어려움이 있든지 고통이 따르든지 기쁨의 순간에 기도를 한다. 처음부터 끝까지 자는 시간을 제외하고는 기도하며 걷는다. 기도하며 생활한다. 그러니 기도의 길이 된다.

-왜 묵상의 길인가?

묵상하며 걷는다. 의도적이건 무의식적이건 나를 돌아보게 된다. 생각하게 된다. 묵상하게 된다.

-왜 눈물의 길인가?

감격의 눈물, 통회의 눈물, 기쁨의 눈물을 흘리게 된다. 아름다운 풍광에, 고통스런 아픔 때문에 자기를 되돌아보고 통회의 눈물을 흘리게 된다. 어느 때는 멀리 떨어진 가족을 그리워하며 눈물을 흘리게 된다. 그래서 산티아고 순례길은 눈물의 길이다.

-왜 웃음의 길인가?

모든 사람이 자기 자신이 결정해서 와서 걷고 있다. 물론 끌려서 마지못해 걷는 사람도 있겠지? 그러나 그런 사람은 오래가지 못한다. 그렇게 왔다고 하더라도 걷다 보면 이 길에 매료된다. 하루하루 고통을 참고 견디다 보면 즐거움과 환희를 맛보게 된다. 여하튼 걷는 사람들은 웃으며 인사하고, 웃으며 즐기고, 웃으며 반기는 모습을 본다. 기쁨과 환희, 해냈다는 뿌듯함에 늘 웃는 생활로 하루하루를 즐기며 걷는다. 웃음이 넘치는 길이다. 언어, 피부, 외모, 상관없이 웃음이 넘친다. 웃음의 길이다.

–왜 배려의 길인가?

걸으면서, 알베르게에서, 카페에서, 식당에서, 샤워장에서 순례자들은 남을 배려한다. 차츰 배려하는 생활을 배우게 된다. 자국민을 만나도 그들은 순례자들을 크게 배려해 준다. 건널목에서나 교차로에서 그리고 길을 묻는 사람에게 순례자들을 크게 배려한다. 그들의 행동에 늘 감탄한다. 그래서 산티아고 순례길은 배려를 배우고 배려를 몸으로 실천하는 길이다.

–왜 고통의 길인가?

800km를 걷는 길은 처음부터 끝까지 고통이 따른다. 육체적인 고통, 정신적인 고통을 맞게 된다. 갑자기 닥치는 육체적인 고장을 접하게 된다든지 음식이나 물이 맞지가 않아서 겪는 고통, 잠자리에 따른 고통, 여러 사람들이 함께 생활하니 그에 따른 발생하는 일들이 고통으로 다가올 수 있다. 상상을 초월한 고통이 따른다. 또 도사리고 있다. 매일매일 앞에 다가오는 도로사정이 나에게는 고통의 순간으로 닥쳐오게 될 수도 있다. 이를 극복해야 한다. 그래서 고통의 길인 것만은 틀림없다. 그러나 이를 긍정적으로 극복해야 하는 것은 각자의 해결과제라고 할 수 있다. 오직 산티아고에 입성하여 환희의 노래를 부르는 그 순간을 생각하며….

–왜 기쁨의 길인가?

무거운 배낭을 지고 비바람을 이겨내며 그날그날 해냈다는 기쁨은 누구나 경험하는 일이다. 매일매일 기쁨의 순간을 맞는다. 그래서 다음 날 다시 어려움을 참아가며 걷게 되는 것이다. 기쁨이 쌓이고 쌓여 순례길을 완주하게 된다. 기쁨은 산티아고에서 완주증을 받는 순간 극치에 달한다.

–왜 대화의 길인가?

일 년에 산티아고 길을 약 17만 명이 걷는다고 한다. 이들은 서로 만나서 대화하며 걷고 또 숙소에서나 카페에서 만나면 서로 대화를 한다. 서로 다른 나라에서 온 사람들이다. 서로 낯설다. 너 나 할 것 없이 스페인의 지형지물 자연환경 만나는 사람 모두가 낯설지만 이들은 만나면 인사하고 마음을 나누며 서로 대화를 한다. 숙소나 샤워장, 세면장, 식당, 또 걷는 길, 만나는 곳곳에서 서로 재미있는 대화를 한다. 산티아고 순례길은 대화의 길이라고 할 수 있다.

–왜 자신과의 싸움의 길인가?

처음 출발할 때부터 힘들고 어렵고 고통스러운 산티아고 순례길이다. 어느 때는 지루하고, 힘들고, 목마르고, 덥고, 춥고, 비 오고, 바람 불고 햇볕이 난다. 이 모든 문제들을 해결해야 한다. 지칠 때도 있다. 더 이상 걷지도 못할 때도 있다. 또 몸이 아프거나 고장 난 때도 있다. 이 모든 것이 자기가 해결해야 될 과제다. 또 의지나 육체나 정신적인 면에서 자기와의 싸움이 이루어진다. 그래서 산티아고 순례길은 자신과의 싸움의 길이라고 하고 싶다.

-왜 환희의 길인가?

아름다운 자연 환경을 접하고 감동의 탄성을 지른다. 또 고통과 어려움을 겪고 해냈다는 자부심과 기쁨을 누리게 된다. 순간순간에 환희를 맛보게 된다. 그래서 이 길은 분명히 말할 수 있다. 환희의 길이라고….

-왜 물과 함께하는 길인가?

스페인은 깨끗한 물이 풍부한 행복한 나라이다. 순례길 곳곳에 설치되어 있는 음수대에서 깨끗한 물이 콸콸 나오는 정말로 축복받은 나라임에 틀림없다. 산티아고 순례길은 물을 따라 걷는 길이라고 할 수 있다. 걸을 때마다 길가 옆으로 흐르는 개울물, 강물은 시원한 물소리를 내면서 순례자들을 위로해 주고 있다. 개울이나 강에 흐르는 물이 너무도 많아서 순례길을 걷는 동안 내내 물소리를 들을 수 있다. 풍족한 물은 우리들의 마음을 풍족하게 해 준다.

순례자들을 위로해 주는 물소리를 들으며 물과 함께하는 순례길임을 확인하게 해준다.

-왜 새소리와 함께하는 길인가?

스페인은 오염과는 거리가 먼 나라라서 그런지 가는 곳곳마다 각종 새들을 볼 수 있다. 그 새들이 내는 아름다운 소리는 분명 산티아고 순례길 아니면 들을 수 없는 아름다운 소리다. 어두컴컴한 새벽에 길을 나서도 지저귀는 새들의 노랫소리. 햇볕이 내리쬐는 들판을 걸어도 하늘에서, 들에서 산에서 지저귀는 새소리, 도시를 끼고 도는 변두리 길에서도 역시 들려오는 새소리는 아름답다. 걷고 있는 순례자들을 멈추게 한다. 이 새소리에 산티아고 순례길은 아름다움을 느끼게 한다.

–왜 만남과 헤어짐의 길인가?

아침에 숙소에서 나오면서 몇몇 사람들이 함께 걷다가 얼마 걸어가면 자기 걷는 속도가 있기에 헤어진다. 새로운 사람을 또 만나게 된다. 오늘 만났던 사람은 며칠 뒤에 다시 만나게 되고 만났던 사람이 헤어진다. 이렇게 계속되는 것이 산티아고 순례길의 특징이다. 만남과 헤어짐이 반복되는 길이라고 말할 수 있다.

–왜 세계인이 함께하는 길인가?

어느 날 숙소에서 모임을 갖는데 그 숙소의 책임자가 오늘 우리 숙소에 묵는 사람들의 나라가 25개국이라고 한다. 세계 곳곳에서 많은 사람들이 산티아고 순례길을 찾는다. 얼굴 모양이 다르고 언어가 다르고 피부색이 다른 세계 여러 사람들이 산티아고 순례길을 걷는다. 함께 걷기에 서로 많은 경험을 하고 많은 문화를 접하게 된다. 만나는 사람과 이야기를 한다. 산티아고 순례길은 세계인이 함께하는 길이다.

-왜 커피와 함께하는 길인가?

필자는 커피를 즐겨 마시지 않는다. 순례길을 걷다가 중간에 카페에서 커피 한 잔을 하게 되었다. 생전 처음 이렇게 맛있는 커피를 마셔본다. 그 후 가끔 카페에 들러 커피를 마시곤 한다. 그래서 필자에게는 산티아고 순례길은 커피와 함께하는 길이라고 말하고 싶다.

-왜 여러 언어가 교차하는 길인가?

수많은 나라에서 순례자가 이 길에 모여든다. 각 나라마다 언어가 다르다. 각 나라의 언어들이 교차하는 순례길이다. 흥미롭지 않은가? 그렇게 다른 언어를 가진 사람들이 공동체적인 생활을 하는데도 아무 불편을 못 느낀다. 세계 여러 나라의 언어가 교차하는 길이다.

-왜 사귐의 길인가?

많은 사람들이 만나고 헤어지고 또 만나고 헤어진다. 거의 한 달 동안 많은 사람들과 교차한다. 만나는 사람들은 정겹고 다정하게 서로 자기 얘기를 하며 순례길을 즐기고 있다. 함께 만나서 계속 쭉 걷는 사람도 있고, 한 번 만났다가 며칠 후에 다시 만나는 사람들도 있다. 그렇지만 그들은 만날 때마다 기쁨을 나눈다. 분명 산티아고 순례길은 사귐의 길이다.

또한 외로움의 길이기도 하다. 필자는 이 순례길에서 아름다운 삶을 위해서 하나하나를 정리하였다. 이를 꼭 실천하며 살아가리라고 다짐하는 길을 걸었다. 산티아고 순례길을 걸은 것은 잘했다고 손꼽는 네 번째 이야기다.

70이 넘는 황혼에 접어들어 나의 삶에서 잘한 것이 있어 그런대로 아름다운 삶을 살려고 노력은 했구나 하는 생각을 하게 된다.

7부
은퇴 후 아름다운 삶을 살아간다

1. 나에게 내려진 사명

평생을 교직에 몸담아 무탈하게 퇴직할 수 있었던 그 자체만으로도 보람 있는 삶이었다. 무엇보다도 미래사회가 요구하는 창의 인재를 키우는 토론게임(대립토론)을 1991년부터 교육현장에 헌신적으로 적용했던 열정이 큰 보람으로 다가왔다.

'토론게임(대립토론)교육의 선도자!'

'초등교육만을 위해서 살아온 삶!'

언제 어디서라도 이 말을 떳떳하게 내세울 수 있다는 자긍심과 용기, 그리고 해내고야 마는 의지가 800km 산티아고 순례길을 칠순의 나이에도 무난하게 완주할 수 있게 만들었다고 생각한다.

'그렇다! 이대로 멈출 수는 없다!'

필자의 나이 70이 넘었지만, 뒷방 늙은이로서 자리할 것이 아니라, 남은 여생도 지금까지 해오던 '글로벌 인재', '창의적인 인재'를 키우는 토론게임(대립토론) 교육에 더욱 정진해야 한다는 사명감이 신의 계시처럼 다가왔다. 또 순례길은 인생 후반기를 어떻게 보내야 할 것인가를 명확하게 깨닫게 해 주었다.

'그렇다. 단순한 토론게임(대립토론)의 보급이 아니라, 우리 교육의 방향과 질을 향상시키는 방법, 창의 인재를 키우는 교육방법으로서 토론게임(대립토론)을 더 열심히 보급해야 하겠다!'라는 목표가 뚜렷이 설정되었다.

여기서 요즈음 우리나라 제도권 교육의 실상을 진단해 보자.

우리 교육의 성과에 대해서는 여러 의견들이 있다. 그중에서 우리나라가 경제적으로 짧은 기간에 이만큼 성장할 수 있었던 것은 교육의 힘이 크다는 점은 많은 사람들이 인정하고 있다. 즉, 우리나라가 정치 경제 사회 문화 등 여러 면에서 오늘날과 같은 단계까지 발전하게 된 것은 우수한 우리 국민성, 세계 제일의 교육열 그리고 헌신적인 교육자들의 노력, 질 높은 교육의 덕택이라고 해도 과언은 아니라는 것이다.

하지만 혹자는 우리의 제도권 교육을 '시험 위주의 교육'이요, '경쟁자를 양성하는 교육', '창의성이 말살되는 교육', '요리책과 같은 교육', '정답만을 요구하는 교육', '네비게이션 식의 교육'이라고 여러 단어들을 인용하며 우리 교육을 혹평하고 있다. 절대적인 동조는 아니지만 전면 부인하지는 못할 것이다.

그러면 잘못되어가는 우리의 교육을 어떻게 바로잡을 것인가? 미래사회를 이끌어갈 창의 인재를 어떻게 키울 것인가? 이에 대한 해결 방안은 없을까?를 늘 고민하였다. 여러 가지 해결책이 있을 수 있겠지만 필자는 토론게임(대립토론)교육이 그 해답이라고 판단하게 되었다.

필자는 28년 동안 토론게임(대립토론) 교육을 연구하고, 지도하며 놀라운 성과를 거두었다. 토론게임(대립토론) 교육으로 얻은 결과를 요약 정리하면 다음의 17가지 능력을 키울 수 있었다.

1) 여러 각도로 사물을 보는 능력
2) 반대 입장에서 상대방을 탐지하는 능력
3) 논리적 사고력
4) 자료 수집 분석 능력
5) 설득력
6) 감정 조절 능력
7) 할 수 있다는 자신감
8) 협동심
9) 말하는 바른 자세
10) 리더십
11) 순간적인 분석적 답변을 할 수 있는 능력
12) 표정을 관리하는 능력
13) 남을 이해하고 배려하는 마음
14) 집중하여 듣기(Listening)
15) 근거 있는 자료를 근간으로 해서 말하기(Speaking)
16) 논리적 사고에 필요한 지식 습득을 위해 많이 읽기(Reading)
17) 논리적으로 쓰기(Writing) 등이다.

토론게임(대립토론) 교육으로 키워진 능력을 종합해 볼 때 궁극적으로 "문제에 당면했을 때 이를 해결하기 위하여 설계를 하고 적극적으로 활동하여 자기 스스로 문제를 해결하는 능력" 바로 창의적 인재들이 갖추어야 할 능력이다.

그런데 선진국이라고 하는 호주, 미국, 영국에서는 이미 100년 전부터 창의적인 인재를 키우는 최상의 방법이 토론게임(대립토론) 교육이라는 연구 결과를 내어 놓고 있다. 우리도 이를 받아들여 학교교육에서 도입 적용하는 교육방법을 택하여야 할 것이다.

특히 토론게임(대립토론)이 단지 토론만을 잘하는 사람으로 키우는 교육이 아니다. 주어진 논제를 분석하고, 자료를 모으고, 타당성 있고 논리적인 자신의 주장을 세워 상대방을 설득하는 과정에서 전 과정 모두가 자기주도 학습이 되고 독창적인 사고 체계를 요구하게 된다. 이런 면에서 토론게임(대립토론)은 우리 교육이 지향해야 할 창의인재를 육성하는 매우 효과적인 방안이라 하지 않을 수가 없다.

* 미국 교육부 교육과학연구소 책임연구원 박옥춘 박사는 "창의 인재를 키우는 최상의 방법이 토론게임(대립토론)이다. 다른 사람의 의견을 들을 수 있는 능력, 그것을 자기 의견과 종합해서 더 좋은 의견으로 발전시킬 수 있는 능력 등을 키워주는 방법은 토론게임(대립토론)이다. 사고력뿐만 아니라 종합적인 능력을 키우는 교육의 바탕이 되는 것이 토론게임(대립토론)이다."라고 강조하고 있다. 그는 적극적인 토론 교육 활동

을 통해서 아들을 전문 변호사로 키우기도 했다.

* 뉴욕 대학교 총장 John Sexton은 이렇게 말했다. "내가 토론게임(대립토론) 혹은 디베이트를 하며 보낸 그 4년은 내가 했던 모든 것에 대한 교육적 기초가 되었다. 그리고 나는 단지 원론적인 의미로 이런 말을 하는 것이 아니다….

내가 다닌 모든 교육기관에서 받은 것 중 가장 훌륭한 교육, 4년 동안의 디베이트 시합들을 통해서 갖추게 된 나의 정신적인 기반, 즉 현재 내가 활용하는 지적 기능의 90%를 차지하는 부분에 대해 말하는 것이다.

학부 시절을 보내고 박사학위를 받은 Fordham University, 그리고 하버드 로스쿨—이 모든 것은 나머지 10%를 차지한다."

* 솔브릿지 국제대 교수인 조슈아 박은 "창의 인재 = 글로벌 리더 = 숙련된 토론자. 세계화가 '트렌드' 정도가 아니라 '현실'로 자리 잡은 우리 사회에 성립되고 있는 공식이다. 미국 등 선진국의 대학에서 신입생 모집 시, 다국적 기업들이 신입사원 공채 시, 구술능력을 검증하는 토론게임(대립토론)(디베이트) 경험을 중시하고 있으며, 한국 역시 교육제도 및 기업들의 움직임을 볼 때 이러한 물결에 순응하고 있음을 알 수 있다." 라고 하였다.

이러한 주장들을 토대로 필자는 토론게임(대립토론) 교육방법을 연구하고, 직접 학생들을 지도하면서 그동안 많은 학생들이 토론게임(대립토론)을 경험하고 난 후에 놀랍게 변화하는 과정을 지켜보고 여러 채널을 통해 토론게임(대립토론)을 공교육에 적용해야 한다고 강조하였다.

1991년, 필자가 토론게임(대립토론)을 처음 접했을 때만 하더라도 교육 관계자들에게조차 토론게임(대립토론) 교육은 너무나 낯선 것이었다.

초창기에는 그 누구도 필자의 말을 귀담아듣지 않고 외면하였다. 아무도 동조하는 사람이 없었다. 우리나라의 어떤 곳에서도 제대로 실행되지 않았던 교육 방법인 만큼 교사나 학부모들에게 필요성을 알리고 수업과 연계시키고 학생을 가르치는 데 많은 어려움이 있었다.

하지만 탈무드의 우화에 나오는 "과일 나무 심는 노인"의 심정으로 토론게임(대립토론)을 이 땅에 전파하는 일을 게을리하지 않았다.

"우리의 교육을 토론게임(대립토론)으로 살릴 수 있고 미래 사회가 요구하는 창의 인재를 키울 수 있다."라는 것을 확신했기에 28년 동안 이 길을 걸어 왔다.

대립 토론 교육을 하면 할수록 학생들이 재미있어하고 더 열중하는 모습을 보면서 우리 교육에 뿌리내릴 수 있겠다는 확신을 굳히게 되었다. 학생들이 토론게임(대립토론)을 통해서 변해 가는 모습에 보람도 느꼈다.

말하는 태도가 바뀌고, 글쓰기 능력이 향상되고 능동적으로 독서하기 시작했다. 그러다 보니 국어는 물론 공부 자체에 흥미를 갖게 되었고, 바른 듣기 습관은 물론 좋은 수업 태도로 이어져 학교 성적도 자연스럽게 향상되었다. 경쟁심을 부추기는 요즈음의 교육 현실을 뛰어넘어 팀원과 협력하는 태도를 몸에 익히게 되니 인성교육 면에서도 긍정적인 효과가 나타났다.

이러한 여러 가지 성과를 접하고 나니 토론게임(대립토론) 교육에 대한 열정이 샘솟았다. 토론게임(대립토론)의 형식과 교육 방법에 관해 끊임없이 연구하고 개발하고 수정하며 학생들을 지도하였다.

물론 토론게임(대립토론)이 교육을 살리고 창의적인 인재를 키우는 만병통치적인 길이라고 할 수 없지만 "창의 인재! 토론게임(대립토론)으로 키운다."라는 신념으로 미래사회의 인재, 글로벌 인재를 키우는 방안으로 "토론게임(대립토론)Debating 교육"을 실천해 왔다.

이제는 여러 분야의 사람들이 토론게임(대립토론) 교육이 우리 교육을 혁신할 수 있는 유일한 방법이요, 미래사회를 이끌 창의 인재를 키우는 최상의 방법이라는 것에 동의하게 되었다.

한편 여러 측면에서 그토록 중요하다고 수십 년을 강조해 오던 토론게임(대립토론)(디베이트)이 이제는 교육과정에도 단원으로 채택되었다.

또 일반기업체의 60% 이상이 토론면접을 실시하는 등 다각도로 토론 인프라가 만들어지고 있다.

산발적이긴 하지만 교육계뿐만 아니라 사회 곳곳에서도 중요성이 부각되고 있고 교육 현장에 접목시키려는 움직임을 보여 정말 다행이라고 생각한다.

학생들이 토론하는 과정을 보고 있으면 지도하는 사람 역시도 깜짝깜짝 놀랄 때가 많다. 사고의 깊이나 순발력, 논리 전개에 있어서 어른들이 말하는 것을 뛰어넘을 때가 많기 때문이다. 그럴 때면 우리가 너무 청소년들을 가두고 있는 것은 아닌가 하고 미안한 마음이 들기도 한다.

이제는 세계를 바라보자.

미국 및 영국 토론대회 수상자들의 명단에는 세계적인 리더들, 바로 창의적인 인재들이 다수 포함되어 있다. 프랭클린 루스벨트, 존. F. 케네디, 리처드 닉슨, 지미 카터, 빌 클린턴, 버락 오바마와 같은 역대 미국 대통령의 이름도 즐비하다.

또한 마틴 루터 킹과 함께 미국의 유색인종 인권신장운동의 대표적인 인물인 맬컴 엑스(Malcolm X), 미 대법관인 안토닌 스칼리아, 미디어 거장인 테드 터너, UN 전 사무총장인 코피 아난 역시 각종 학생 토론대회에 출전했던 토론자들이었다.

이처럼 과거 학생 시절에 토론을 통해서 지도자로서의 역량이 길러져서 지금의 국제사회의 지도자로서 활동을 하고 있으며 세상을 이끌고 있다고 해도 과언이 아닐 정도이다.

미래를 기획하는 창의 인재를 키우는 일에 앞장서는 필자의 의지!

"토론게임(대립토론) 교육을 통해서 이 시대가 필요로 하는 창의 인재를 키울 수 있다"라는 것이 명확하게 입증되고 있는 것이다.

필자는 "토론게임(대립토론)으로 인해 학생들이 좀 더 큰 생각을 하고, 마음껏 자신의 생각을 펼칠 수 있는 진정한 창의적인 인재로서 성장하는 교육이 이 땅에 뿌리내릴 수 있기를 바라면서 이 일을 해 왔고 앞으로도 계속 할 것이다."라고 말하고 있다.

2. 토론게임(대립토론)교육 전문가로서의 활동

1) 대립토론(토론게임)을 전파하면서 얻은 보람

3월 18일부터 4월 5일까지 화성 행정초(교장 김기원)에서 4, 5, 6학년 각 반에 2시간씩 대립토론 수업을 하였다.

6학년 8개 반, 5학년 7개 반, 4학년 7개 반의 수업을 지원하였다.

1차시에는 대립토론안내를 한다(−대립토론의 필요성, −대립토론의 형태, −대립토론 규칙 익히기, −대립토론 체험하기 준비).

2차시에는 대립토론 체험하기(−1차시에 활동내용을 정하고 각자 준비하여 대립토론을 한다)

1교시는 9시 10분부터, 2교시는 10시부터 수업을 하였다.

하남 미사지구에서 화성 행정초등학교까지 가려면 1교시가 있는 날에는 아침 6시에, 2교시부터 있는 날은 아침 7시에 집에서 출발해야 한다.

미사강변도시에서 좌석버스를 타고, 잠실역에서 지하철로 갈아탄다.

그리고 사당역에서 향남읍까지 좌석버스를 타고 다닌다. 아침에 2시간 반에서 3시간을 소모한다.

주위에서는 "왜 그렇게 힘들게 수업을 하러 다니느냐?" "힘들지 않느냐?" "왜 그런 고생을 하느냐?" 위로 반, 걱정 반 또는 별로 탐탁하게 생각지 않는 표현을 하며 나에게 말한다.

하지만 나에게는 찾아가서 대립토론 수업을 지원하는 분명한 이유가 있다. 의무감이 있다.

또한 사명감을 가지고 있다.

필자가 출판한 다른 대립토론 책에서도 밝힌 바 있지만 28년 동안 이 땅에 대립토론을 펼치면서 탈무드의 우화에 나오는 "나무 심는 노인"의 심정으로 하고 있다.

지난 28년 전 대립토론(Debating)을 접한 그 처음부터 나는 확신했다.

"토론의 달인 세상을 이끈다." "우리의 교육을 대립토론으로 살릴 수 있다."라는 것을….

그래서 그때부터 지금까지 나는 이 길을 걸어왔다.

이것이 대립토론(Debating: 토론게임)을 연구하고 책을 출판하면서 교육현장을 찾아가서 대립토론 수업을 지원하는 분명한 이유인 것이다.

4월 8일부터 4월 18일까지 수원 영통초등학교에서 4월 24일부터 5월 7일까지는 여수 쌍봉초등학교 그다음은 일정 조정 중이다.

학교수업을 통해서 받는 강사료로 따진다면 일반 회사나 기업체에서 받는 시간당 50~100만 원과는 많은 차이가 있다.

그러나 돈으로 판단할 수 없는 보람과 기쁨이 있고 행복감이 있다. 은퇴 후의 아름다운 삶을 위해서는 돈으로 계산할 수 없는 보람과 삶의 의미가 있어야 한다. 그래야 지치지 않고 계속해서 그 일을 해 나갈 수 있다.

수업이 끝나면 학생들의 반응은 다양하다.

"와 토론 수업이 힘들지만 재미있어요." "토론 수업을 언제 또 하나요?" "이렇게 재미있는 수업은 처음이네요." "처음에는 가슴이 떨렸는데 토론을 하고 나니 자신감이 생겼어요." "이제 다른 사람을 설득하는 주장을 할 때에는 반드시 근거자료를 바탕으로 주장하면 되겠네요." "저의 꿈을 이루기 위해서는 꼭 대립토론을 열심히 해야 하겠다는 것을 알게 해 주었어요."

필자에게 힘이 생기게 하는 반응들이다. 이러니 학생들에게 대립토론을 지도하게 되는 것이다. 힘들어도 교육현장을 찾아가게 되는 것이다.

많은 학교, 교육연수원, 일반 회사 등에 대립토론을 전파하기 위해 지금껏 달려왔고 앞으로도 계속할 것이다.

대립토론 수업 2,400여 시간, 강연회 330회를 넘겼다.

대립토론을 전파하면서 나에게 더 큰 보람을 느끼게 하는 일이 두 가지 있다.

첫 번째는 수십 년을 강조해 오던 대립토론(토론게임). 이를 통해서 많은 사람들의 인생이 바뀐 사례(『대립토론으로 인생이 바뀐 사람들 이야기』, 박보영 지음, 교육과학사)를 보더라도 우리교육에서 꼭 필요함을 공유하게 되었다. 이제는 초등학교 5학년

국어과 "단원명: 토론해요"와 중학교 2학년 국어과 "대체 공휴일제 도입에 대한 논쟁"에서 대립토론을 지도하도록 단원이 설정되었다는 점이다. 늦게나마 다행으로 생각한다.

그런데 한심하게도 왜 학교에서는 교과서의 대립토론 단원을 문제풀이, 빈칸 채우기, 읽어주기 형태로 지도하고 있을까?

물론 여러 가지 이유와 어려움이 있겠다고 이해하려 해도 도저히 납득이 안 된다.

대립토론 교육으로 토론 문화를 꽃피우고, 글로벌 인재를 대립토론으로 키울 수 있다고 다시 한 번 분명히 강조한다.

이러한 필요성이 있음에도 불구하고 일부 교육현장에서 그리고 가정에서 대립토론(Debate: Speech Game)을 지도할 때 어려움을 겪고 있다.

이를 돕기 위해 그동안 대립토론을 연구하고 프로그램을 개발하며 직접 수업이나 강연을 통해서 얻은 산 경험의 핵심 내용만을 정리하여 지도하기에 쉽고 편하도록 대립토론 책을 출판하고 있다.

책과 함께 필자가 운영하는 블로그 http://debating.tistory.com를 공개하고 있다. 여기에 들어오면 대립토론(Debate: Speech Game)을 지도하는 데 필요한 생생한 보충 자료들을 쉽게 접할 수 있을 것이다.

두 번째 보람은 37년 만에 제자와의 만남이 이루어졌다는 것이다.

초등학교 3학년 때 가르친 제자를 37년 만에 만났다. 그 제자는 초등학교를 졸업하고 이후 줄곧 나를 찾으며 중고등학교를 졸업하였다. 그 후 교육대학교를 졸업하고 경인교대 부설 초등학교 5학년 담임을 하고 있었다. 대립토론 수업을 준비하면서 자료를 찾던 중 우연히 방송자료를 접하게 되었다고 한다. KBS 수요기획 "토론의 달인 세상을 이끈다."에 소개된 필자를 보았다는 것이다. 뛸 듯이 기뻐하며 필자에게 연락이 와서 만나게 되었다. 초등학교 학생 때에도 아주 똑똑하고 성실한 학생으로 주위 사람들에게 칭찬을 받았던 학생이었다.

지금은 인천의 모 초등학교에서 교감으로 근무하고 있다. 필자는 AS 하는 측면에서 그가 근무하는 학교에 가서 수업을 해 주곤 한다. 대립토론을 전파하는 일을 해왔기에 갖게 되는 두 번째 보람 있는 일이다.

토론게임(대립토론)교육전문가로서 활동을 통해서 얻는 보람이요.

은퇴 후에 삶이 아름다운 삶으로 이어갈 수 있는 것도 바로 창직을 통해서 토론게임(대립토론)교육전문가로서 활동하고 있기 때문이라고 필자는 생각한다.

2) '토론게임(대립토론)' 용어를 정립하였다

디베이트 혹은 디베이팅(Debating)을 우리말로 어떻게 해석할 것인가 아니면 그대로 사용할 것인가에 대하여 10여 년 동안 숙고하였다.

우리 역사에서도 서재필 박사가 1896년 11월 30일 협성회 토론회(찬반토론회)를 개최하였다는 기록을 감안해 볼 때 디베이트 혹은 디베이팅(Debating)이라고 쓰는 것보다는 우리말로 토론게임(대립토론)이라고 표현하는 것이 낫다고 판단하였다.

토론 혹은 찬반 토론, 질답토론, 게임식 토론, 올림픽토론 등의 용어를 사용하려 했지만 어휘의 참뜻을 표현하는 데 어려움이 있었다.

그래서 가장 적합하다고 의견을 모은 것이 토론게임(대립토론)(Debating)이다.

이에 대해 "대립"이라는 어휘를 놓고 비판적인 시각으로 바라보는 사람들도 있다. 가뜩이나 사회가 갈등을 빚고 있는데 "대립"이라는 말을 사용하는 것은 거부 반응을 느낀다는 것이다. 그래서 거슬린다는 것이다.

하지만 앞에서 용어의 개념을 살펴보았듯이 '토론'이라는 어휘 속에는 '대립적인 주장으로 논쟁의 방식을 취함'이 내포되어 있다.

또 비판하기 위한 비판으로 '찬반 토론' 또는 '찬반토론게임(대립토론)' 운운하는 사람도 있다.

'찬반토론게임(대립토론)'은 '역전 앞'과 같이 반복사용의 부적절함을 가지고 있다.

그래서 게임식 토론, 디베이트 혹은 디베이팅(Debating)에 적합한 용어를 "토론게임(대립토론)(Debating)"으로 사용하기로 하였던 것이다. 이렇게 확실한 바탕을 가지고 근 20여 년 동안

이 용어를 사용하여 왔다.

이제는 학위 논문이나 대중매체를 통해서 널리 사용하고 있는 용어가 필자가 처음 쓰기 시작한 "토론게임(대립토론)(Debating)"이다. 그래서 이를 그대로 사용할 것을 권장하여 왔다.

3) 토론게임(대립토론) 교육 인프라 구축: (8가지 활동)

(1) 토론게임(대립토론) 책을 8권 출판하였다.

"창의 인재 = 글로벌 리더 = 숙련된 토론자" 공식대로 창의 인재를 키우는 토론게임(대립토론)에 대한 연구와 토론게임(대립토론) 교육 프로그램을 개발하여 이를 보급하기 위해서 학생, 교사, 학부모, 직장인을 대상으로 토론게임(대립토론) 교육에 필요한 책을 끊임없이 출판하고 있다. 필자는 창의 인재를 키우기 위해 토론게임(대립토론) 관련 책만을 8권씩이나 출판하였다.

① **대립토론**(2011, 개정증보판 2013, (주)행간): 토론게임(대립토론)Debate: Speech Game의 필요성과 토론게임(대립토론) 방법을 안내하는 생각의 속도와 논리의 차원을 다룬 책이다.

② **실전! 대립토론**, 그 현장에서 최고의 전문가가 말하는 대립토론 승리비법(2017, 교육과학사): 초, 중, 고, 대학의 학생들이 겨루는 우수 토론 대회를 산책하며 익힐 수 있도록 토론게임(대립토론)Debate: Speech Game대회 현장을 생생하게 옮겨 놓으며 이를 분석한 전문가의 전략을 담았다.

③ **퍼펙트 토론**(2015, (주)행간): 세계의 엘리트가 배우는 주장 질문 답변의 기술에 대하여 기술하였다.

④ **글로벌 인재 대립토론으로 키운다**(1쇄2016, 2쇄2017, 교육과학사): 토론게임(대립토론) 종합지침서로서 주로 교사 학부모 교육전문가 즉 성인을 대상으로 내용을 집필하였다.

⑤ **대립토론으로 인생이 바뀐 사람들이야기**(2017, 교육과학사): 그동안 토론게임(대립토론)을 공부하고 자신들의 인생이 바뀐 사람을 만나서 그들의 이야기를 모은 책이다. 28년 동안 인재, 리더들을 육성하는 교육방법으로 토론게임(대립토론)을 지도하여 온 필자만이 집필할 수 있는 책이라고 할 수 있다.

⑥ **토론은 게임이다**(2017, 와이스쿨): 학생들이 토론의 필요성을 이해하고, 토론방법을 쉽게 익히며, 동시에 직접 토론할 수 있는 기회를 제공받는 효과적인 대립 토론 길잡이를 교육 현장에서는 찾고 있었다. 현장의 요구로 학생들의 토론능력을 신장시키고 학생의 토론 문화를 활성화시키기 위한 책이다. 토론 중에서 토론게임(대립토론)만을 "토론은 게임이다"라고 할 수 있다.

⑦ **교사용 대립토론 지도서**(2014, 토론학교).

⑧ **학생용 대립토론 길잡이**(초판2014, 수정증보판2016, 토론학교)를 출판하였다.

(2) 토론게임(대립토론)을 전파하기 위해서 연재 활동을 하고 있다.

경향신문에 “토론교육 어떻게 할까?”로 연재하였고, 광양 시민신문에 “토론게임(대립토론)에 대하여” 5월 21일 현재 81회째 연재하였다. 이 지역을 토론게임(대립토론) 메카로 만들기 위한 인프라구축 활동의 일환이다.(http://www.gycitizen.com/)

(3) 전남 토론게임(대립토론)연구회를 조직하여 활동하고 있다.

전남에 토론게임(대립토론)을 전파하고 학생들을 교육하여 창의 인재로 성장하도록 돕는 역할을 하기 위해 2008년도에 교사들을 중심으로 연구회를 조직하여 활동하고 있다. 회장으로 활동하다가 지금은 자문위원으로 활동하고 있다.

(4) 한국 대립토론협회를 창립하였다.(2017.2.28.창립: 회원 103명)

2017년에 전국의 각계각층의 사람들이 모여 우리나라에 토론게임(대립토론)을 활성화하여 토론문화를 만들고 창의 인재를 육성하기 위하여 뜻을 모아 한국 대립토론협회를 창립하여 활동하고 있다. 회원은 100여 명이 토론게임(대립토론) 전파에 주력하고 있다.

(5) 2018한국대립토론협회 백운산 협력포럼을 개최하였다.(2018.1.18~19.)

“제4차 산업혁명시대 한국대립토론(KoDA)교육의 새로운 정립”이라는 주제로 2018한국대립토론협회 백운산 협력포럼을 개최하였다. 1박 2일로 진행된 협력포럼에 전국에서 70여 명이 참석하였다. 토론게임(대립토론)에 대한 새로운 인식과 토론게임(대립토론)을 활성화하여 우리의 교육을 바로 세우고 4

차 산업혁명시대의 인재를 키우는 방법을 폭넓게 탐색하는 자리가 되었다.

(6) 국회포럼에서 지정토론자로 발표하였다.(2017.8.29.)

민주시민교육과 토론이라는 주제로 열린 국회포럼(2017.8.29.)에서 지정토론자로 "민주시민교육과 대립토론 활성화"에 대하여 발표를 하였다.

(7) 경기도 토론 페스티벌에 주제 발표, 강의자로 활동하였다.

2015년 11월 21일에 경기도 중등토론교육연구회에서 주최한 2015전국토론교육페스티벌에서 주제 발표를, 2016년에는 강의자로 위촉되어 토론게임(대립토론) 전파에 주력하였다.

(8) 토론게임(대립토론) 프로그램을 개발(PY토론, PY토론응용형태)하여 보급하고 있다.

국제규준의 토론게임(대립토론)형태를 우리 학생들에게 적용하려고 하였다. 처음에는 의회식 토론 형태를 초등학생들에게 지도하기 위하여 지도법을 익히게 되었다. 그러나 결국은 POI(이의제기. 질의 혹은 정보지적)의 적용이 초등학생들이나 기초단계의 학생들에게는 문제점으로 제기되었다. 그래서 토론게임(대립토론)의 기본형태를 적용하려 했으나 크게 재미를 느끼지 못하였다. 따라서 우리 학생들에게 박진감 있고 흥미로우면서 토론게임(대립토론)(디베이팅)의 기본정신을 살리는 토론 형태를 구안하게 되었다.

명칭을 PY(Po-young: PY)토론형태라고 하였다. 또 이를 응용하는 응용형태를 만들어 PY토론 응용형태로 하였다.

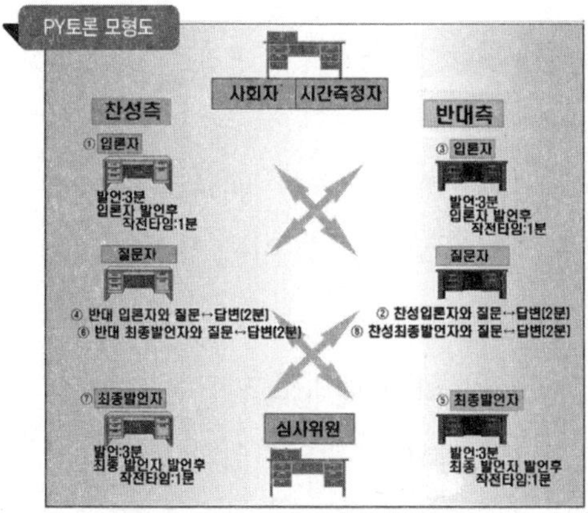

(PY토론형태)

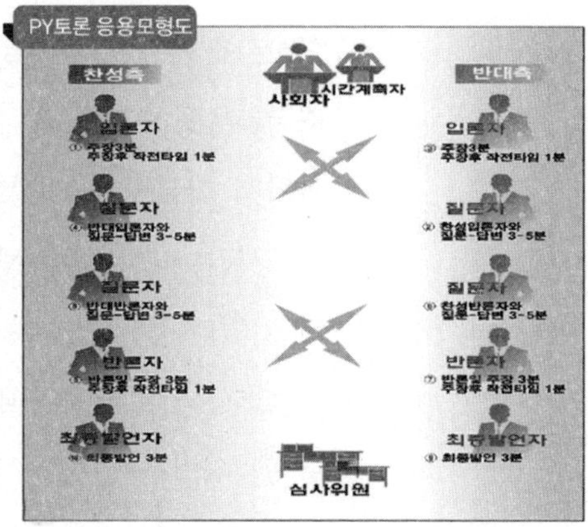

(PY토론응용형태)

4) 토론게임(대립토론)으로 인재 육성 프로젝트를 구안 · 적용(7개의 프로젝트 운영)

(1) 영광군에서는 "독서토론은 토론게임(대립토론)으로…"라는 프로젝트를 운영하였다.

기획 및 주관은 영광교육지원청에서 담당하고 2015년 1월 27일~2015년 11월 23일까지 진행하였다. 총지도 책임은 필자가 맡았다.

학교별 지도 시간계획은 영광초 외 7개교 15개 반을 각 반 3시간(총 지도시간 45시간) 지도하는 프로젝트를 운영하였다.

(2) 광양시에서 교육지원 사업비로 시교육청에 예산지원을 하고 있다. 이를 위임받아 2014, 2016, 2017, 2018년 "찾아가서 진행하는 토론교실" 토론게임(대립토론)교육 4개 프로그램을 운영하고 있다.

(3) “글로벌 인재를 키우는 토론게임(대립토론)! 명품 문화 강좌”를 운영하고 있다.

광양시 학부모를 대상으로 토론게임(대립토론) 교육을 매주 2시간, 4주 프로그램을 추진 완료하였다. 이를 상설화하고 있다.

(4) “광양시를 토론게임(대립토론) 문화의 메카로 만드는 전략”을 수립하여 광양시, 광양시민신문, 광양기업과 합동으로 2018년부터 연차적으로 추진하고 있다. 추진 총 책임을 필자가 맡아 진행하였다.

① 광양시를 토론게임(대립토론) 문화의 메카로 만들어 “21세기 인재”를 육성

② 광양시 각급 학교에 토론게임(대립토론)Debating교육을 보급하는 활동 전개

③ 토론 문화를 정착시켜 소통하는 사회의 기틀을 마련

④ 유능한 인재를 키워내는 ‘혁신교육도시’로의 자리매김

⑤ ‘혁신교육도시’에 교육을 위해서 찾아오는 교육인구 유입전략으로 발전

(5) 오산시에서 “토론게임(대립토론) 적용으로 교육 혁신도시 만들기”를 목표로 초중고 교사연수를 하고 초중등별로 동아리를 조직하여 운영하였다.

오산시에서는 토론게임(대립토론) 중심학교를 지정, 운영하며 학교에 멘토를 파견하여 지도하였다. 2017년도 3회 전국 학생토론대회를 개최하기에 이르렀고 우리나라의

토론문화를 선도하는 도시로 발돋움하게 되었다. 초창기 토론게임(대립토론) 교사 연수를 담당하였다.

(6) 태인동: "토론게임(대립토론)을 적용하는 태인동 행정프로젝트"를 운영하여 소통하는 민주사회를 구축하고 "숙원과제의 해결책을 동민이 자율적으로 찾아가는 태인동 행정"을 펼치는 프로젝트를 운영하고 있다.

① 매회 2시간 총 5회(10시간)를 한 주기로 구성한다.

② 5회(2시간)에는 태인동의 숙원과제를 놓고 토론한다.
(관계자들이 참관토록 한다: 공청회 성격)

③ 강좌를 마친 후 기수별 동아리를 결성하여 자율적인 활동을 하도록 계속적인 지원한다.

(7) 칠곡교육지원청에서 진행하는 교사 연수 "창의 인재 육성 교육연수-토론게임(대립토론)중심으로…" 프로젝트를 설계하여 2017년 4월 28일(금)~4월 29일(토) 구미 금오산 호텔에서 초중고 교사 30명을 대상으로 진행하였다.

3. 창의 인재 육성교육 활동

"토론의 달인 세상을 이끈다."라는 신념을 가지고 미래사회의 인재를 키우는 교육 실천 바로 글로벌 인재 토론게임(대립토론)으로 키우고 있다.

※연도별 출강 기관을 나열한다.

*2010~2016년: 한국국제대학교초빙교수, 광주교대, 광주여대, 순천대 및 교육대학원, 건양대학교 출강, 시도교육연수원(부산교육연수원, 서울교육연수원, 경남교육연수원, 경북교육연수원, 전남교육연수원), 지역교육청, LG하우시스 등 일반기업체, 순천기적의 도서관, 진주마하도서관, 경인교대 광주교대 경상대학교 서울교대 평생교육원, 광양영재원, 전국초중고 토론게임(대립토론)강의 등에서 강의하였다.

*2017년: 구미교육지원청, 칠곡교육지원청, 광양교육지원청, 강동송파교육지원청, 경북교육연수원 전남교육연수원, 전국 초중고 토론게임(대립토론) 수업지원, 토론게임(대립토론) 초청강의(회사, 교육연수원, 학교 등), 국회포럼 등에서 강의하였다.

*2018년: 동원교육재단, 흥사단리더십, 행정초, 수원 영통초, 서울 정독도서관, 고양시 화정도서관, 진주 보건대학교, 하동교육청, 수원 영일초, 화성 한울초 등에서 수업하고 강의하였다.

1) 직접 학생들에게 토론게임(대립토론) 교육을 통해서 (2,400여 시간 토론게임(대립토론) 수업을 하였다) 학생들에게 창의 인재 육성 교육활동을 펼치고 있다. (9가지 활동)

(1) 초 · 중 · 고 학교를 찾아가서 학생들에게 토론게임(대립토론) 수업을 실시하고 있다.

(2) 광양 영재원에서 인문 영재반을 지도하였다(3년간 매년 20명×3년).

2011, '12, '13년 매주 수요일 3시간 20명의 중학생 인문영재 학생들에게 토론게임(대립토론)교육을 하였다.

(3) 교육재능기부활동을 하였다.

2011년 서울특별시 교육청의 "교육재능기부" 활동에 참여하여 서울 학생들에게 창의의 날개를 달아줄 '서울교육명예교사'로 위촉받아 학교에 찾아가서 토론게임(대립토론) 수업을 하였다.

(4) 순천 기적의 도서관에서 12주 코스로 매주 토요일 3시간씩 토론게임(대립토론)교육을 하였다. 참가학생은 초 · 중학생으로 기별 20명 내외였다.

(5) 화정도서관에서 초등학생 상대로 매주 목요일 3시간씩 4주 토론게임(대립토론)교육 프로그램을 운영하였다.

(6) 대학생 건양대 동기유발학기(3월 1개월간 3학점): 토론게임(대립토론) 강의 및 체험하고 대회도 개최하였다.

(7) 한국국제대학교, 순천 대학교, 순천대 교육대학, 광주여대, 광주교육대(교육학과) 학생들에게 토론게임(대립토론) 강의 및 체험하기를 하였다.

(8) 동원교육재단: 자양라이프 아카데미 40여 명(대학에서 선발)에게 토론게임(대립토론) 강의 및 체험하기(6시간)를 진행했다.

(9) 흥사단 대학생아카데미: 전국에서 지도자로 선발된 대학생 30명에게 토론게임(대립토론) 강사교육을 실시하였다.(6시간)

2) 성인 대상 토론게임(대립토론) 교육(330여 회 강연)(8가지 프로그램 진행)

성인들을 교육하여 창의 인재 육성 교육활동을 할 수 있도록 토론게임(대립토론)교육 프로그램을 진행하였다.

(1) 초중고 교사 연수 프로그램.(학교를 찾아가서 연수, 교육연수원, 교육청, 캠프를 통해서)

초중고 교사 대상으로 토론게임(대립토론)교육이 이루어졌다. 일정 자격, 교감자격연수, 일반연수, 찾아가서 실시하는 교사 연수등 28년 동안 매년 50~80회 강의를 하였다.

토론게임(대립토론) 이론과 체험하기를 함께하는 연수였다. 찾아가서 진행하는 연수는 2시간을 학생들과 함께 직접 수업을 하고, 수업을 참관한 후 이어서 연수가 진행되는 방법으로 이루어졌다.

(2) 대학 평생교육원에서의 토론게임(대립토론) 교육프로그램: 대상을 1정 자격 보건교사 일반교사 상대로 이루어졌다. (5개 대학)

(3) 학교와 기업체 및 제 단체의 학부모 교육프로그램: 학부모를 대상으로 토론게임(대립토론) 강좌를 실시하여 학부모가 토론게임(대립토론) 교육에 관심을 가지고 학생들을 지도하는 전이 효과를 가져오게 하였다.

(4) 회사원 교육, 일반인 교육프로그램: 이를 통해서 소통하는 사회를 만들어가는 데 토론게임(대립토론) 교육이 역할

을 하도록 하였다.

⑸ LG하우시스 전국 공장장 및 임원 교육프로그램: 임원과 공장장을 대상으로 6시간 토론게임(대립토론) 교육실시 하였다. 이후 승진을 위한 근무능력평가에 토론게임(대립토론)방법을 적용하고, 직원 자녀들에게 토론게임(대립토론) 교육을 실시하기 위해서 사내에서 적용하기 위해서 초청교육을 실시하였다.

⑹ 서울정독도서관, 진주마하도서관 교육프로그램: 학부모 대상으로 토론게임(대립토론)교육(3시간)을 하였다.

⑺ 진주보건대학교 교수역량강화 교육 프로그램: 《글로벌 인재 토론게임(대립토론)으로 키운다》교수법-토론게임(대립토론)교육방법 체험하기를 중심으로 교수 역량강화(토론형 교수법)를 위한 연수 프로그램을 기획, 운영하였다.

교수 개인별로는 1일차 및 4일차 수업(3시간+1시간) 이론 후 실습(2시간), 참관(2시간)으로 총 8시간 이수토록 하였다. 총 4일간 진행한 이색 프로그램이었다는 평을 받으며 큰 성과를 거두었다.

⑻ 흥사단 지부장 토론 지도자 양성 프로그램: 흥사단의 토론지도자를 양성하기 위해 토론게임(대립토론)교육을 실시하였다. 50여 명의 흥사단 지부의 지부장 및 임원 교육으로 토론게임(대립토론) 교육을 실시하였다. 필자가 강의 책임을 맡았다.

4. 창직을 돕는 활동

창직 활동으로 토론게임(대립토론) 지도사를 양성하는 활동을 하고 있다.

1) 온라인을 통해서

토론게임(대립토론)을 전파하기 위해『토론게임(대립토론): 디베이팅(온라인 강좌)』을 운영하고 있다.

28여년 동안 직접 디베이팅: 토론게임(대립토론) 적용 수업을 하며 얻은 노하우와 연 330회 이상 전국 강의 경험을 바탕으로 한 온라인 강좌를 운영한다.

맘스쿨 http://www.momschool.co.kr/에서 "강의실"에 들러서 "지도자과정"을 클릭하여 강의를 들을 수 있다.

2) SNS를 통해서

블로그(4월 11일 현재: 방문자 130,316명), 페이스북, 카톡, 카카오스토리, 밴드, 이메일 등을 통하여 토론게임(대립토론)연구 및 지도의 노하우를 공유하여 토론게임(대립토론)의 저변확대를 위해 노력하고 있다.

3) 박보영토론학교 운영(7가지 프로그램)

2009년 이후 지금까지 "토론의 달인 세상을 이끈다."라는 신념을 가지고 전국에 전파하고 있다. 좀 더 체계적이고 효과적으로 토론게임(대립토론)을 교육하기 위하여 우리나라 최초의 토론학교Debating School를 설립하였다. 아래와 같은 7가지 목적을 달성하기 위한 토론학교는 외형적인 학교 건물 형태를 갖추지 않고 프로그램만을 운영하는 학교였다.

(1) 국내 최초로 토론학교를 설립하여 "글로벌 인재"를 육성한다.
(2) 초 · 중 · 고 각급 학교에 토론게임(Debating)교육을 보급하는 활동을 전개한다.
(3) 토론문화를 정착시켜 소통하는 사회의 기틀을 마련한다.
(4) 유능한 인재를 키워내는 '혁신교육도시'로 자리매김한다.
(5) 강좌를 개설, 운영하여 일자리 창출 및 관광사업에도 기여한다.
(6) '혁신교육도시'에 교육을 위해서 찾아오는 교육인구 유입 전략으로 발전시킨다.
(7) 단위 행정 지역민의 해결과제를 주민 스스로 자율적인 해결책을 마련한다.

토론학교Debating School에서는 7가지 프로그램을 운영하고 있다.

【제1프로그램】 초 · 중등학생을 위한 토요 토론교실Debating Class

【제2프로그램】 초 · 중등 학생을 위한 두 계절 토론 캠프 Debating Camp

※프로그램 1, 2는 학생들이 토론기법을 익히고 토론에 열

중하여 토론능력을 키우는 프로그램이다.

【제3프로그램】 토론학교Debating School 교사, 학부모강좌

【제4프로그램】 교사를 위한 찾아가서 진행하는 토론학교 Debating School

【제5프로그램】 토론학교Debating School 온라인 강좌

※프로그램 3, 4, 5는 교원, 교육전문가, 교장, 방과 후 교육 지도사, 학부모가 토론기법을 익혀서 학생들을 지도하는 데 도움을 주는 프로그램이다.

【제6프로그램】 토론게임(대립토론)교육 전문 지도사 양성 과정 운영

※프로그램 6은 토론교실Debating Class을 개설하여 학생들을 지도할 수 있는 토론게임(대립토론) 전문 지도강사를 양성하는 교육 프로그램이다.

【제7프로그램】 "아이를 인재로 키우는 방법" 명품 문화 강좌

성인을 대상으로 4회(회당 2시간)를 한 주기로 강좌를 운영하고 강좌를 마친 후에는 기수별 모임을 조직하여 자체활동 계획에 따라 토론 관련 활용을 하도록 지원하는 프로그램이다.

5. 토론게임(대립토론) 협력 학교 MOU 체결

한국 토론게임(대립토론)협회와 순천 외서초등학교와 여수 쌍봉초등학교(교장 한미희)가 '토론게임(대립토론) 협력 학교' MOU를 맺어 학교에서 토론게임(대립토론)교육 활동이 이루어

지도록 협력하고 있다.

한편 계속해서 토론게임(대립토론) 협력학교의 수를 늘려가며 MOU를 맺어 운영하며 토론게임(대립토론)을 널리 전파하고자 한다.

8부
이제 무슨 일에 나를…

1. 또 다른 도전을 위하여

1) 지리산 둘레길(2012년 12월 1일~2013년 11월 23일)

지리산의 대소동인가, 젊음+지공도사의 건강 과시인가?

와! 해냈어요.

2012년 12월 1일 지리산 둘레길 걷기 프로젝트를 시작하여 1년 만에 지리산 둘레길 274km 걷기 드디어 11월 23일 토요일 대단원의 종지부를 찍었다.

지리산 둘레길 걷기 종지부를 찍던 날은 이렇게 걸었다.

오전 8시에 9명이 마음을 설레며 성당에 모였다.

인원을 점검하고 오늘의 코스를(밤재-난동마을) 걷기 위해 밤재로 향했다.

오늘은 여느 때와 달리 모두 같이 걷기로 하고 승용차 2대에 나누어 타고 밤재 출발지로 달렸다.

이희상 프란체스코, 송종헌 안토니오 차를 이용하였다.

참석자는 이희상 프란체스코, 송종헌 안토니오, 박보영 유스티노, 강기태 토마, 하경환 베드로, 유현 파스칼, 송영하 아가다, 김만규 대건 안드레아, 최종문 안토니오 등 9명이다.

9시 14분에 밤재 터널 부근에서 걷기 시작하였다.

오늘은 밤재에서 난동삼거리까지 16.8km 코스였다.

마지막 날이라서 그런지 대원들의 몸이 펄펄 날았다.

난동마을까지 가을 단풍을 못내 아쉬워하며 그리고 마음껏 감상하며 걷고 또 걸었다.

오늘의 코스는 밤재에서 난동 쪽으로 걷는 것이 조금 수월하다.

혹시 어느 쪽이 어렵고 쉬우냐를 따질 때는 참고해주기 바란다.

지나온 이야기를 나누며 행복한 지리산 둘레길 걷기는 이어졌다.

아쉬움을 달래며 또 다음 프로젝트를 서로 나누기도 하며 걸었다.

11시 40분경 난동마을 4km정도를 남겨둔 산 중턱 지점에서 조금 이른 점심 자리를 폈다.

송종헌 안토니오 형제님이 준비한 꽁치통조림을 넣고 끓인 김치찌개는 정말로 맛이 있었다.

모든 대원이 한 숟가락이라도 더 먹으려는 눈치들이었다. 체면을 생각하여 망설이는 눈치!

누가 모를쏘냐!

오늘은 함께 걷기에 종전에 해오던 점심시간에 자동차 키 교환식은 없었다.

서로가 준비한 반주 종류도 다양했다.

홍주, 산수유막걸리, 둘레길 막걸리, 인삼주, 솔주, 맥주, 매실주….

그리고 과일도 다양했다.

필자가 준비한 과일을 내놓을 기회조차 잡지 못하고 배낭 속에서 과일이 울고 있었다.

이렇게 점심을 먹고 다시 난동마을을 향해 걷는데 여느 때와 다르게 거리도 짧고 내리막의 연속이므로 쉬운 둘레길, 재미있는 둘레길, 힐링 둘레길, 가벼운 둘레길이 되었다.

3시 40분경에 목적지 난동마을에 도착하여 해냈다는 우렁찬 환호와 함께 미리 준비한 완주 환영 플래카드를 들고 기념사진 촬영에 몰입했다.

아름다운 정경이었다.

드디어 장장 지리산 둘레길 274km 걷기 완주에 성공했다.

인내와 열정과 건강의 열매였다.

아니 지리산의 대소동인가,

젊음+지공도사(지하철 공짜로 타는 사람: 만 65세 이상-그 누구일까?)의 건강 과시인가?

잠시 기다리는 동안 온당마을에 있는 화가마을에 들러 커피숍에서 그곳 예술인과 담소를 나누며 커피 한잔을 하는 자리도 매우 의미 있고 행복했다. 커피 향도 매우 그윽하고 분위기도 짱이었다.

정말로 행복한 시간들의 연속이었다.

이어서 마산면 사도리 상사마을에 위치한 필자의 집에서 지리산 둘레길 완주 기념 바비큐 파티에는 저녁 늦게까지 모두가 함께하였다.

완주기념 플래카드에 사인하기, 케이크 자르기, 건배, 그동안 촬영한 사진을 동영상으로 만들어 빔 프로젝터를 활용하여 추억 사진 감상시간으로 이어졌다.

감상시간에는 1년의 산천의 변화, 복장의 변화, 표정의 변화, 곳곳에 펼쳐져 있는 아름다운 볼거리 등등을 보면서 정신 못 차릴 정도로 재미있어하며 서로 이야기를 나누고 서로 웃고 하는 시간이었다.

각자의 가슴에는 여러 가지 감회가 스쳐 갔다.

중요한 것은 우리는 해냈다는 것이다.

이 기분 영원히 계속하기를 기도한다.

모두가 행복한 시간이었다고 입을 모은다.

그리고 지리산 둘레길 숲길 체험지도사인 김득우 씨가 함께 자리를 하여 더욱 의미가 있었다.

필자의 집 정문 옆에 지리산 둘레길을 완주한 기념으로 구례를 상징하는 산수유 한 그루를 기념식수했다.

그리고 "필자는 지리산 둘레길 274km를 완주했기에 그 기념으로 이 나무를 심노라! 2013년 11월 23일 소산 박보영"이라고 써 놓았다.

혹시 이곳을 지나 지리산 둘레길을 걷는 동호인들은 관심을 기울여 주기 바란다.

******

함께한 대원들의 소감을…

지리산 둘레길!

총 274km를 함께하는 동안 내내 행복하고 즐거웠었습니다 ~^^

기다림과 설렘…

자연의 아름다움에 반하고 자연의 이치에 순응하며 걸어왔던 1년의 짧다면 짧고 길다면 긴 시간 속에서… 함께했던 시간들… 잊지 못할 것입니다~

특히 이 모임을 이끌어왔던 회장님, 대장님

그외 모든 분들~ 감사하고 고맙습니다!

항상 건강하시고

주님 은총 아래 늘 평안한 나날 되시길 기원합니다.

****

또 다른 대원은

저는 첫 구간부터 함께하지는 못했지만 모든 구간을 함께한 느낌입니다.

앙상한 나뭇가지에 돋아나는 생명력을 보았을 것이고 녹음방초를 느끼며 많은 땀을 흘렸으며 한 잎 두 잎 물들어 가는 단풍의 절정… 소복이 쌓인 눈밭을 걸으며 자연의 신비에 고개를 숙이기도 하며 걸어온 길.

눈이 부시도록 화창한 날이 있었으면 궂은 날도 있었지요.

비를 맞으며 바람을 가르고 등에 지고 힘들었던 시간도 받아들이는 모습을 보며 숙명이란 단어도 생각했던 시간이었습니다.

걷다가 삼종기도를 바치는 모습에서

어느 공동체에서도 볼 수 없는 경험도 했습니다.

이 모든 시간에 감사드리며 제 마음에 또 하나의 소중한 추억으로 간직하렵니다.

열정이 넘치는 회장님, 존경합니다. 그리고 사랑합니다.

*공개한다.

지리산 둘레길 전 구간을 완주하기 위하여 기울이는 필자의 노력.

지리산 둘레길 전 구간 걷기를 목표로 일곱 번째 날을 보냈다.

5월 1일은 그 여덟 번째 날이다.

지난해 12월부터 지리산 둘레길 전 구간 걷기를 위하여 평소에 몸을 단련하는 방법을 공개한다.

*계단 오르기

내가 사는 집은 아파트 8층에 있다.

항상 10층 이하를 올라갈 때는 걷는다. (이시형 박사의 권유로…)내려올 때는 엘리베이터를 활용하지만….

하루에 몇 번을 오르내려도 이것은 꼭 지키려 노력한다.

*국궁장 비탈길을 걸어서 가기

체력단련과 정신수양을 위해 국궁을 시작한 지 3년째 된다.

아주 잘했다고 생각한다. 하지만 늦게 시작한 것이 후회된다.

필자가 다니는 국궁장이 가야산 중턱에 자리하고 있다. 국궁장까지는 승용차로 갈 수 있다.

하지만 중간 지점의 주차장에 두고 비탈길을 걷곤 한다.

*해변도로 매일 5km 이상 걷기

국궁연습이 없는 날은 저녁에 해변도로를 걷는다.

5.2km정도이지만 50분 정도 걸린다.

웨이트 워킹한다. 지리산 둘레길 걷기에 큰 도움이 되고 있다.

*가야산 둘레길 걷기로 워밍업한다.

지리산 둘레길 걷기 며칠 전 가까운 곳의 둘레길을 걷는다.

워밍업을 위해 걷는다.

이 글을 읽으면 오로지 지리산 둘레길 전 구간 완주를 위해 목매는 사람같이 생각되지만 필자의 건강을 위해 걷는 것이 매우 좋기에 걷는 것이다.

지금껏 그래 왔지만 앞으로도 계속 걷고자 한다.

2) 산티아고 순례길(2016년 4월 11일~5월 12일)

31박 32일 산티아고 순례길 800km를 걷고 나서 지인으로부터 질문을 받았다.

"걷고 나니 무엇이 달라졌나요?"

또 하나의 도전을 마쳤다. 필자의 어제와 오늘과 내일의 삶을 돌아볼 수 있었다.

좀 더 한 살이라도 젊어서 걸었으면 하는 아쉬움과 그래도 또다시 걷고 싶은 마음이 생겨서 기회를 만들어 다시 갈 것이다. 70평생을 살아오면서 잘한 일이기에 가능하면 다녀오기를 권장하고 있다. 좀 더 자세한 이야기는 출판 예정인 "산티아고 순례길을 걸으면서, 아버지/아들의 마음나누기"를 보면 좋겠다.

아버지는 40여 년 동안 교육자의 길을 걷다가 정년퇴임하고, 대립토론 교육 전문가로 활동하는 70대이고 아들은 호주 유학을 다녀와서 직장을 접고, 아버지와 함께 순례길을 다녀온 30대 젊은이로서 '아버지와 아들의 마음나누기'를 중심으로 산티아고 순례길 이야기를 펼쳤다.

3) 삼청산과 황산 트레킹(2017년 8월 31일~9월 4일)

중국 삼청산, 황산 트레킹은 가을에 떠나기 좋은 중국의 명산 중에서도 가보고 싶은 곳 1위로 꼽히고 있는 곳이다. 중국에는 아름다운 절경이 펼쳐지는 명산들이 많은데 중국의 삼청산과 황산은 그중에서도 관광과 등산을 동시에 접할 수 있는 곳이기에 트레킹하려고 7명이 팀이 되어 다녀왔다.

황산은 세계 3대 트레킹 코스 중 하나라고 한다.

황산의 4대 절경으로 운해, 기암괴석, 소나무, 온천을 말한다.

삼청산과 황산의 코스는 대부분 서해대협곡, 몽필생화, 비래석 등 여러 가지를 둘러볼 수 있는 코스로 정해져 있다. 서해대협곡은 아름다운 비경이 집중되어 있는 코스로 아찔한 낭떠러지에서 잔도를 이용하여 산새를 구경하는 코스인 것은 사실이다.

구경이라기보다는 아찔한 잔도를 무사히 통과한 것만도 크게 감사할 일이다.

그 다음은 계단이다. 수만 개의 계단이라고 한다. 아마도 7천 개 이상은 밟은 것 같다. 돌계단은 두 종류이다. 자연석을 가지고 만든 계단과 낭떠러지에 철근을 박아서 인공적으로 만든 잔도의 계단이다.

그런데 필자의 뇌리에 박힌 것은 그 계단들의 경사가 문제다. 90도는 아니더라도 거의 90도는 되리라고 보는 경사의 계단을 오르고 내리는데 그 고통은 인내의 한계를 넘어선다.

단 1초라도 정신을 다른 곳에 두었다가 헛발이라도 디딜 참이면 대형사고로 이어질 수 있다.

이곳에서는 황산의 아름다운 기송과 괴석을 구경하면서 체험할 수 있고, 봉우리들 사이로 보이는 운해도 같이 볼 수 있기는 하지만 제대로 보았는지….

다음으로 꼽는 몽필생화는 황산의 유명관광지인데, 뾰족하게 솟은 석봉 가운데에 굽은 고송 한 그루가 그늘막을 해주고 있고, 봉우리 아래에서 잠시 쉬고 가는 코스가 있다. 쉬는 참에 이곳에서는 감상을 제대로 했다. 평생 처음 보는 절경, 글로 표현할 수 없다.

약 14억년 전 지질변화를 거쳐 형성된 삼청산(三靑山)의 자연경관은 현존하고 있는 화강암 밀집군 중 가장 크고 아름다운 절경을 어찌 설명할 수 있겠는가?

중국 장시성(江西省)에 위치해 있는 산으로 황산과 함께 중국의 명산으로 꼽히는 곳이다. 거칠고 강렬한 느낌의 황산과는 달리 여성적이고 부드러운 느낌을 가지고 있다. 케이블카를 타고 올라가 아찔한 절벽을 따라 만들어진 고공잔도를 천천히 걸으며, 마치 구름 속을 산책하는 듯한 아름다운 풍경을 감상할 수 있는 여유가 특별해지는 산행코스였다.

하지만 필자의 머릿속에는 아슬아슬한 고공잔도, 아찔한 낭떠러지, 급경사인 돌계단만으로 꽉 차 있는 듯하다. 삼청산 황산을 트레킹하고 나면 세상이 무서울 것이 없는 듯하였다.

나이 73세에 다녀왔으니 스스로 해냈다는 자부심을 갖는 것도 당연하지 않은가?

4) 한라산 등반(1994년, 2002년, 2015년, 2018년)

2018년 1월 28일 한라산 등반일이다. 전날까지는 날씨가 맑고 따뜻했다. 들뜬 기분으로 아침 일찍 눈을 뜨자마자 창밖을 보니 날씨가 심상치 않았다. 컴컴한 새벽이라 잘 보이지는 않지만 눈발이 날리는 것이 아닌가?

4번째이기는 하지만 73세의 나이에 한라산 등반을 과연 해낼 수 있을까 하며 긴장하고 있는데 눈이 내리다니….

6시경 출발하는데 함박눈이 퍼붓기 시작하더니 제주도의 눈은 장난이 아니다. 쏟아지기 시작하더니 짧은 시간에 차에 체인을 감지 않으면 운행을 할 수 없을 정도가 되어간다. 언덕이 많은 도로이기에 교통을 부분 통제하거나 체인 없이는 다니지 못하게 하였다. 다행히 우리 일행은 전날 점검을 했기에 갈 수 있었다. 어렵게 성판악 등산로 입구에 도착하니 등산객으로 대혼잡을 이루고 있었다. 눈이 거의 무릎까지 쌓였지만 등산객으로 인해 눈길은 잘 뚫려 있어 등산에는 별 지장 없이 아름다운 눈경치를 감상하며 멋진 등반을 할 수 있었다.

한라산 동쪽 코스인 성판악 탐방로로 한라산에 올랐다가 하산은 관음사 탐방로로 하기로 했다. 한라산 정상인 백록담에 오를 수 있는 탐방로 중에 가장 긴 9.6㎞이며, 편도 4시간 30분이 소요된다고 하지만 눈길이기에 시간은 예측 불가다.

성판악관리사무실(해발 750m)에서 출발하여 속밭, 사라오름 입구, 진달래밭 대피소를 지나 정상까지는 대체적으로 완만한 경사를 이루어 큰 무리는 없으나 왕복 19.2km를 걸어야 하기 때문에 체력 안배에 많은 신경을 써야 했다. 하산은 관음사 코스로 잡았지만 이 코스는 가파르다. 필자에게는 무리한 코스라고 할 수 있다.

진달래밭 대피소까지는 그런대로 재미있게 갈 수 있었다. 대피소에서 커피 한잔하고 마음을 단단히 먹고 가파른 정상 등산에 도전하였다. 눈길이라 무척 어려웠다. 하지만 정상에 도착하니 날씨가 우리를 가만히 두지 않았다. 가지고 간 끓는 물도 거의 다 식어서 일회용 국수를 불릴 수조차 없었다. 물을 부었지만 국수가 불지 않고 철사처럼 된 국수를 씹어 넘겨야 했고 세차게 부는 눈보라는 땀이 난 몸을 얼어붙게 만들었다.

바람을 피해 햇볕에서 기능성 내의를 말리는 둥 마는 둥 옷을 추스리고 기념사진을 찍기 위해 백록담 보이는 포토존에 섰다. 차례를 기다려 쫓기듯이 사진을 찍고 다음 사람에게 자리를 내어 주어야 한다. 그래도 감격스럽게 눈 덮인 백록담을 바라보며 잠시 감사하는 생각에 잠겼다가 관음사 코스에 접어들었다. 코스가 매우 가파르고 험했다. 아주 조심스럽게 눈 쌓인 하산 코스를 내려오는데 그래도 그 아름다운 경관은 모두를 감동케 한다. 그 코스에는 눈이 더 많이 쌓여 70 평생 처음 보는 장관이 펼쳐졌다. 비닐부대를 깔고 썰매를 타고 내려가며 아이들처럼 즐기는 모습은 더 흥미롭게 만들기도 했다. 사진에 담으랴, 눈경치 즐기랴, 눈썰매 타랴, 깔깔대고 즐기랴 너무 재미있게 하산하였다. 무사히 한라산 등산을 끝낸 것에 감사한다. 관음사 탐방로 입구에 도착하니 어두워지기 시작하였다.

한라산은 등산할 때마다 새로운 감정과 느낌을 갖게 하는 멋진 산이다. 무사히 등산을 마쳤다는 안도감과 함께 아름답고 행복한 감정을 느끼게 하니 한라산을 찾게 되는구나!!!

5) 천왕봉 등반(2004년, 2013년, 2018년)

2013년 12월 초 지리산 천왕봉에 오르기로 하고 날짜를 조정하는 시간이다.

내가 오를 수 있을까?

더구나 눈 오고 추운 겨울 날씨에 이 나이에 이 몸으로 오를 수 있을까?

주위의 동료들의 권유로, 떠밀림으로 날짜를 12월 14일로 결정하였다.

다른 모든 일에 자신을 갖는 나이지만 이 일은 끊임없이 망설여진다.

그때부터 내가 사는 8층까지는 물론이고 서울 등 대도시의 건물이나 지하철 이용 시 에스컬레이터 등을 이용하지 않고 올라갈 때는 무조건 걸어서 오르기를 했다. 다리의 힘을 기르고 백운산 등 둘레길 걷기를 틈틈이 하면서도 망설임은 전날 밤까지 이어졌다.

종합검진 때 좌심실이 조금 부었다는 이야기를 되살리며 단골 병원에 의사와 상담까지 하면서 빌미를 찾느라 궁색한 행동을 하는 나 자신이 창피하기도 했다.

만약에 가지 않는 것이 좋다는 말만 떨어지면 얼씨구나 하고 그만둘 속셈으로 전화 상담을 하니 못 갈 것은 아니지만 조심하라는 말이다.

핑계 댈 것이 없었다.

또 나 때문에 이 날짜를 정한 것이다.

새벽 5시 50분 동행하는 프란치스코가 차를 태우러 온다고 하니 준비를 서둘러 나갈 수밖에….

10여 년 전 등반을 했다가 무척 고생을 했기에 더욱 망설여지는 것이다.

그러나 도전하고 싶다.

성당에서 6시 12분에 6명이 함께 출발하였다.

중산리까지 1시간여 걸려서 도착하였다. 드디어 등반 시간이 되었다.

통천문(하늘로 통하는 문)에서 천왕봉 정상까지는 5.4km, 동료들이 천천히 나의 속도에 맞추어 걷겠다는 것이다.

약 4시간을 목표로 걸으면 무난할 것이라는 대장의 말이다.

1km까지는 그런대로 앞에 서서 잘 걸었다.

많은 등산객들도 함께했다.

점점 힘이 들기 시작하더니 정상 1.4km 남기고는 내 발이 이렇게 무거울 줄이야!!!!

한 발자국을 떼어 놓기가 힘들었다.

숨은 턱밑까지 찼다.

'나는 할 수 있다'고 속으로 다짐하기도 하고

이 나이에는 무리인데…??

그래도 정상에 서면 또 다른 쾌감이 있겠지.

'해냈다'는 성취감도 있을 것이고…

아이들에게도 아버지의 의지를 보여 주어야 하겠다는 생각들…

정말로 오만 가지 생각으로 머릿속은 꽉 차고…

그래도 해보자.

뒤에는 이희상 프란치스코 대장과 유현 파스칼이 계속 나와 보조를 맞추며 걷고 있었다.

미안하기도 했다.

정말로 죽을힘을 다해 한 발 한 발 내딛지만…

가다 쉬고, 가다 쉬고… 연속되었다.

개선문을 통과하고 천왕샘에 다다라 맑은 찬물을 한 바가지 마시니 기운이 저절로 솟아나는 듯했지만…

다시 열 발자국 걷기가 힘들 정도였다.

개선문 이후 거의 80도 경사를 오르기에 최후의 남은 나의 힘을 다하였다.

드디어 정상에 섰다.

다리의 힘은 모두 소진되었지만 천왕봉 비석 돌을 껴안고 해냈다는 쾌감은 누구도 느끼지 못하는 감정이었다.

올라오면서 쉬엄쉬엄 보는 눈 쌓인 경치는 장관이었다. 복 받은 날이었다.

맑고 쾌청하여 밝은 햇빛에 빛나는 눈경치는 모두들 탄성을 지르며 찰칵찰칵….

제석정을 통과, 장터목 산장으로 내려와 점심을 먹었다.

그런데 정상에서 300여 m를 내려왔을 때 갑자기 다리에 힘이 빠지고 눈이 스르르 감기며 잠이 오는 듯하고 도저히 발을 움직일 수 없었다.

기운을 차리려 해도 도저히…

당이 떨어진 것인지, 저체온증인지…

이때 동료 유현 파스칼이 초콜릿과 사탕을 주었다.

먹고 나니 조금씩 기운이 생기기 시작했다.

처음 느끼는 허기짐에서 오는 기진맥진, 어찌할 바를 모를 지경이었다.

유현 파스칼에게 감사한다.

그리고 생전 처음 느끼는 허기짐.

이렇게 사람들은 굶어 죽는구나!

처음 체험하는 순간이었다.

삶의 아름다움을 그리고 죽어가는 것이 어떤 것인가를 체험하고 나니

오늘 등반은 나에게 참으로 의미 있는 시간을 만들어 주었다.

점심 후 약 3시간 걸려 중산리에 오후 4시 15분경에 도착하였다.

드디어 해냈음을 뿌듯하게 생각하고 같이 간 동료들에게 감사한다.

6) 지리산 종주(2018년 6월 1일~6월 2일)

나에게는 한없는 꿈이었다.

해보자 아니다 접자, 수십 번 마음이 오락가락하였다.

나의 의지와 체력 용기 결단 인내를 시험하는 일대 사건으

로 나는 생각한다.

지리산 둘레길 274km를 완주하였고 한라산도 오르고, 산티아고 순례길 800km도 완주했지만 그래도 지리산 종주를 한다는 것은 쉽게 여겨지지 않는다.

초조하고 설레고 두려움마저 갖게 한다.

더구나 2박 3일이면 해 볼만하지만 1박 2일은 그저 힘들고 어렵게만 느껴진다.

나이가 73세라는 적지 않은 나이이다 보니 나도 모르게 움츠러듦은 어쩔 수 없었다.

같이 가는 사람들이 용기를 불어넣는다.

한번 해 보자!

6월 1일 오전 2시 45분에 집에서 나섰다.

구례에서 3시 40분 노고단행 버스를 타야 했다.

3시 30분에 구례버스터미널에 도착하니 서울에서 밤차를 타고 온 동행자 이희상 프란치스코가 기다리고 있었다.

지리산 종주를 6~70번 이상 했고 무박종주도 몇 차례 했던 산행의 달인이다. 마음이 놓인다.

이희상 프란치스코 보살핌으로 지리산 둘레길도 완주하였고, 눈 덮인 지리산 천왕봉 등산도 했던 터라 어쩐지 해낼 수 있을 것 같은 용기와 힘이 생겼다.

차에 오르니 산행을 하기 위해 20여 명이 타고 있었다.

아!

이렇게 지리산 종주하는 사람들이 많구나.

종주는 이렇게 출발하는구나.

더욱 가슴이 설렌다.

해보자.

단단히 마음을 다진다.

4시 17분에 성삼재에 버스가 도착하였다.

초조하고 설렘으로 굳은 몸을 풀었다.

손전등 불을 밝히며 걷기 시작한다.

초반의 길은 아름답고 걷기 좋고 편안한 둘레길 정도라고 할까.

그러나 닥쳐올 험난한 길, 오르막길, 어느 정도인지는 모르지만 마음을 놓을 수 없다.

긴장하며 걷는다.

임걸령 샘물에 다다르니 최상의 기분이다.

날씨는 최상이고 햇볕도 가려진 그늘 속을 걷는 길이기에 너무 행복했다.

그러나 그런 기분은 잠시.

오르기 시작하고 돌길, 바위길 계단을 걸어야 하고 내리막과 오르막길, 안전한 길과 험한 길이 다양하게 나에게 닥쳐온다. 그러나 이 길을 누가 걸어 주는 것은 아니다.

내가 걸어야 하고 한 걸음 한 걸음 걷다 보면 종주를 할 수 있다는 마음가짐이다.

종주하고 쓴 글들을 읽어 본 터라 더욱 긴장이 되었던 것이다.

힘들고 숨을 몰아쉬며 걷다가 잠시 쉬면 함께 기다려주는 동행자들이 있어 다시 기운을 내어 걷곤 하였다. 첫날 목적지 세석산장에 오후 6시에 도착하였다. 결국은 나 때문에 2시간 정도 늦게 도착한 셈이다. 지친 다리를 끌고 산장에 도착하니 많은 산악인들이 즐기며 식사를 준비하는가 하면 맛있게 저녁 식사를 하며 행복한 시간을 보내고 있었다.

우리 팀도 간단히 땀을 정리하고 꿀맛 같은 저녁 식사를 하였다.

이제 국립공원에서 술을 마실 수 없는 것이 조금 서운하였다.

동료들은 별을 보러 숙소에서 나갔지만 난 다음 날이 걱정되어 다리, 발 마사지에 돌입하였다.

다음 날 드디어 천왕봉에 이르는 아주 어려운 코스를 맞는다.

처음부터 오르는 길이다.

막판에는 죽을힘을 다해 오르는 급경사 오르막길.

3번째 오르는 천왕봉이지만 갈 때마다 기분이 다르고 기쁨이 다르게 느껴지는 천왕봉이다.

정상에 올라 바라보는 사방의 경관은 이루 글로 표현할 수 없다.

쾌감 또한 표현할 수 없다.

나만이 느낄 수 있다. 영원히 머무르고 싶다. 누구에게 전하고 싶다.

언제 또 올 수 있겠는가 생각하니 더욱 머무르고 싶다.

날씨마저 우리에게 축복을 내리는가 보다. 아주 맑고 깨끗하고 상쾌하며 최상의 날씨였다.

감사! 감사하는 기도가 저절로 나온다.

해냈다는 성취감 영원히 기억하리라.

지리산 종주를 가능케 한 것은 이희상 프란치스코, 송종헌 안토니오, 진민장 요셉, 안화수안토니아 그리고 안해(아내), 또 사모님들 덕분이다. 너무너무 감사한다.

안화수 안토니아 자매님은 우리 일행을 새벽에 광양에서 구례까지 픽업을 해 주었다. 그리고 산청까지 우리를 태우러 와 주었기에 편안히 지리산 종주를 할 수 있었다.

감사해요.

지리산 종주를 무사히 마쳤다는 것은 나에게 커다란 의미를 부여해 준다.

앞으로 남은 생을 더욱 윤택하게 할 것이다.

어려움이 닥칠 때 생각하게 해 줄 것이고 나이는 숫자에 불과하다고 용기를 주는 데 한몫했으면 하는 희망을 갖게 한다.

늘 간직하고 있는 시를 공개한다.

종주 내내 기도하며 걸었지만 이 시를 생각했다.

맥아더 장군에 대한 일화다.

나이 들어가면서 참고하면 어떨까.

다 아는 사뮤엘 울만의 시이다.

맥아더 장군이 몇 살 때 한국전에 참전했는지 알 것이다.

그는 1880년생이다.

1950년 한국전쟁 때 그의 나이 만 70세 때다.

그가 집무실 벽에 놓고 즐겨 읽은 "청춘"이란 시를 소개한다.

⊙청 춘

사뮤엘 울만

청춘은 인생의
어떤 시절이 아니라
마음의 상태이다!

그것은
장밋빛 볼, 붉은 입술 그리고
유연한 관절의 문제가 아니다.

그것은
의지와
상상력의 우수성, 감성적 활력의 문제이다!
청춘이란?
인생의 깊은 샘의 신선함이다.
청춘은
욕망의 소심함을 넘는 용기와
타고난 우월감과
안이를 넘는
모험심을 의미한다!

"청춘"은 때때로
이십 세의 청년보다
육십 세의 노인에게 존재한다!

단지 연령의 숫자로
늙었다고 말할 수 없다!

우리는
황폐해진 우리의 이상에 의해
늙게 되는 것이다.

세월은 피부를 주름지게 하지만
열정을 버리는 것은
영혼을 주름지게 한다!

고뇌! 공포! 자기 불신!은
마음을
굴복시키고 흙 속으로 영혼을
되돌아가게 한다!

육십이든
열여섯이든
모든 인간의
마음속에는 경이로운 것에 대한 매혹,
무언가에 대한 끊임없는 욕망!
삶 속의 환희가 존재한다면

희망! 희열! 용기와
힘의
메시지를 갖는 한

그대의
젊음은 오래 지속되리라!

안테나가 내려지고
그대의 영혼이
냉소의 눈과 비관의 얼음으로
덮이면

이십 세일지라도
늙은 것이다!

그러나
그대가 안테나를 올리고,
낙관주의의 물결을 잡는다면
그대 팔십 세일지라도
청춘으로 살 수 있으리라!

이번 종주길 메모한 시간대별 이동 내용이다.

6.1(첫날)

03:00 광양 출발

03:30 구례 도착

03:40 구례읍 버스 출발

04:13 시암재 휴게소 통과

04:17 성삼재 버스 도착

06:35 임걸령 샘물 – 물 받고

07:15 노루목 – 반야봉 입구

07:35 삼도봉 – 아침 식사

08:30 화개재 – 뱀사골 갈림길

10:50 연하천대피소 – 물 받고

11:20 삼각고지

13:05 벽소령산장 통과

13:30 숲 속 점심

14:55 선비샘 – 물 받고

18:00 세석대피소 도착

6.2(둘째날)

05:45 세석 출발

06:10 촛대봉, 사진 찍으며 천천히 이동

07:00 전망 좋은 곳, 사진 촬영

07:40 장터목산장 도착

08:10 제석봉, 고사목 지대

09:05 천왕봉 도착

09:25 천왕봉 출발

10:00 개선문

10:40 법계사 통과

10:55 법계사 로타리휴게소 출발

12:00 장터목 갈림길 통과

12:35 통천문 통과, 하산 완료

14:20 광양 도착

7) 탈핵희망 국토 도보 순례(33일 650.3km)를 마치고

많은 어려움과 고통이 따르는 일임에 틀림없다. 더구나 겨울에 650.3km를 33일 동안 걷는다는 것은 힘든 일이라 예상은 된다. 몸과 마음, 건강, 시간, 용기, 참을성이 따르는 일이다. 나이 74세로 과연 해낼 수 있을까에 대한 염려도 없는 것은 아니다. 그러나 해야 하겠다고 결심한 나에게는 나만의 이유가 있다.

⑴ 성인들이 만든 원전, 후세들에게 재앙으로 물려주어서 되겠는가?

늘 학생들의 교육만을 생각하는 교육자로 50여 년을 살아오면서 과연 얼마만큼 학생들이 행복하게 교육받을 수 있게 해 주었는지 늘 반성하며 살고 있다. 노력하며 살고 있다. 금년이 교직에 발 들여놓은 지 50년이다. 그래서 또 다른 뜻있는 일을 해보자고 생각한 것이 "탈핵희망 국토도보순례: 33일. 650.3km"이다. 성인들의 판단 잘못으로, 성인들의 눈앞의 이득만을 생각하고 만들어 낸 원전 그러나 후세들에게는 큰 재앙으로 물려주게 되었으니 어찌 그냥 보고만 있어야 하는가? 반성하고 반성하며 속죄하는 심정으로 이 길을 택하였다.

⑵ 천주교 신자로서 정의로운 사회를 만드는 데 내가 몸 바쳐 일한 적이 있었는가?

적극적으로 참여했던 적이 거의 없다. 말로만 마음으로만 희생 봉사를 실천하는 신자의 삶을 살아왔다. 정의로운 사회를 만드는, 즉 사회교리 실현이라는 마음을 가지고 순례길을 걷는다. 몸 바친다는 심정으로 고통과 어려움을 참고 해내고자 "탈핵희망 국토도보순례: 33일, 650.3km"를 걸었다.

⑶ 대한민국이 원전 사고의 위험에서 결코 안전하지 않다는 것을 알려서 결국에는 원전을 폐기해야 한다는 것을 고하는 소리 없는 외침이요, 캠페인이었다.

소리 없이 외치는 3가지 사실에 귀 기울여야 한다.

① 한국은 유난히 원전비리가 많다.

불량품, 중고품, 검증서 위조 부품, 시험성적서 위조 부품 등이 납품되었다. 그리고 한국수력원자력(한수원) 전임사장, 지식경제부 차관과 장관까지 비리에 연루되었다. 이렇게 고위 관직에 있는 사람들까지 연루된 비리는 한국의 핵사고 확률을 특별하게 높이는 요인이라고 판단한다.

② 김익중 교수의 주장에 주목해야 한다.

전 세계 31개 국가에서 핵 발전을 하고 있다.

이 중에서 핵 사고가 발생한 국가는 미국, 소련, 일본의 세 나라다.

이 세 나라에서 운영하고 있는 핵발전소의 개수를 보면 세계의 1위는 104개를 운영하는 미국이다.

2위는 58개를 운영하는 프랑스, 3위는 54개를 운영하는 일본, 4위는 32개를 운영하는 러시아(사고 당시 소련은 러시아, 우크라이나 등 여러 나라로 구성되어 이들 국가 원전 개수를 합하면 66개), 그리고 23개를 운영하고 있는 한국은 5위이다.

흥미로운 것은 31개 원전 운영 국가들 중 사고가 있었던 나라는 모두 핵발전소 개수가 많은 나라들뿐이라는 점이다.

첫 번째 핵 사고를 일으킨 미국은 세계 1위이다.

두 번째 사고를 일으킨 소련은 66개로 세계 2위였다.

그리고 세계 3위인 프랑스에서는 사고가 일어나지 않았고, 4위인 일본에서 일어났다.

"핵사고가 모두 원자력 선진국에서는 일어났다"는 점 그리고 "원전 개수가 많은 순서대로 일어났다"는 점. 지구상에는 원자력 후진국이 많지만 이들 국가에서는 핵 사고가 한 번도 일어나지 않았다는 점 등이 흥미롭지 않은가?

핵사고가 원전 개수가 많은 나라에서 일어났다는 사실은 누구도 부정할 수 없다.

이것은 무엇을 의미하는가?

이것은 바로 "핵사고가 확률대로 일어났다"는 사실을 말해주고 있다.

원전 개수가 많으면 핵사고의 확률이 높아지는 것이고, 그래서 사고가 발생했던 것이다. 반대로 원전 개수가 적으면 사고의 확률은 낮았던 것이고, 그래서 핵 사고가 일어나지 않았던 것이다.

김익중 교수는 공통점은 발견할 수 없었지만, 핵 사고가 일어난 국가들의 공통점은 발견할 수 있었다.

그 공통점은 바로 "원전 개수가 많다"는 것이다.

이런 점으로 미루어 볼 때 "핵 사고는 앞으로도 확률대로 일어날 것이다. 즉 다음 핵사고 역시 원전 개수가 많은 나라에서 일어날 것이다"라는 사실에 특히 유의해야 할 것이다.

③ 핵산업계의 4대 거짓말을 알아야 한다.

■ 원자력은 안전하다.

세계 3대 핵사고, 특히 이웃나라 일본 후쿠시마의 끔찍한 핵 사고를 보면서 원자력이 위험하다는 사실을 전 국민이 뚜렷이 알게 되었다.

■ 핵발전소는 싸다.

핵 발전 사고는 일단 일어났다 하면 그 피해가 측정하기 어려울 정도로 크다.

미국 스리마일 원전사고, 소련 체르노빌 원전 사고, 일본 후쿠시마 원전 사고가 다 그랬다. 게다가 고준위 방사능을 내뿜는 '사용 후 핵연료'와 발생량이 많은 중 · 저 준위 폐기물 처리하는 데에는 적지 않은 비용이 든다. 수명이 다해서 폐기한 핵발전소를 안전하게 관리하는 비용도 만만치 않다. 여기에 발전소 인근 지역 주민들이 당하는 피해까지 제대로 계산해서 보태면 핵 발전의 비용은 더 늘어난다.

■ 재생 가능 에너지는 비싸다.

태양광은 매년 발전단가가 낮아지고 있다. 또한 풍력의 경우에는 이미 석탄화력 단가보다 더 싸다는 국가들이 제법 많은 정도이다. 기술 개발이 지속적으로 이루어지고 있으므로 앞으로 재생 가능 에너지의 발전단가는 더욱 낮아질 것으로 기대된다.

■ 재생 가능 에너지로는 충분한 전기를 생산할 수 없다.

전 세계가 핵 발전보다 거의 2배나 되는 전기를 재생 가능한 방법으로 생산하고 있는데 충분한 전기를 생산할 수 없다는 것인가?

⑷ 핵사고가 났다하면 반경 300km 안에 들어가는 지역은 방사능에 피폭된다는 것을 널리 알리기 위해서 걷고 비록 돌아오지 않는 메아리로서 사라질지언정 걷고 또 걸으면서 외치고 또 외친다. 한 사람이라도 우리의 소리에 호응해 주는 사람을 위해 걸었다.

⑸ 순례길에서 닥치는 아니 극복해야 하는 어려움과 고통은 이루 말할 수 없었다. 그러기에 우리는 순례길이라고 명하고 걸었다.

① 추위와 바람 ② 잠자리의 고충 ③ 먹을거리 ④ 걷는 고통 ⑤ 자기와의 싸움 ⑥ 해 보겠다는 의지의 소실 ⑦ 뜨거운 햇볕 ⑧ 찻길의 매연 ⑨ 달리는 차량에 대한 위험성 ⑩ 아스팔트 길을 걸으면서 몸이 받는 고통 등 우리가 참아내야 하는 어려움은 너무나도 많다. 하지만 참아야 하는 일들이다. 미리 예측했던 일이고 이를 참아내지 못할 것 같으면 애초 시작을 안 했을 것이다.

(6) 많은 분들의 기도와 성원은 우리의 힘을 돋구어주었다.

순례를 하면서 끊임없이 기도를 바친다. 순례 중 주변 사람들의 열렬한 성원을 받아 에너지를 충전하며 걸었다.

후원금을 주시는가 하면, 도착지 성당의 신부님, 교우들의 환대도 그렇고, 흙살이 목사님의 집밥 대접, 길 가던 자매님이 우리를 만나 차 대접을 해 주시는가 하면, 택시기사가 차를 세우더니 추위에 고생한다며 따끈한 커피 한 잔 마시라고 손에 돈을 쥐어주던 그 모습, 식사 제공, 잠자리 제공, 간식 제공 등 이루 말로 나열하기 힘들지만 우리의 가슴을 뭉클하게 만들며 우리의 힘을 돋아준다. 그러기에 어려움과 고통을 이겨내며 끝까지 순례길을 걸을 수 있었다.

(7) 하느님께서 함께하신다는 것을 체험하게 되었다.

"숙소만 정해놓고 진행하는 순례지만 다 해결되더라." 무엇을 먹을까? 무엇을 어떻게 해결하나? 과연 다음 구간에는 몇 명이나 모일까? 이 길을 끝까지 해낼 수 있을까? 날씨는 어떨까? 도착하면 문은 열려 있을까? 예산을 어떻게 충당할 수 있을까? 고민과 생각이 너무너무 많지만 오로지 숙소와 도착지만을 정해놓고 진행하지만 모든 문제들이 다 해결된다. 우리가 생각하기에는 신기할 정도다. 이 길을 걸으면서 순간순간마다 하느님께서 함께 하신다는 것을 체험하게 된다. 그저 기도하고 감사하며 이 길을 걷고 있다. 그러니 분명 우리의 외침 "탈핵!"은 이루어진다고 굳게 믿으며 기도하며 걷고 또 걸었다.

1단계로 한라산 등반, 제주도 일주 후 영광 핵발전소에서 전주 우전동 성당까지 순례를 마치고 설날 휴가를 지냈다.

이어서 2월 8일 우전동 성당에 오후 6시에 모여서 다음 날 2월 9일 전주 우전동 성당에서 광화문을 거쳐 임진각까지 16일 동안 2단계 순례가 계속되었다.

2월 24일 일요일 오후 4시 임진각에서 마침 미사를 드리고 오후 5시에 기자회견으로 탈핵 희망 국토도보순례: 33일 650.3km를 마쳤다.

제주 오마이뉴스 김광철 기자가 쓴 글을 인용한다.

> 이번 탈핵 순례길에서 특별히 주목을 받은 사람은 박보영 전직 초등학교 교장이다. 그는 천주교 신자로서 천주교 주교회의의 탈핵 입장을 지지하며 몸소 실천하기 위하여 탈핵 순례길에 나섰다. 고령에 최초로 이렇게 긴 거리를 강행군을 하다 보니 봉와직염을 앓았다. 다리가 붓고 죽은피들이 몰려 검은 반점들이 생김에도 불구하고, 병원을 몇 차례 들르면서 의사들의 만류에도 불구하고 완주를 하여 보는 이들을 놀라게 하기도 하였다.
>
> "주로 나이가 많은 사람들이 탈핵에 대하여 잘 이해를 못하는 것을 안타깝게 생각한다. 주위에 있는 전직 교장이라는 사람들도 그렇다. 핵 발전을 안 하면 당장 전기가 끊기는 줄 알고, '전기요금이 오르면 어쩌냐?'는 말을 하는 것을 들으며 이번 탈핵 순례길에 나서게 되었다. 아직도 많은 국민들이 핵 발전의 위험에 대하여 너무 무지한 것에 대하여 나 같은 사람이라도 이렇게 걸으면서 탈핵을 외쳐야 되겠다는 결심으로 참고 완주를 하게 되었다. 이렇게 완주를 하고 나니 힘은 들었지만 참으로 뿌듯하다는 생각이 든다."

탈핵은 생명 운동이다. 생명은 지켜져야 하며 생명 이상의 가치는 없다. 핵발전소와 핵무기가 있는 한 핵 사고는 언제든 일어날 수 있다. 생명을 지키기 위해 우리는 핵발전소와 핵무기를 폐기해야 한다. 2011년 후쿠시마 핵 사고는 인류를 향한 경고였다. 이제 핵문제는 단지 핵발전소를 더 이상 짓지 않거나 안전하게 관리하는 차원으로 해결되지 않는다. 핵발전소가 있는 한 핵사고 위험은 늘 존재한다. 핵으로부터 안전하기 위해서는 핵발전소와 핵무기를 폐기해야 한다. 성인들이 만든 핵발전소, 이로 인하여 일어나는 여러 가지 문제들은 분명 후손들에게 재앙으로 닥치게 된다. 크나큰 재앙을 후손들이 겪도록 남겨 줄 수 없다. 그러기에 속죄하는 마음으로 여러 어려움과 고통을 참아가며 '탈핵희망국토도보순례(33일 650.3km)'를 하게 되었다.

2019년 1월 11일부터 2월 24일까지 '탈핵희망국토도보순례(33일 650.3km)' 전 구간 무사히 마침에 감사드린다.

8) 앞으로는…

이제 두 가지 일을 위해서 노력하고자 한다.

우리나라에는 천주교 성지가 111곳 있다. 과연 가능할지는 모르겠지만 국내에 있는 천주교 성지를 순례하고자 한다. 남상범 요한은 2005년 11월 5일부터 2013년 4월 27일에 걸쳐 대한민국 12바퀴 30,000km를 몸과 마음으로 걸어서 성지순례를 하였다고 한다.

천주교 성지를 찾아서 나 자신의 신앙을 성찰하고 반성하며 박해 시기의 어려운 상황에서도 굳은 신앙심으로 사랑을 실천하며 살았던 신앙선조들이 계셨기에 오늘의 한국 천주교회가 있음을 배우기 위해서 한국 천주교 성지 순례를 계획하고 있다.

그리고 다시 산티아고 순례길을….

2. 건강은 이렇게…

은퇴 후의 활동을 위해서는 우선되는 일이 건강이다. 건강이 허락하지 않으면 아무 일도 할 수 없다. 무엇보다도 건강한 삶을 살아가는 것이 가장 중요하다고 본다. 사람이 죽고 사는 것은 인위적으로 할 수 없는 일이라고 할 수 있겠지만 그래도 건강하게 사는 것이 행복한 삶이고 아름다운 삶이 된다. 은퇴 후 아름다운 삶을 위해서 건강하도록 노력을 해야 할 것이다. 건강이라고 하면 육체, 정신, 마음, 영혼의 건강을 생각할 수 있다. 여기서 은퇴 후 나의 일을 위해서, 아름다운 삶을 위해서 필자가 하고 있는 육체적인 건강관리 방법을 이야기하고자 한다. 꾸준히 하고 있는 3가지 방법이다. 즉 F. I. C. 관련 음식을 피하고, 계단 오르기를 하며, 걷기 운동을 한다.

1) F. I. C. 관련 음식을 피한다.

F. I. C.관련 음식이라면 F=패스트푸드(Fast food), I=인스턴트 푸드(Instant food), C=카보네이트 드링크(Carbonated drink) 탄산음료를 말한다. 이와 관련 음식을 피한다. 15년 전부터 학생

들에게 F. I. C. 관련 음식을 먹이지 않기 운동을 펼치고 있다. 많은 연구를 토대로 볼 때 F. I. C. 관련 음식을 많이 먹는 학생은 집중력이 떨어지고, 성격이 신경질적으로 변하고, 참을성이 떨어지고, 비만증에 걸리고, 아토피의 원인이 된다고 한다. 심지어 ADHD환자가 되는 원인이 되기도 한다는 것이다.

그래서 이 운동을 펼치게 되었고, 이 운동을 펼쳐 많은 성과를 거두고 있다. 필자도 학생들 지도를 위해서 또 본인의 건강을 위해서 F. I. C. 관련 음식을 피하고 있다.

'간디의 약속'이라는 글을 읽고 더욱 굳게 지키고 있다.

어느 날 어머니가 아들을 데리고 간디를 찾아와 이렇게 간청했습니다.

"선생님, 아들이 설탕을 너무 좋아합니다. 하지만 건강에 나쁘다고 아무리 말려도 고치지 않습니다. 그런데 아들이 간디 선생님을 좋아해서 선생님이 설탕을 끊으라고 한 마디만 하시면 끊겠다고 합니다."

간디는 소년을 지그시 바라보더니 일주일 뒤에 다시 오라고 했습니다.

"저희는 아주 먼 곳에서 왔습니다. 지금 제 아들에게 설탕을 먹지 말라고 한 마디만 해 주시면 다 되는데요."

아쉬워하는 여인에게 간디는 일주일 뒤에 오라고 했습니다.

일주일 뒤에 약속한 날 그 어머니는 아들을 데리고 간디를 다시 찾아왔습니다.

간디는 소년에게 말했습니다.

"얘야, 설탕을 많이 먹으면 건강을 해치니 먹지 않는 것이 좋겠구나."
어머니는 고마워하면서 간디에게 물었습니다.
"선생님, 궁금한 게 있습니다. 일주일 전에 제가 아들을 데리고 선생님을 찾아뵈었을 때 왜 일주일 후에 다시 찾아오라고 하셨습니까?"
간디가 대답했습니다.
"실은 저도 설탕을 좋아합니다. 일주일 전에는 저도 설탕을 먹고 있었거든요.
아이에게 설탕을 먹지 말라고 하기 전에 제가 먼저 설탕을 끊어야 했습니다."

자신이 지키지 못하는 것을 강요할 수 없었기에 자신이 먼저 실행할 수 있을 때 남에게 권유하는 간디의 자세야말로 필자가 꼭 지키고 실천해야 하는 자세라고 판단한다.

2) 계단 오르기를 하며,

아파트 8층에 살고 있다. 밖에 나갔다가 집에 올라올 때는 항상 계단으로 걸어서 올라온다. 어디를 가든 10층 이하는 걸어서 올라간다. 도시에서 지하철을 이용하기 위해 올라갈 때만은 엘리베이터나 에스컬레이터 대신 계단으로 오른다. 내려갈 때는 아니다.

3) 걷기 운동을 한다.

건강한 노인의 상징 송해는 건강법으로 BMW를 이야기한다. 목욕Bath, 지하철Metro, 걷기Walk의 영어의 첫 글자다. 이를 철저히 실천하고 있다고 한다. 걷기 운동이 가장 좋은 운동임을 많은 사람들이 말한다. 필자는 1997년 8월 27일 이후 매일 5~6km를 걷고 있다. 요즈음은 늘려서 8km를 걷는다. 아마도 그 덕에 산티아고 800km 순례길도, 지리산 종주도 가능했다고 생각한다.

물론 뱃살 빼는 데에는 최고 좋은 방법이라고 확신한다.

걷는 운동은 습관이 되어야 하는데 처음 3일이 문제다.

갈등을 겪을 수 있다.

3일이 지나면 그 다음은 1주일이, 그리고 2~3주, 다음은 3개월이 습관으로 이어지는가 아니면 중도 포기냐는 관건이다. 3개월만 지나면 그 시간만 되면 자동으로 집에서 나가게 된다.

바로 습관으로 이어진 것이다.

그 고비를 잘 넘겨서 걷기를 생활화해 보자.

그야말로 추우나 더우나 눈이 오나 비가 오나 날씨와 관계없이 걷는다.

정말로 좋다!!!!!

건강은 건강할 때 지키라고 했다. 특히 은퇴 후의 건강은 누구나 잘 관리해야 한다.

3. 마음과 정신을 가다듬다

은퇴 후 일을 하며 정신과 마음이 혼탁해질 때가 있다. 이럴 때 자기관리를 잘 하지 않으면 쉽게 좌절한다던지 우울증에 빠지기 쉽다. 늘 마음과 정신을 가다듬어야 한다. 늘 긍정적으로 생각하며 희망적인 마음을 가지고 기쁨을 추구하며 살아야 한다.

이럴 때마다 필자는 크리스토퍼 제이미슨이 쓴 우리를 불행하게 하는 8가지 생각에서 긍정적으로 마음을 가다듬는 방법을 찾곤 한다.

삶에서 완전한 덕은 불가능하지만 여덟 가지 악한 생각을 자발적으로 받아들이는 일만큼은 줄여 나갈 수 있으리라 확신한다. 그 생각들에 사로잡히지 않겠다는 근본적인 선택을 할 수 있다. 그럼으로써 비록 깜박 잊거나 혹은 불시에 악한 생각의 영향을 받게 될 수 있을지라도 그 생각들을 거부하고자 하는 근본적인 선택만큼은 굳건하게 유지할 수 있다. 이 선택을 거듭 계속 함으로써 가능한 한 완전한 덕에 가까이 다가설 수 있다. 딱 한 번 그런 결정을 내리고 마는 것이 아니라 같은 선택을 몇 번이고 반복해야 한다. 이렇게 선택하고 다시 선택하는 것이 바로 마음의 순결이다.

이 기꺼운 덕행들을 삶에서 행하기 위해 무엇보다 먼저 악한 생각들을 이해해야 한다.

인간의 본성이 그러하니까.

불행하게 하는 여덟 가지 악한 생각들이다.

즉 육체에 관한 것으로 탐식, 음욕, 그리고 탐욕이다.

마음과 정신 안에서 일어나는 생각으로 분노, 슬픔 그리고 아케다(무심함)이다.

영혼에 관한 것으로 허영심과 교만이다.

여덟 가지 생각은 언제든 안녕을 방해할 수 있다.

절망과 나태함으로 빠지게 한다. 그 생각들은 균형에서 벗어나게 하며 행복으로 가는 길과는 다른 방향으로 내몬다. 이들은 안에서 출현하지만 때로는 자신보다 커 보여서 마치 바깥에서 공격해 오는 것처럼 묘사되기도 한다. 그런 까닭에서 사막의 교부, 교모들도 이를 악마라고 불렀다.

삶의 아름다움과 행복을 추구하기 위해서 여덟 가지 덕을 찾을 수 있다.

육체에 깃든 세 가지 덕은 절제, 순결한 사랑 그리고 후한 마음가짐(관용)이고 마음과 정신의 세 가지 덕은 온유함, 기쁨 그리고 영적인 깨달음이며 영혼의 두 가지 덕은 관대함과 겸손이다.

바로 여덟 가지 덕이다.

여덟 가지 덕을 실천하며 살아가는 일은 여덟 가지 악한 생각을 받아들이는 것보다 훨씬 어려운 일이다. 우리 발이 가끔이 디딤돌에서 미끄러져 떨어질 수 있다는 것을 우리는 알고 있다.

그러나 늘 마음과 정신을 가다듬고 노력할 때 굴하지 않고 나아갈 수 있고 용서 받을 수 있으며 매일 우리의 발을 덕의 디딤돌 위에 굳건하게 디딘 채 다시 시작할 수 있다.

이 여덟 가지 덕을 고수하겠다는 진정 어린 선택을 하는 것이 마음의 순결이다.

이 여덟 가지 덕을 우리의 갈 길로 삼고 따르는 것은 순전한 기쁨이다.

이런 덕으로 꽉 찬 사람이 되는 것이야말로 곧 기쁨에 넘치는 사람이요 아름다운 삶을 살아가는 사람이 되는 것이다.

행복은 너무도 자주 '좋은 기분을 느끼는 일'로 그 의미가 축소되어 버린다. 기분이 좋은 것 자체는 물론 잘못이 아니지만 그렇게 협소한 정의로는 덕의 기쁨, 환희와 행복을 담아 낼 수가 없다.

은퇴 후의 삶에서 아름다움이나 행복을 찾기 위해서 행복의 정의를 넓혀서 좋은 기분을 '느끼는' 일이 좋은 일을 '행하고' 선한 것을 '아는' 것까지 포함하는, 더욱 폭넓은 맥락의 일부가 되도록 해야 한다.

4. 콩나물 키우기

식탁에 자주 올라오는 콩나물에 대하여 생각해 보고자 한다. 콩나물은 서민 생활의 상징이요, 검소한 생활의 상징이다. 옛날에는 가정에서 콩나물을 직접 키워서 요리하였다.

나이 든 사람들은 가정에서 콩나물을 직접 키워 먹은 경험을 갖고 있을 것이다.

먼저 깨끗하고 싱싱한 콩을 맑은 물에 불린다.

그리고 얼마 후 불린 콩을 시루에 넣고 따뜻한 곳에 덮어 놓으면 싹이 돋는다.

받쳐진 그릇에 있는 깨끗한 물을 퍼서 물주기를 한다.

콩나물을 키우려면 무엇보다도 물주기를 잘 해야 한다.

정성껏 끊임없이 물을 퍼 위에서 부어준다. 그렇지만 물은 시루에 남아있지 않고 아래에 받쳐 놓은 그릇으로 빠져 내린다. 마치 시루에 있는 콩에 아무런 영향을 끼치지 않는 듯, 콩에 머무르지 않는 것처럼 흘러내린다.

그러나 콩나물은 잘 자란다.

하지만 물주기를 게을리한다든지 깨끗하지 않은 물을 주면 콩나물은 잘 자라지 않는다.

썩거나 말라 죽는다.

콩나물이 쭉쭉 뻗지 않고 쪼그라들고 잔뿌리가 많이 나서 맛도 모양도 없는 콩나물이 된다.

물주기를 잘 못하면 결국은 콩나물 키우기는 실패하게 되어 먹을 수 없게 된다.

또한 키우는 사람의 정성이 함께해야 한다.

잘 자라기를 기다리며 정성을 기울여야 한다.

콩나물을 키웠던 경험을 되새기며 콩나물 키우는 방법에 비추어 우리의 은퇴 후 생활을 반성하고 재다짐하는 시간을 가져보는 것도 꼭 필요하다.

콩나물을 키우는 데는 물주기를 정성껏 해야 콩나물이 잘 자라듯이 우리의 노후의 생활도 온 정성을 다하여 자신을 관리하고, 창직을 통해 할 일을 찾아서 은퇴 후의 아름다운 삶으로 이끌어야 한다.

나 하나를 관리하지 못함으로써 일어나는 파장은 예측할 수 없다.

'콩나물 키우기'의 경험을 살려 노후의 생활을 아름답게 장식하기 바란다.

5. 사랑의 꽃씨를…

카네기의 인간 관계론에서 '사람들이 당신을 좋아하게 만드는 6가지 방법'을 말하고 있다.

첫째, 타인에게 진정한 관심을 기울인다.

둘째, 미소 짓는다.

셋째, 그 사람의 이름을 기억하라. 이름이란 그 사람에게 세상 어떤 언어로 부르더라도 가장 아름답고 중요한 소리가 된다.

넷째, 잘 들어주는 사람이 돼라. 타인이 자신에 대해 이야기하도록 격려하라.

다섯째, 타인의 관심사에 대해 이야기하라.

여섯째, 상대가 중요한 사람인 것처럼 느끼게 하라. 진실한 태도로 그렇게 하라.

직장 생활을 통해서 사람들이 당신을 좋아하게 만드는 6가지 방법을 자기도 모르는 사이에 경험하였을 것이다. 또는 이런 문제로 여러 날 고민하였던 적이 있었을 것이다.

은퇴 후에는 이를 실천에 옮겨서 아름다운 삶을 창조하는 데 발판으로 삼았으면 한다.

그래서 우리가 잘 아는 카네기의 인간 관계론을 기억해 보도록 했다.

덕조스님은 '마음 꽃을 줍다'에서 사랑의 꽃씨 이야기를 해 준다.

한 집배원이 있었다. 그는 시골의 메마른 길을 매일 오가며 우편물을 배달하였다. 어느 날 이 집배원은 '모래먼지가 자욱한 이 황폐한 길을 오가며 남은 인생을 보내겠구나! 어쩌면 나는 정해진 이 길을 왔다 갔다 하다가 그대로 인생이 끝나버릴지도 모른다.'라는 황망함을 느꼈다.

그래서 집배원은 '어차피 나에게 주어진 일이라면 기쁘게 할 수 있도록 이 길을 아름답게 만들자'고 마음을 먹었다.

그 다음 날부터 주머니에 들꽃 씨앗을 넣어 가지고 다녔다.

그리고 우편배달하는 짬짬이 그 꽃씨들을 길에 뿌렸다. 그 일은 그가 메마른 길을 오가는 동안 하루도 쉬지 않고 계속되었다. 이처럼 여러 해가 지나고 집배원은 콧노래를 흥얼거리며 우편물을 배달하게 되었다.

그가 걸어 다니는 길 양쪽에는 노랑 빨강 초록의 꽃들이 다투어 피어났고 그 꽃들은 지지 않았다.

해마다 이른 봄에는 봄꽃들이 활짝 피어났다. 그 꽃들을 바라보며 집배원은 더 이상 자신의 인생이 황망하다고 여기지 않게 되었다.

메마른 길이 꽃길로 변해 이제 휘파람을 불며 우편배달하는 그는 한 폭의 수채화 같은 삶을 살았다고 한다.

우리 인생도 하루하루의 반복이다. 반복되는 지루한 삶에 사랑의 꽃씨를 뿌려 보자. 행동하는 사랑을 하자. 은퇴 후의 삶을 아름답게 만드는 것을 실천하여 보자. 사람들이 당신을 좋아하게 만드는 6가지 방법을 실천하는 것이 메마른 길에 사랑의 꽃씨를 뿌리는 것과 같다.

"이제 무슨 일에 나를…"이라고 묻는다면 '나의 소멸이 이 세상에서 가장 아름다운 노을'로 장식되도록 노력할 것이라고 답한다. 은퇴 후 아름다운 삶을 위해서 그 뜻을 심어나갈 것이다.

9부
창직아이디어 및 교육, 안내받을 수 있는 곳

1. 창직아이디어(58선)

1) 토론게임(대립토론)지도사

교육과정에도 단원이 설정되어 있는 토론게임(대립토론)단원을 지도하고 방과 후 교육활동을 할 수 있다. 온라인과 오프라인을 통해서 교육을 받아 자격증을 받을 수 있다.

2) 에어비앤비 호스트

앞으로의 여행은 실제 그곳에 사는 사람처럼 "내부인이 되어" 커뮤니티에 푹 빠져보는 체험이 될 것이다."라는 미래를 바라보며, 살고 있는 집에 손님을 받아 내 집처럼 숙박하도록 빌려주고 돈을 버는 에어비앤비 호스트다. 사이트에 등록을 하고 인터넷으로 손님을 받는다.

191개 국가(이란 시리아 북한 제외)의 3만 4,000개의 도시에서 사업을 펼치고 있다.

3) 명상창업가

선, 묵상, 명상, 마음 공부 등 비슷한 용어들로 불리고 있다. 요즈음은 명상으로 대신할 정도다. 명상은 마음챙김 방법이 우리나라에 소개되어 파급되고 있다. 여러 부문에서 명상이 도입되고 있다. 명상지도자로 창직하는 것도 전망 있다.

4) 아이패드 화가

스마트폰이나 아이패드를 활용하여 그림을 그리는 이색적인 직종이다.

5) 자서전 쓰기 지도사

누구나 내가 쓴 책 한 권 갖기를 희망한다. 더구나 나의 자서전은 흥미 있는 일이다. 글쓰기에 소질과 흥미가 있는 사람은 자서전 쓰는 방법을 익혀 다른 사람을 돕는 역할을 할 수 있을 것이다.

6) 사진작가

현대는 스마트폰이나 디지털 카메라가 널리 보급되어 있다. 이를 활용하여 사진작가 활동을 하기 쉽다. 배울 수 있는 곳도 많다.

7) 책 읽어 주기 지도사

책 읽어 주기의 효과는 널리 알려져 있다. 학생들에게 노인들에게 또 병원에 입원한 어린이 환자들에게 책 읽어 주기는 큰 효과를 보일 것이다.

8) 여행설계사

새로운 곳을 여행을 하고 프로그램을 만들어 여행사에 공급해 주는 직종이다.

9) 재능기부코디네이터

명칭 그대로 재능기부자와 재능수혜자를 연결하는 역할을 수행한다. 기부자와 수혜자 간 연결 시스템 및 프로그램을 기획하여 운영한다.

구체적인 재능기부의 분야, 활동의 내용 등 세부 활동을 기획하고 운영한다. 또한 재능기부가 활성화될 수 있도록 홍보 및 마케팅 방안을 마련하고, 재능기부에 관심을 보이거나 이를 실시하는 기업체나 학교 등과 협력을 모색하는 등의 일도 수행한다.

10) 지역 맛집 홍보대사

지역의 맛집을 발굴하여 SNS를 통해서 홍보하는 활동이다.

11) 치매 돌봄 놀이 통합치료사

치매환자가 늘고 있다. 집안에 치매환자가 발생하면 집안의 모든 기능이 마비될 정도이다.

치매 돌봄 놀이 통합치료사는 명칭 그대로 치매환자와 놀아주며 돌보는 일을 하는 사람이다.

12) 패스트무비 트레일러

개봉영화나 개봉되지 않은 영화나 영화에 대한 정보를 빠르게 제공하는 직종이다. 주로 인터넷을 활용하여 활동한다.

13) 에듀 매직

마술을 교육에 접목시켜 프로그램화하고 교육현장에 마술 기술이나 도구를 개발하여 교육에 활용하도록 제공한다.

14) 공부환경전문가

환경을 바꾸면 생활 패턴이 달라진다는 개념을 공부방에 적용하는 전문가다. 공부 환경 컨설팅 회사 '웰스터디' 등에서 활동 가능하다.

15) 드론 교육사

여러 부문에서 드론이 활용되기 시작하였다. 지난 평창동계올림픽 개막행사에서 1,218개의 드론을 올려 올림픽오륜기와 마스코트 수호랑 불꽃쇼를 펼쳐 보는 이들이 감탄케 하였다.

드론 조종사를 키우고 드론을 활용하는 방법을 가르쳐주는 직종이다.

16) 수의테크니션

동물병원이나 동물의 치료를 목적으로 하는 기관에서 수의사를 지원하고 보조하여 진료, 검사 등을 담당한다. 반려동물의 상태에 따라 주인과 의견을 나누고 직원을 교육시킨다.

국내에서는 동물간호복지사라는 명칭을 더 많이 사용하며, 현재 제도화가 진행되고 있다. 미국과 일본의 경우 직업학교와 전문학교에서 전문적인 교육을 실시하고, 면허제도와 인정

시험을 운영하고 있다.

17) 반려견 행동 상담사

반려견의 행동에 대하여 상담해주는 직종이다. 요즈음 반려견을 많이 키우고 있다. 사고도 종종 발생하고 있다. 반려견의 행동에 대하여 키우는 사람들이 이해할 수 있도록 돕는 일이다.

18) 창직 코디네이터

창직을 안내하고 스스로 창직할 수 있도록 각종 정보와 아이디어를 제공하며 상담해주는 역할을 한다.

19) 연극심리치료사

심리치료가 필요한 자들에게 연극이란 매체로 심리를 다루며 치료를 해 주는 사람을 일컫는다. 현대는 정신적인 스트레스가 심해 심리치료를 받는 곳을 많이 찾는다.

20) 여행 동반 전문가

여행의 어려움을 겪는 사람들과 같이 여행을 하는 것이다. 신체적인 문제, 정신적인 문제가 있는 사람들의 도우미 역할을 한다. 가이드, 통역 등 여러 부문에서 여행 동반전문가의 일할 영역이 있다.

21) 쇼핑트레이너

쇼핑을 충동 구매하는 사람에게 경제 사정을 보고 이 물건을 구매할 것인지 여부를 관리해 주는 사람이다.

22) 어르신 맞춤코디네이터

어르신들에게 편하고 잘 어울리는 옷을 만들어주거나 골라주며 스타일링하는 직업이다.

23) 법률 통역가

법률용어가 어려워 이해가 힘든 사람, 어떤 법률을 적용해야 하는지를 모르는 사람들을 도와주는 사람이다. 법률을 쉬운 언어로 통역해 주는 사람이다.

24) 문화관광해설사

관광객들에게 관광지에 대한 전문적인 해설을 제공한다.

25) 데이터 마이너

데이터를 원하는 형태로 바꾸고 분석해서 필요한 정보를 찾아낸다. 정보를 분석하는 도구(소프트웨어)를 통해 데이터를 다양한 차원과 관점에서 분류하고 요약하고 분석한다.

데이터마이닝을 하기에 앞서 목적을 파악하고, 어떤 형식으로 데이터마이닝을 할지 결정한다. 그 다음 필요한 데이터를 결정하고, 분석 목적에 맞는 형태로 데이터를 바꾼다. 데이터

마이닝을 실행하여 필요한 정보를 찾아낸 뒤, 그 결과가 유용한지 판단한다.

분석을 통해 데이터에 오류가 있지는 않은지를 알아내기도 한다.

학문적인 이론이나 상식과 관계없이 순수하게 데이터의 연관성을 분석한다.

26) 녹색 건축 전문가

친환경 건축설계를 통해 그림도시를 완성하는 일을 한다.

에너지 이용 효율 및 신재생에너지의 사용비율을 높이고 온실가스 배출을 최소화하는 녹색 건축물을 계획하고 설계하는 사람이다.

27) 꿈 재생 전문가

기억에 남는 꿈을 다시 볼 수 있도록 재생해 주는 작업을 한다.

28) 의료수어통역사

의료수어통역사는 청각장애인 환자와 의료진의 소통을 돕는 일을 하는 통역사다.

29) 아기 통역사

아기들의 울음소리를 듣고 아기의 요구가 무엇인지 아기의 건강상태가 어떤지를 알려주고 해결 방법이 무엇인지를 이야기해 주는 사람이다.

30) 동물 조련사

맹인견뿐만 아니라 공연, 인명구조 등을 할 수 있도록 동물들을 훈련시키는 일을 담당한다. 동물의 성격이나 습성, 특성에 대해 잘 알아본 뒤 계획을 세워 동물들을 차근차근 훈련시킨다. 동물의 건강 상태를 살펴보고 이상이 있을 경우에는 신속하게 수의사에게 알리는 일도 담당한다.

31) 게임 매쳐

게임 속 버그 또는 핵 사용자, 고의로 적에게 도움을 준 플레이어, 키보드 워리어 등 민폐를 끼치는 플레이어는 제재해 주고 각 플레이어의 수준과 능력에 맞춰 게임 속 균형을 조절해 주는 직업이다.

32) 허브 약사

허브를 이용해서 사람들의 고민이나 스트레스, 심리를 해결해 줄 수 있는 물건이나 용품을 만드는 일을 하는 사람이다.

33) 3D모델러

2D로 스케치한 콘셉트 드로잉을 3D 컴퓨터그래픽을 활용하여 캐릭터, 배경, 제품 등의 형상을 3D 모델로 구현한다.

34) 애견 테라피스트

개가 본래 가진 습성이나 자연치유력을 이용하여 개의 질병이나 마음의 상처를 사전에 방지하고 건강을 유지하는 방법에 대해 조언해 준다.

손가락으로 원을 그리면서 몸을 부드럽게 문지르는 터치워크를 통해 동물의 신체에 자극을 줌으로써 마음의 균형을 맞추기도 하고, 신체의 움직임을 좋게 하여 건강한 상태로 보살펴 주기도 한다.

전신을 자극하여 편안하게 해줄 뿐 아니라 신진대사를 활발하게 하고 피곤한 근육의 긴장을 풀어준다. 이외에 아로마 향을 활용하여 냄새를 제거하거나 살균한다.

35) 동물 랭글러

영화나 드라마, 텔레비전 프로그램, 광고 등에 출연하는 동물을 섭외하고 훈련시킨다.

강아지, 고양이, 새, 토끼 등 학습 가능한 애완동물을 섭외하여 대본에 맞추어 활동할 수 있도록 조련한다.

훈련된 동물들이 영화나 텔레비전 등 방송 촬영에 투입되면 손짓이나 표식을 통해 동물의 움직임, 소리 등을 지시하여 동물들이 연기할 수 있도록 한다.

36) 스포츠 기록 분석 연구원

과학적으로 스포츠 선수와 팀의 경기내용과 성과를 분석한다. 감독이나 코치와 협력하여 성과향상을 위한 훈련프로그램과 환경을 개선하기도 한다.

소속된 팀과 경쟁 팀, 각 팀의 선수들의 경기 모습을 촬영한 동영상과 캡처한 화면 등을 바탕으로 각 선수의 특성과 성과를 분석한다.

분석한 결과를 경기에서 이기기 위한 경기 계획과 전략, 선수관리에 활용한다.

선수나 팀의 명성에 좌우되지 않고 객관적인 데이터만을 바탕으로 분석한다.

37) 목소리 코치

가수, 성우뿐 아니라 기업체 대표, 정치인, 일반인 등을 대상으로 사람들 앞에서 자신감 있게 당당한 목소리로 연설이나 발표를 할 수 있도록 지도해 준다.

38) 드론 조종사

많은 곳에서 활용가치가 높아가는 드론을 조종해 주는 사람이다.

39) 동물 보호 보안관

동물 학대를 예방하고, 동물을 보호하는 데 앞장서고 있다. 동물을 방치하거나 학대한다는 신고를 받고 출동하여 동물을 구조하거나, 반려인에게 동물을 잘 돌볼 수 있도록 조언하고,

상황에 따라 경고를 주거나 고발하여 법적인 조치를 한다.

40) 애견 미용사

동물을 아름답고 깨끗하게 가꾸고 보살핀다. 개나 고양이 등 애완동물에 대한 전문적인 지식과 미용기술을 가지고 애완동물의 미용과 청결을 담당한다.

애견미용사로 일하려면 한국애견협회가 발행하는 애견미용사자격증을 취득해야 한다. 애견미용사 자격증은 4단계로 구분되며, 만 16세 이상부터 지원할 수 있다.

41) 문화여가사

문화와 여가에 관한 다양한 정보와 서비스를 제공함으로써 여가시간을 알차게 보내는 방법을 알려주고 여가생활을 지원하는 역할을 한다.

자기계발을 위해 여가를 보내려는 사람들에게 여가시간을 의미 있게 활용하는 방법(예를 들어 자신의 취미를 발견하는 방법, 여행 방법 등)을 알려주고, 관련 활동을 기획하여 조언해준다.

개인이나 가족, 동호회 등을 대상으로 여가프로그램에 관한 계획을 세워준다.

조직이나 단체 등을 대상으로 레저에 관한 전문적인 컨설팅을 진행하기도 한다.

정년을 마치고 퇴직한 사람들에게 노후를 어떻게 보내면 좋을지에 대해 조언한다.

42) 자동차 실내디자이너

자동차의 실내 장식을 차종이나 사용자의 취향에 맞게 실내를 디자인해 주는 사람이다.

43) 창직 진로 지도사

빠르게 변화하는 시대의 흐름에 맞춰 학생들이 스스로 직업을 만들어 낼 수 있도록 창직 역량을 키워주는 지도사.

44) 데이트 코디네이터

이성 간 만남에 대한 정보를 DB화해 관련된 전문 정보를 제공하고, 이와 관련된 이벤트 · 데이트 코스 정보 제공 · 데이트 매너 조언 등을 기획 및 컨설팅한다.

45) 금융 통역사

사람들이 잘 모르는 금융언어를 알기 쉽게 해설해 주고 경제적 안정을 찾을 수 있도록 분석하고 방법을 제시해 주는 사람이다.

46) 의료일러스트레이터

의료 관련 영상 또는 그림 자료를 만든다. 의학정보를 그림으로 표현하는 직업이라고도 볼 수 있다.

의료일러스트레이터는 의학교재 및 서적, 의료 분야의 광고, 전문 학술지, 교육을 위한 동영상과 영화, 컴퓨터 기반 학습 프로그램, 전시물, 강의자료, 일반 잡지와 텔레비전 등으로 활용하기 위한 영상과 그림 자료를 만든다.

과거에는 주로 2D로 제작하였으나 점차 3D로 제작하여 해부학 교육 모델과 수술 시뮬레이션 등으로 활용하기도 한다.

47) LED옷 조명 디자이너

유아나 어린이들이 밤에 잘 보이지 않아 사고가 자주 나는데 따른 이를 방지하기 위해서 눈에 잘 보일 수 있는 LED조명을 넣는 옷을 디자인하는 사람이다.

48) 북 초이스 전문가

책을 고르기 힘든 사람들에게 그 사람의 취향과 성향 연령 직업들을 고려하여 책을 추천해주는 사람이다. 도서관 서점 학교 등에 필요한 직종이다.

49) 결정해결사

결정 장애가 있어서 무언가를 결정하려고 하면 오랜 시간이 걸리거나 결정을 잘 못하는 사람들을 위해 빠른 결정을 하도록 도와주는 사람이다.

50) 재활용 코디네이터

재활용 프로그램을 조직화하고 관리하며 이에 관련된 기술을 개발한다.

재활용 프로그램을 감독하고 관련 위반사항을 조사하며, 재활용하는 방법이나 재활용의 환경적 장점에 대해 교육한다.

재활용 기술자, 지역사회 서비스 노동자, 기타 재활용 작업자나 자원봉사자를 감독하고, 재활용 운영 예산관리 등의 업무를 수행한다.

기업체 등에서의 폐기물을 최소화하고 특정 조건에 부합하는 재활용 계획과 목표를 수립하고 폐기물 관리회사 및 기타 회사와의 계약 협상 등의 업무를 수행한다.(브릿지경제신문에서 발췌)

51) 노인스포츠전문가

좁게는 노인 분들에 대한 생활체육 도우미에서 넓게는 마술과 댄스, 동화 구연, 다양한 스포츠 공연 등을 통해 정신적인 힐링을 도와주는 직업이다. 한국창직협회에 따르면 IMF 경제위기로 남편 회사가 부도나면서 생활전선에 뛰어든 김영 씨의 경우 피부관리 교육사, 학원강사 경험은 물론 심리지도사, 인성지도사, 치매 예방지도사, 병원웃음상담사 자격증까지 취득한 탄탄한 전문성을 기반으로 이 작업의 문을 열었다. 지역종합복지관, 보건소, 실버타운, 요양병원 등에서 강의와 행사 진행을 주로 하며 월 평균 150만~300만원이 유지된다고 한다.(브릿지경제신문에서 발췌)

52) 도그워커

아직 국내에선 낯설지만 선진국에선 정착된 직업이다. 주인을 대신해 반려견과 산책하며 반려견의 건강과 정서적 안정을 돕는 일을 한다. 배낭 여행가였던 김용재 씨는 미국 여행 중에 이 직업을 발견하곤 한국에서도 성공할 수 있을 것이라 직감했고, 이후 직접 반려견을 기르며 습성을 익히고 관련 커뮤니티 활동으로 다양한 지식과 네트워크를 쌓았다. 현재 왕성하게 활동하는 도그워커의 경우 월 200만~300만 원까지 수익을 올린다고 한다.(브릿지경제신문에서 발췌)

53) 동물재활공학사

장애 동물을 위한 의족이나 의수, 휠체어와 같은 보조기구를 만드는 직업이다. 아무래도 인체공학이나 해부학적 지식과 기술을 갖고 있으면 유리하다. 대학 졸업 후 의족과 보조기 제작 업무를 하고 있던 김정현 씨는 장애를 당해 버려지는 반려동물의 현실을 알고, 당시로선 처음인 '동물을 위한 재활보조기구 제작' 일을 시작하게 됐다. 현재까지 5년 동안 그를 거쳐간 반려동물은 무려 2000여 마리에 이른다고 한다.(브릿지경제신문에서 발췌)

54) 도시농업메이커

텃밭이나 주말농장의 수준을 넘어 화초 재배, 양봉 등 도시농업에 필요한 다양한 도구를 제공하고 제반 시설을 설계 · 제작 · 설치해 주는 일이다. 전직 컴퓨터 프로그래머였던 박지홍씨는 젊은이 없는 농촌을 자주 목도하고 귀농을 결심했다.

무작정 농업기술센터 귀농과정에 입학했다. 그곳에서 도시농업이 복합적인 기술과 문화를 융합할 수 있는 새로운 직업이 될 수 있으며, 성장 가능성이 무한할 것이란 확신을 얻게 된다. 이후 용접, 설비, 센서 및 자동화 기술 등 닥치는 대로 관련 기술을 익혀 창직에 이르렀다. 매월 일정한 수익은 아니지만 월평균 400만~500만 원은 기본이라고 한다.(브릿지경제신문에서 발췌)

55) 재능마켓 플랫폼 '크몽'

11만 명 네트워크를 자랑하는 '크몽'의 박현호 대표는 '재능마켓 플랫폼'이라는 신개념 아이템으로 창직에 성공한 기업형 창직가다. 처음에는 상사 욕 들어주기, 같이 밥 먹어주기 등 이색 서비스를 저가에 제공했으나 지금은 번역, 컨설팅, 마케팅, 디자인 등 전문 재능의 거래를 연결해 주는 사업으로까지 크게 외연을 넓혔다. 남다른 재능을 가진 이들에게 새로운 일자리나 '투 잡'을 연결해 준다. (브릿지경제신문에서 발췌)

56) 소형이사 '짐도리로지스틱스'

소형이사라는 차별화된 아이템으로 창업 후 불과 4년 만에 전국 240개 가맹점에 연 매출 4억 원, 순이익 2억 원의 알짜 사업을 일으켰다. 장우진 대표는 이사를 무조건 큰 트럭으로 한다는 고정관념을 부수고 '1톤 트럭 이사'라는 새로운 영역을 개척했다. 1, 2인 가구가 빠른 속도로 확산되어 가는 트렌드를 정확히 읽고 선제적으로 창직에 나선 덕분에 이제는 '기업형 창직'의 대표적 개척자로 평가된다.(브릿지경제신문에서 발췌)

57) 전세 렌터카 '큰터'

성태기 대표는 너무도 보편화된 렌터카에 처음으로 전세라는 개념을 도입해 센세이션을 일으켰다. 고객은 보증금 5,000만 원을 내고 차량을 받아, 월 렌트료 없이 무료로 이용한다. 계약 기간이 만료되면 보증금 전액을 돌려받는 조건이다. 이 회사는 연 10억 원에 육박하는 매출에 15% 안팎의 영업이익률을 유지할 정도로 탄탄한 성장세를 이어가고 있다. (브릿지경제신문에서 발췌)

58) 교육 컨텐츠 ㈜모네상스

삼성경제연구소 출신의 강신장 ㈜모네상스 대표는 인문학과 비즈니스를 접목한 명강사로 이름을 날렸던 자신의 특기와 네트워크를 기반으로 교육 관련 컨텐츠를 만들어 내는 창직에 도전했다. 정보화 기기의 발달에 착안해 옛 '고전(古典)' 한 권을 5분짜리 영상으로 만들어 카카오 등을 통해 서비스하는 직업을 만들어 냈다.(브릿지경제신문에서 발췌)

2. 교육, 안내를 받을 수 있는 곳

한국창직협회 http://jobcreation.or.kr/

한국미래교육협회 http://futuredu.co.kr/

창직교육센터 http://goodnewjob.com/

미래의 직업세계 https://terms.naver.com/list.nhn?searchId=pv419

(사)한국창업보육협회 http://www.bi.go.kr/main/main.do

창업진흥원 www.kised.or.kr

'시니어 기술 창업 센터' http://www.100news.kr/sub_read.html?uid=2100

정책자금전문 한국창업경영센터 ksbiz.co.kr

경영자문 한국중소기업혁신센터 startupbsg.co.kr

각 대학이나 지방자치단체의 창업지원센터, 창직 센터 등을 찾아가면 자문을 구할 수 있다.

참고문헌

김민식(2012), **공짜로 즐기는 세상**, 행간.

_____(2018), **매일 아침 써봤니?**, 위즈덤하우스.

김주환(2011), **회복탄력성**, 위즈덤하우스.

김천규외 2인(2018), **창업과 창직**, 해림.

김형로외 1인(2015), **대한민국 창업교과서**, 정일.

류청(2017), **방과 후 학교 이야기**, 재원미디어.

박보영(2016), **글로벌 인재 대립토론으로 키운다**, 교육과학사.

_____(2017), **대립토론으로 인생이 바뀐 사람들 이야기**, 교육과학사.

_____(2017), **토론은 게임이다**, 와이스쿨.

심재후(2007), **친절한 창업교과서**, 한스앤리.

에어비앤비(2016), **에어비앤비 액티브 시니어 인생호스팅**, 이야기나무.

이신모(2018), **기업가정신과 창직(4차 산업혁명 시대의)**, 두양사.

정은상(2015), **마법의 코칭**, 새로운사람들.

_____(2018), **창직이 답이다**, 모두북스협동조합출판사.

최마틴(2006), **관심**, 대교베텔스만.

레이 갤러거(유정식 옮김)(2017), **에어비앤비 스토리**, 다산북스.

M.토케이어(주덕명 편역)(2006), **영원히 살 것처럼 배우고 내일 죽을 것처럼 살아라**, 함께.

제임스 도티(주민아 옮김)(2018), **닥터 도티의 삶을 바꾸는 마술가게**, 판미동.

존 카밧진(안희영 옮김)(2017), **존 카밧진의 처음만나는 마음챙김 명상**, 불광출판사.

차드 맹탄(권오열 옮김)(2017), **너의 내면을 검색하라**, 알키.

크리스토퍼 제이미슨(박지니 옮김)(2012), **우리를 불행하게 하는 8가지 생각**, 예지.
헬렌 니어링(이석태 옮김)(1997), **아름다운 삶, 그리고 마무리**, 보리.
편집부(2012), **2012년 청년 창직 인턴제 - 제14차 인턴 교육**, 고용노동부.

※잡지
윤혜정(2017-19), **생활성서**, 생활성서사.

찾아보기

인명

ㅅ

ㅇ

ㅈ

주제

ㅅ

ㅇ

ㅊ

ㅋ

ㅌ

영문

A

B

C

D

F

I

J

L

M

N

P

笑山 박보영(교육학 박사. 대립토론교육전문가)

(중앙일보에 소개된 저자)

경인교육대(전 인천교육대), 건국대(교육경제), 중앙대학교 교육대학원(유아교육)을 졸업하였고 국립경상대학교 대학원에서 교육학 박사 학위를 받았다.

교직 40년 동안 늘 학생들이 자기주도적으로 문제를 해결하며 행복하게 공부할 수 있는 방법은 없을까를 고민하여 왔다. 학생들이 스스로 탐구하며 연구하고, 학습에 몰입하는 교육풍토를 만들기 위하여 게임처럼 신나게 즐기며 토론할 수 있는 토론게임(대립토론Debating) 기법을 연구하고 개발하여 이를 전파하는 데 28년 동안 노력하고 있다.

2010년 포스코교육재단 내 초등학교에서 교장으로 정년퇴임 한 후에는 광주교대, 순천대 및 순천대 교육대학원, 광주여대, 한국국제대학, 건양대학 등 대학 강단에서, 서울교대, 경인교대, 경상대 등 대학의 평생교육원에서, 서울시 및 경북, 전남 부산 등 교원연수원과 시도 교육청, 경인교대, 진주교대부설초 등 초 · 중 · 고등학교 그리고 LG하우시스 등 일반기업체를 두루 다니며 대립토론을 확산시키고 있다.

한편 온라인 강의까지 활동 영역을 넓혀 대립토론을 활성화하기 위해 다양한 사람들과 만날 수 있는 장이라면 어디든 달려간다. MBC행복아카데미에서 대립토론(Debating) 특강 실시, 순천 기적의 도서관에서 어린이 토론교실을 운영하였으며, 2014, 2016, 2017 광양시 '대립토론으로 인재를 육성하는 프로젝트', 영광군 '독서-토론 수업컨설팅 프로그램'을 성공리에 마친 바 있다.

오직 학생들을 상대로 대립토론 수업을 직접 하며 성인들 특히 교원들과 학부모, 일반 회사원들에게 강의를 하는 특별한 대립토론 교육전문가로 활동하고 있다.

박보영토론학교 를 만들어 7개의 프로그램을 운영하면서 대립토론을 사회에 뿌리 내리는 일에 주력하고 있다.

계속해서 토론게임(대립토론) 책을 출판하고 있다.

더 많은 교육 현장에서 대립토론이 적용될 수 있도록 교원과 학부모, 일반인에게 대립토론의 중요성과 대립토론 교육방법을 전파하기 위해서 74세의 나이에도 전국을 누비며 강의, 수업컨설팅을 계속하고 있다.

삶의 사이사이에 시간을 쪼개어 지리산 종주, 지리산 둘레길 274km 완주, 한라산 등반(4회), 지리산 천왕봉 등반(3회), 중국 황산 트레킹, 스페인 산티아고 순례길 800km 완주, 제주도 도보 일주, 탈핵희망 국토 도보순례 33일 650km 등 걸어서 인생을 묵상하는 생활을 즐기고 있다.

나름대로 은퇴 후의 삶을 아름답게 살아가고 있다고 생각한다.

은퇴 후 아름다운 삶을 살아가기를 희망하는 사람들에게 도움을 주고자 한다.

대립토론Debating으로 우리 아이들의 꿈을 응원합니다.
은퇴 후의 아름다운 삶을 살아가도록 도움을 줍니다.
강의, 강연, 수업컨설팅, 아름다운 삶에 대한 안내 문의

블로그 http://debating.tistory.com
이메일 pyonly@korea.com

은퇴 후 아름다운 삶을 위한 전략

2019년 6월 15일 1판 1쇄 인쇄
2019년 6월 20일 1판 1쇄 발행

저　자 : 박 보 영
발행인 : 한 정 주
발행처 : 교육과학사

경기도 파주시 광인사길 71
전화: (031) 955-6956~8　팩스: (031) 955-6037
Home-page: www.kyoyookbook.co.kr / E-mail: kyoyook@chol.com
등록: 1970년 5월 18일 제2-73호

정가 15,000원

ISBN 978-89-254-1383-9

Printed in Korea.